本书由河北省高等教育教学改革项目 2022GJJG577、2022GJJG570 资助出版

地方应用型本科高校人才培养模式改革研究

蔡振禹　陈卫安　张宏杰　编著

河北大学出版社

·保定·

地方应用型本科高校人才培养模式改革研究

出 版 人：马　力
责任编辑：杨　洋
装帧设计：杨艳霞
责任校对：王亚薇
责任印制：常　凯

图书在版编目（CIP）数据

地方应用型本科高校人才培养模式改革研究 / 蔡振禹，陈卫安，张宏杰编著．-- 保定 ：河北大学出版社，2025．3．-- ISBN 978-7-5666-2576-2

Ⅰ．G649.2

中国国家版本馆 CIP 数据核字第 2025HF7975 号

出版发行：河北大学出版社
地址：河北省保定市七一东路 2666 号　邮编：071000
电话：0312-5073019　0312-5073029
邮箱：hbdxcbs@163.com　网址：www.hbdxcbs.com
印　　刷：涿州市般润文化传播有限公司
幅面尺寸：170 mm × 240 mm
印　　张：14.5
字　　数：240 千字
版　　次：2025 年 3 月第 1 版
印　　次：2025 年 3 月第 1 次印刷
书　　号：ISBN 978-7-5666-2576-2
定　　价：43.00 元

前　言

随着我国经济社会的发展和创新驱动发展战略的实施，人才供需关系发生了深刻变化。面对经济结构调整、产业升级加快、高校发展同质化、学生就业困难等现实，无论是国家发展战略层面还是社会对人才的需求层面，都迫切需要高素质的应用型人才。作为高等教育大众化的中坚力量，地方本科高校向应用型高校转型发展是必然趋势，迫在眉睫。地方本科高校的转型是当前我国教育发展战略的重要组成部分，也是提高我国高等教育教学质量的重要手段。在这样的大背景下，地方本科高校原有的课程体系、教学模式已难以满足社会对人才的新要求。当前，面对日益激烈的人才竞争，如何通过课程建设和改革实现地方高等教育的转型，是我们需要深入探讨和研究的问题。

邢台学院作为河北省具有深厚历史文化底蕴和显著地方特色的地方本科高校，一直以来都在探索适合自身发展的应用转型模式。学校已经出台了《邢台学院转型发展实施方案（2021—2025）》《新师范建设行动计划（2021—2025）》《新时代马克思主义学院建设方案》《邢台学院深化产教融合、推进高质量转型发展指导意见》《邢台学院应用型人才培养体系建设实施意见》等配套制度文件，同时启动了“双百”优秀应用型课程建设、“双师双能型”教师认定与培养计划、应用型卓越人才培养实验项目、河北省应用转型试点校建设项目和教育部协同提质计划项目等。在这个过程中，学校围绕办学目标和定位，聚焦应用型人才培养的核心要素，以转变教育教学理念为先导，以优化专业结构为基础，以提高教师教学能力为关键，深入推进课程教学的建设与改革，不断探索适合地方经济社会发展需求的课程体系、教学方法和评价机制。

为进一步发挥课程教学改革成果的应用推广工作，在学校的大力支持下，我们对本校课程教学改革探索与实践过程中形成的经验总结材料进行遴选，将其中优秀成果进行汇编。本书按照《普通高等学校本科专业目录》中的专业划分，共形成了五章的内容。第一章为文学类专业课程的建设与探索，包含高级英语、英语视听说、邢台地方文化与翻译、中国文化 4 门课程的改革实践经验；第二章为管理学类专业课程的建设与探索，包含仓储管理、供应链管理、会计学 3 门课程的改革实践经验；第三章为工学类专业课程的建设与探索，包含单片机原理与应用、工程图学等 5 门课程的改革实践经验；第四章为理学类专业课程的建设与探索，包含环境影响评价、遥感数字图像处理、酶工程 3 门课程的改革实践经验；第五章为思政类专业课程的建设与探索，包含思想道德与法治、政治学两门课程的改革实践经验。本书详细记录了邢台学院在课程改革方面的实践经验与思考，从课程设置的优化到教学内容的更新、从教学方法的创新到实践教学的强化、从教师队伍的建设到学生综合素质的提升，全面展现了邢台学院在应用转型背景下课程改革的努力与成果，以期通过结集出版的形式固化实践成果，为地方本科院校的教育教学建设提供理论借鉴和实践参考。

本书由河北省高等教育教学改革项目 2022GJJG577、2022GJJG570 资助出版。本书的编写得到了邢台学院领导、教师和学生们的大力支持与配合，在此表示衷心的感谢，同时也感谢各位专家学者对本书的指导与建议。因本成果是邢台学院依据自身办学实际，在不断探索和实践中形成的特色办学模式和教学范式，难免存在疏漏，本着持续改进的思想，我们将不断完善，同时恳请广大读者批评指正。

编者
2024 年 10 月

目　　录

第一章　文学类专业课程改革的探索与实践

第一节　高级英语应用型课程改革的探索与实践

2014 年，《国务院关于加快发展现代职业教育的决定》提出采取试点推动、示范引领等方式，引导一批普通本科高等学校向应用技术类型高等学校转型，重点举办本科职业教育，这标志着地方本科高校转型发展正式成为国家战略决策，高等教育领域迎来了重大变革。为贯彻落实党的十八届三中全会精神、《教育规划纲要》以及《国务院关于加快发展现代职业教育的决定》，2016 年河北省教育厅制定了《河北省本科高校转型发展试点工作实施方案》，方案提出了“坚持试点先行，分类推进”的原则，在公办、民办、独立学院等不同类型的普通本科高校中，择优确定若干所高校作为试点。2020 年，邢台学院获批河北省第二批普通本科高校向应用技术类型高校转型发展试点学校，为进一步加快学校应用型转型发展的步伐，学校积极推进应用型转型建设工作，组织了多类应用型转型项目申报，并给予大力支持。

在学校应用型转型发展过程中，课程是实现应用型人才培养的基本途径，直接关系到人才培养的质量，关系到专业和学校转型发展的成败，加强专业课程建设已成为当前普通地方高校向应用型高校转型发展、推进高素质应用型人才培养的热点议题，应用型课程的改革与实践也已成为高校教学改革研究的重点。在此背景下，本节以高级英语课程应用型转型建设为例，探讨普通地方高校翻译专业基础课程建设的基本思路和实践探索，以期对同类课程建设具有积极引导意义和实际借鉴作用。

一、课程基本情况

高级英语是面向翻译专业三年级学生开设的一门专业基础课程，共计 8 学分、128 课时。本课程获批邢台学院 2021 年首批应用型课程建设立项，应用型课程建设始于 2019 级翻译专业，延续至 2020 级翻译专业，课程建设成效显著。

传统的高级英语课程教学中存在语言能力培养和职业能力提升不匹配的现状，本课程建设旨在探索语言基础课和翻译专业课对接的方式方法和手段，使英语专业水平与职业能力提升同向同行。课程建设以应用型人才培养为目标，以毕业要求为导向，坚持“以学生发展为中心”的理念，聚焦职业能力和专业素养，突出思政特色。学校从教学内容、教学形式、教学方法、教学活动、教学模式等方面开展了全方位、系统的课程教学设计和改革。

教学过程突出实践环节，采用产出导向法、任务型教学法、案例教学法、小组协作式学习法等多种教学方法，同时采用线上、线下相结合的混合式教学模式。课程坚持“真实职业环境、真学、真做、掌握真本领”的建设导向，着眼学生未来职业发展，强调知识应用；实现能力培养与岗位训练融合、语言学习与翻译训练融合、思政设计与专业技能融合。

二、课程性质及总体教学目标

本课程作为高年级的专业基础课，是综合英语、英语阅读、英语写作等专业基础课程的延伸与拓展，旨在进一步训练学生的听、说、读、写、译等综合英语技能，提高学生综合运用知识的能力，全面提高学生的专业素养和人文素养，为其后续的翻译专业方向课程的学习奠定良好的专业基础。

通过本课程的学习，学生能够掌握高阶的英语知识，进一步提升专业知识素养，提升听、说、读、写、译等语言技能，增强英汉双语运用能力，形成跨文化思辨意识，树立中国文化自信，讲述中国故事，传递正确的世界观、人生观和价值观，提升人文素养。通过完成各项合作学习任务和翻译项目，学生增强了团队合作意识和能力，提升了职业能力。

本课程结合社会需求调研，根据翻译专业人才培养目标和毕业要求确定了以下具体课程教学目标。

第一，学生能够在双语交流的背景下结合课文内容，联系中国实际和自身实际，树立中国文化自信，形成正确的世界观、人生观和价值观；能通过合作学习，完成学习任务，获得合作学习体验。本目标支撑毕业要求指标点 2.1 人文素养。

第二，学生能够阐述不同文体的语篇结构和语言特点，具备不同文体的鉴赏能力和写作能力，能够辨析不同的修辞方法。本目标支撑毕业要求指标点 3.2 专业知识素养。

第三，学生能够掌握高级英语词汇，提升英语语言技能；能够运用一定的翻译、阅读和写作方法，能借助相关资源和工具书进行英汉双语的写作和互译。本目标支撑毕业要求指标点 5.1 英汉双语运用能力。

课程教学目标主要涵盖人文素养、专业知识素养、英汉双语运用能力 3 大方面，突出了翻译专业职业能力和专业素养的培养。

三、应用型课程改革的创新与实践

在学校应用型转型的背景下，2020 年以来，课程团队坚持“问题导向”，对教学过程中存在的问题进行了反思和总结。课程教学主要存在教学内容难度大、课程思政体系建设不完善、学科特色不明显、教学方法传统、考核评价方式单一等问题。

针对课程教学“痛点”问题，课程团队在深入的反思、学习和调研的基础上，制定了相应的改革方案，在强化价值引领、推动模式创新、对接区域经济社会发展需求等方面进行了全方位、立体化的创新实践，落实“以学生发展为中心”的理念，积极推动课程应用型转型发展。

（一）创新教学手段，与现代教育技术深度融合，创造智能化教学环境

针对教学内容难度大、学生学习效果不理想、学生缺乏学习动机的问题，课程团队自建微课资源库和试题库，开展线上、线下混合式教学，课前充分预习，课堂多实践多讨论，检验学习成果，提高学习效果。同时，以主题为依托，与理解当代中国教材有机融合，通过布置单元大任务，引导学生讲中国故事、讲身边的故事，提高他们的学习兴趣。

在智慧教育的背景下，教育教学呈现出数字化、网络化、智能化和多媒体化的趋势。为满足新时代学生个性化学习需求，本课程不过度依赖单一平台，不依赖他人的教学资源，结合课程目标和技能要求，精选多种数字化教学平台，自主开发课程资源，开展数字化教学，自建教学资源库，现已经形成了完整的数字化教学资源，为开展线上、线下混合式教学奠定了基础，充分体现了课程教学与现代教育技术的深度融合。智能教学资源使用具体情况如表 1-1 所示。

表 1-1 高级英语多平台分类数字资源库

技能目标	选用平台	自建资源类型	自建资源数量
词汇	iSmart 平台	随堂测试	59 个测试，近 600 个词条
口译	iSmart 平台	口语跟读	30 个练习
	超星学习通	影子跟读	13 个练习
笔译	传神智慧翻译教学平台	翻译项目	9 个项目
阅读	超星学习通	微课	87 个微课，近 1160 分钟
	超星学习通	微课测试	85 次测试，425 个测试题
综合技能	超星学习通	单元思政任务	8 个任务

（二）创新教学内容，融入理解当代中国教材，引导学生讲好中国故事

针对课程思政体系建设不够完善的问题，课程创新性地引入“理解当代中国”思政教材《英语读写教程》作为选读课本，建立思政体系。本课程的思政体系建设体现了时代性和先进性，将价值塑造、知识传授和能力培养融为一体。高级英语教材更多体现的是英语语言学习和西方文化，而“理解当代中国”思政教材将习近平新时代中国特色社会主义思想系统融入外语类专业课程，充分体现了思政特色，有助于学生深入领会习近平新时代中国特色社会主义思想的核心要义，加深学生对中国道路和中国智慧的认识，坚定文化自信。两种教材各具特色，相辅相成，充分发挥各自的优势，实现了专业特色与思政特色的深度融合，深化了课程思政内容，提升了课程思政的高度。本课程在帮

助学生夯实英语基本功、提高英语综合能力的同时，还帮助他们掌握中国特色话语体系，提高用英语讲好中国故事的能力，增强文化自信，成为有家国情怀、有全球视野、有专业本领的高素质国际化外语人才。

课程团队以高级英语课文的思政主题为切入点，精选“理解当代中国”教材《英语读写教程》中与主题相关的文章作为阅读拓展材料，深入挖掘教学内容的思政元素，使课程思政体系化，聚焦中国文化、国情及当下热点问题，同时兼顾中西方差异，通过布置系统地用英语讲中国故事的单元任务，将专业学习和思政育人相结合，让思政目标可评、可测、可实现。高级英语课程思政体系如表 1-2 所示。

表 1-2　高级英语课程思政体系

高级英语单元内容	单元任务	思政要点	思政主题	《英语读写教程》单元内容
Lesson 1　Face to Face with Hurricane Camille 第 1 课　直面飓风卡米尔	记叙文写作：直面新冠疫情	提升爱国情怀；认识到在灾难面前要团结一致、不屈不挠、攻坚克难	责任担当	Unit 1 The Mission of Chinese Youths 第 1 单元　中国青年的使命
Lesson 2　Hiroshima—the “Liveliest” City in Japan 第 2 课　广岛——日本“最有活力”的城市	新闻报道：中国城市特写	引导学生理解和平与和谐的意义，加深学生对于和谐社会的认识	和谐社会	Unit 9 Towards a Community of Shared Future for Mankind 第 9 单元　走向人类命运共同体
Lesson 3　“A More Perfect Union” 第 3 课　一个更加美好的国度	演讲比赛：中国的过去、现在和未来	增强学生的民族自豪感、认同感和使命感，激发其爱国热情，提升青年学生的民族自信	民族自豪	Unit 5 A Fair and Just Society 第 5 单元　一个公平公正的社会
Lesson 4　Everyday Use 第 4 课　日用家当	小组研讨：如何传承中国优秀传统文化？	引导学生更好传承民族文化和民族传统，肩负起传承和发扬中国优秀传统文化的责任和使命	文化自信	Unit 8 Harmony Without Uniformity 第 8 单元　和而不同

（三）创设课程目标，强调翻译能力培养，突出学科特色

高级英语课程在英语专业有20年的历史，一直侧重英语基本功训练。翻译专业的高级英语如何突出学科特色是个难题。针对本课程的翻译专业特色体现不明显的问题，课程团队对教学目标和教学活动进行了解构和重构，结合专业特色设置教学活动，突出翻译能力训练；独创性地将同声传译的训练方法影子跟读和笔译训练方法与翻译项目实践引入高级英语课程，使学生在打下扎实的语言基础、提升专业素养的同时，提升学生的翻译水平和职业能力，为学生顺利走向职场打下坚实的基础。这些举措凸显了翻译专业特色，体现了专业素养和职业能力深度融合，顺利实现了课程应用转型。

在课前预习环节，通过布置基于课文内容的影子跟读任务，有效提升学生的语言能力、短时记忆能力以及口语水平，在使学生熟悉课文、积累字词句的同时，提高他们口译的基本技能。在智慧翻译教学平台布置翻译项目，让学生既熟悉翻译项目的操作流程又锻炼笔译技巧，有助于学生掌握翻译技术，熟悉项目管理流程和各个项目角色的职责，提升翻译能力和协作能力，实现能力培养与岗位训练融合。目前，课程已经初步形成高级英语课文的自主译本，自建高级英语课文翻译案例库。

（四）灵活运用多种教学方法及手段，积极开展混合式教学

针对教学方法传统、学生参与少的问题，课程依托多种现代化的教学平台，开展线上、线下混合式教学。课程引入当前外国语教学界最先进的POA（Production Oriented Approach，产出导向法），该教学法以学生为中心，主张课堂教学一切活动都要服务于有效学习的发生，其教学流程由“驱动”“促成”和“评价”3个阶段构成。在驱动阶段，学生课前在线上自主学习微课及扩展资源，完成微课测试、口语跟读、影子跟读等任务，并尝试完成有一定挑战性的单元任务。在促成阶段，课中教师从学生的实际学习需求出发，发挥“脚手架”作用，从观点促成、语言促成、结构促成3个方面组织多种课堂活动，学生也在这个过程中不断思考、探究，朝着主动学习、自主学习和个性化学习方向发展。在评价阶段，采用师生合作评价（Teacher-Student Collaborative Assessment，简称TSCA），边评边学、边学边评、以评促学，引导学生

将学习活动延伸到评价阶段。最终，帮助学生顺利完成单元产出任务。整个流程以产出为导向，产出任务由小到大，难度呈螺旋式上升，逐步提升学生的应用能力和综合素质，教师恰当地发挥主导作用。POA 的理论体系如图 1-1 所示。

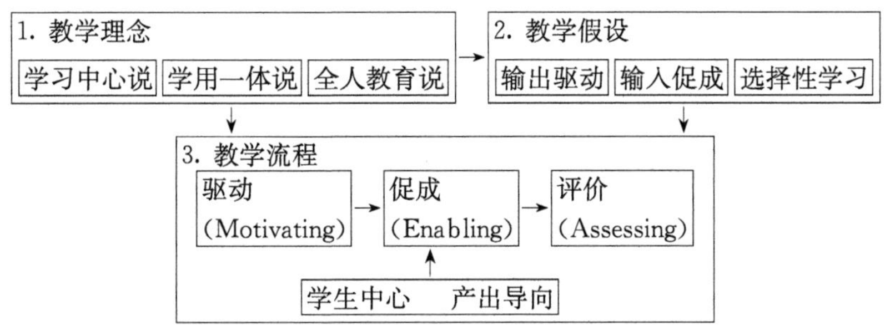

图 1-1　POA 理论体系

本课程教学以产出导向法为主要教学方法，注重培养学生灵活运用知识的能力，聚焦应用能力。同时，根据教学内容，灵活采用多种教学方法配合课程教学，提升教学效果，调动学生的学习兴趣和积极性。采用任务型教学法，以任务组织教学，通过参与体验和交流合作的学习方式，在“做”中学、“用”中学，使学生在实践中提升语言知识和翻译能力；采用案例教学法，突出实践性，引导学生注重能力的发展，实现从理论到实践的转化；采用小组协作式学习法，在教学过程中突出自主性学习、过程性学习和体验式学习，将语言知识和语言技能“双基”培养、翻译知识与翻译能力专业素养，与学生的自主学习能力、创新思维能力、合作精神与能力的培养有机结合，加强学生的创新精神和应用能力。

（五）创立多元考核评价体系，实现考核评价系统化、全面化、精准化

针对考核评价方式单一的问题，首先课程团队建立多元考核评价体系。考核内容基于课程目标，既有对基础知识的考核，也有对自主、合作、探究、思辨等高阶能力和人文素养的考核；考核方式多元化、形式更加新颖，既注重专业素养的考核，如词汇测试、微课测试、演讲比赛、角色扮演等，也注重翻译

职业能力的考核，如新增影子跟读和翻译项目等。其次，评价主体和评价方式多样化，在教师评价的基础上增加了小组互评、生生互评、AI 评价。在学生输出环节设计互评表，制定清晰可达的评价标准，真正做到边学边评、以评促学，极大地调动了学生的学习主动性，充分发挥了考核评价的激励与调控功能。具体如图 1-2 所示。

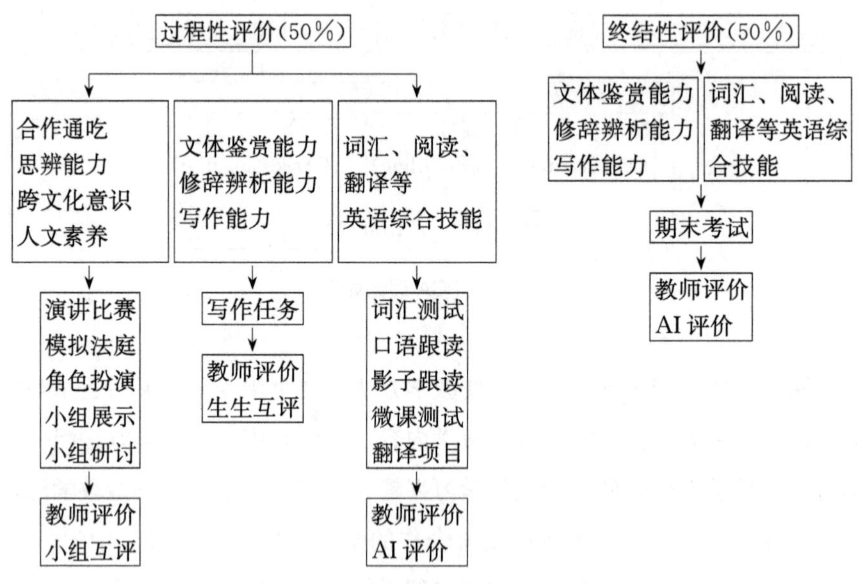

图 1-2　高级英语多元考核评价机制

(六) 深入开展实践教学，强化学生的应用能力

利用智慧翻译教学平台布置小组课文翻译项目，给学生提供真实的翻译任务和实践活动，提高学生的双语转换能力、文化分析能力和文本解析能力等翻译能力，同时还可以提高学生的人际交流能力、合作能力、翻译软件运用能力和职业翻译能力。在培养高素质应用型翻译人才总体目标的引领下，专业素养和职业能力培养两条主线始终贯穿于课堂教学的各个环节，促进学生的全面发展。

积极组织学生参加译国译民公司的寒暑假线上实习和跨境电商岗位实习、传神语联网公司的轻任务翻译技术岗位实习以及中国国际贸易协会的外贸员岗位实习。学生的语言和翻译方面的知识与技能，以及在校内实训中培养的实践能力、合作能力等各方面的能力与素养，在校外实习中得到了进一步提升，学生的职业认知水平逐步提升，他们的职业能力和岗位能力在实践中得到锻炼，这为学生顺利走向职场奠定了良好的基础。

四、课程建设成效与持续改进方向

（一）课程教学创新成效

高级英语课程教学创新改革成效显著，主要体现在以下几个方面。

第一，教师的教科研成果丰硕。课程团队教师勤钻研、善思考，教科研成果丰硕，近5年主持2项省教改课题、参与6次；发表教改论文核心期刊1篇、普刊1篇；出版专著1本，主编教材3部。团队先后荣获河北省高等教育教学成果二等奖，河北省社科优秀成果奖二等奖，邢台市社科成果二、三等奖等教科研奖励，由于教学方面的卓越成绩，团队教师获得了河北省教学名师、邢台市社科专家等荣誉称号。

第二，学生的学习成绩、专业素养、职业能力都有所提升，学习成效明显。在2021—2022学年第二学期，2019级翻译专业学生的平均成绩为81分，较课程改革前的79分增加了2分。2019级和2020级学生的各级各类证书持证率达86.6％，其中获得省级以上学科竞赛奖励的为52人次，取得职业和专业资格证书24人次。多名学生获得全国口译大赛北部赛区二等奖、全国高校创新英语挑战活动英语词汇赛（英语专业组）二等奖、河北省燕赵杯翻译大赛特等奖等专业奖励。以本课程学生为主体的翻译专业学生组成的“瓷动力”邢白瓷志愿服务队成功入选2022年全国大学生科技志愿服务示范团队，学生的能力得到了广泛认可。

第三，学生对本课程建设的评价和认可度很高。课程问卷调查显示，本课的教学内容、教学形式、教学方法、教学活动、教学模式等方面都得到了同学们的高度评价，任课老师的教学态度与能力得到了学生们的高度认可。学生认为通过本门课程，自身的独立思考、创新和实践能力都得到了提升，职业能力和专业素养有了一定的提升，这对他们将来走上工作岗位非常有利。

第四，教师教学能力得到显著提升。本课程的团队成员是国家一流线上课程主讲教师、校级两门应用型课程负责人、校级视频精品课主讲教师，课程团队先后荣获河北省外语金课团队大赛一等奖、河北省外语课程思政教学大赛一等奖、河北省外国语教学大赛特等奖和二等奖，还在邢台学院教师教学创新大赛上获三等奖 2 次，在河北省外语微课大赛上获一等奖 2 次、二等奖 3 次、三等奖 4 次，在全国信息化大赛河北赛区中获二等奖 1 次、三等奖 2 次，并且在教学质量评估中有 8 次被评为优秀。

第五，本课程获批邢台学院 2021 年首批应用型课程建设立项，课程建设经验在全国应用型课程建设联盟会议、学校应用型建设论坛和学院应用课程建设经验会上多次分享，得到了会议主办方及同行的高度评价和认可。高级英语课程思政教学案例和线上教学案例入选学校优秀教学案例，在学校网站上分享。本课程获邢台学院第三届教师教学创新大赛二等奖。

本课程的自建教学资源库、混合式教学模式、产出导向法、多元考核评价方式、课程思政体系创新、专业特色创新在 2019 级翻译专业和 2020 级翻译专业的课程教学中均取得了良好的成效，并形成了研究成果，可以为其他课程的创新改革提供经验。

在专业基础课有效融入学生职业能力培养的路径上，本课程为听、说、读、写、译等英语基础课程与翻译专业课程的有效对接提供样本，使学生的英语专业水平与职业能力提升同向同行，对同类课程的建设具有积极引导意义。在课程思政体系建设方面，融入“理解当代中国”教材，为同类课程的思政建设提供实际借鉴，具有一定的推广价值。

（二）课程持续改进方向

1. 存在的问题与不足

由于高级英语课程学习难度较大，学生课堂活动准备时间稍长，其课堂参与度稍显不足，课堂互动有待进一步提高；现有的线上、线下混合式教学还在进一步探索实践中，翻转课堂教学模式也有待进一步完善。

2. 持续改进的措施

（1）充分利用线上课程资源，提高微课自主学习效率。进一步增加对学生课前线上微课自主学习的考核评价，适度增加多样化的练习，如阅读理解题、思维导图、主题讨论等，并增加课外辅导、答疑时间，加深学生对教学内容的理解，减轻课堂学习的压力，提高学生课堂参与的积极性，进而提高课堂学习效率。

（2）进一步完善混合式教学模式，积极推进翻转课堂建设。根据学生的学习水平和教学内容的特点，及时调整教学方法和模式。在前期教学实践和探索的基础上，针对每个单元，筛选出难度适度的任务，制定更为具体、可行的课堂活动教学方案。

第二节　英语视听说应用型课程改革的探索与实践

一、课程建设背景

地方院校转型的最根本目的就是培养符合地方经济社会发展需求的应用型技术技能人才，所以地方本科院校应根据地方经济社会发展需要，及时转变办学思想、调整办学方向，以培养学生应用能力为核心任务。2014 年初，国务院召开常务会议并做出“引导部分普通本科高校向应用技术型高校转型”的战略部署。2015 年 10 月，教育部联合国家发展改革委、财政部共同颁布了《关于引导部分地方普通本科高校向应用型转变的指导意见》。课程是高校人才培养的基本环节和主要抓手，地方高校应用型本科人才的培养首先要从其课程改革着手。

（一）校院的政策引导与支持

根据《关于引导部分地方普通本科高校向应用型转变的指导意见》（教发〔2015〕7 号）、《国务院办公厅关于深化产教融合的若干意见》（国办发〔2017〕95 号）精神，按照《河北省本科高校转型发展试点工作实施方案》有关要求，我校为推进转型发展试点工作，加快应用型高水平大学建设步伐，结合学校实际，制定了《邢台学院转型发展实施方案（2021—2025）》（图 1-3）。方案指出课程改革的目标为坚持 OBE 理念，以实际应用为导向，以满足就业求职需求为目标，构建模块化应用型课程体系，实现人才培养由“知识输入”向“能力输出”转变。根据该实施方案的要求，翻译专业通过一系列的调研，通过对包括用人单位、行业专家、学生代表在内的利益相关方进行充分调研，参考有特色、水平较高的大学提供的并经过专家论证（图 1-4）的翻译专业人才培养方案，确立了以市场需求、职业需要为核心，以能力培养为主线，以实践体系为主体的应用型翻译专业人才培养方案，努力把学生培养成集理论、技能、创新、职业于一身的高层次应用型、复合型、创新型人才。这些都为翻译专业英语视听说应用型课程改革的实施提供了支持。

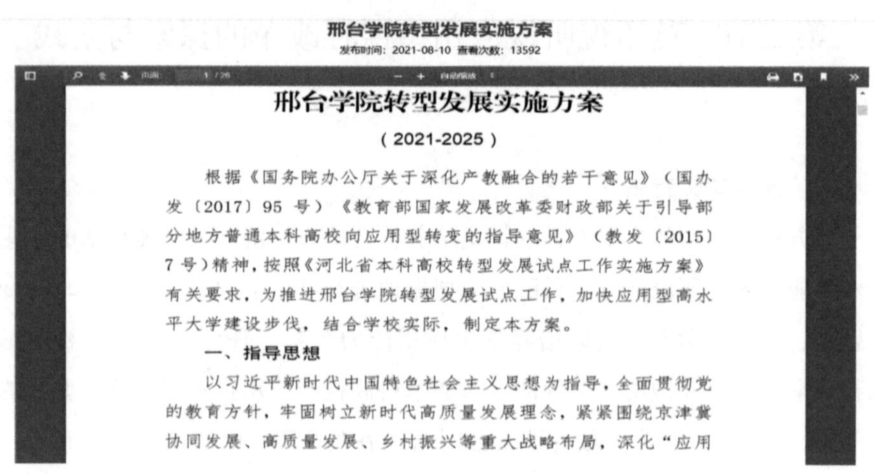
邢台学院转型发展实施方案

发布时间：2021-08-10 查看次数：13592

邢台学院转型发展实施方案

（2021-2025）

根据《国务院办公厅关于深化产教融合的若干意见》（国办发〔2017〕95 号）《教育部国家发展改革委财政部关于引导部分地方普通本科高校向应用型转变的指导意见》（教发〔2015〕7 号）精神，按照《河北省本科高校转型发展试点工作实施方案》有关要求，为推进邢台学院转型发展试点工作，加快应用型高水平大学建设步伐，结合学校实际，制定本方案。

一、指导思想

以习近平新时代中国特色社会主义思想为指导，全面贯彻党的教育方针，牢固树立新时代高质量发展理念，紧紧围绕京津冀协同发展、高质量发展、乡村振兴等重大战略布局，深化“应用

图 1-3　邢台学院转型发展实施方案

图 1-4　人才培养方案讨论过程记录

(二) 对应用型专业技术人才的需求

外国语学院翻译专业注重学生的翻译实践，培养和锻炼学生的翻译实践能力，突出应用性强的学科特点，与地方经济社会发展紧密结合，努力打造满足本市、本省乃至周边省市语言服务行业的迫切需求，富有鲜明地方特色的应用型专业。为掌握行业、企业对专业人才的实际需求，视听说课程组选择了 14 家典型企业、相关政府职能部门进行调研。在对语言服务人才学历的基本要求中，46.7%的企业选择了本科学历，43.4%的企业选择了大专学历，这说明我院的翻译专业本身是适应市场需求的。

在语言服务人才优先具备的知识方面，46.7%的企业认为应该具有相关的行业知识，26.7%的企业选择了翻译基础知识，选择双语语言文化知识的企业占 23.3%，选择百科知识的企业占 3.3%，这提示了我们建设应用型课程的必要性。

语言服务人才承担的具体翻译任务主要有企业产品介绍说明（28.3%）、会议谈判（26.7%）、商务接待（13.3%）、国际会展（10.0%）等。针对语言服务人才应该优先具备的专业能力，选择沟通能力的企业占70.0%，选择双语语言能力的企业占20.0%，选择跨文化交际能力的企业占6.7%，选择翻译能力的企业占3.3%。用人单位在衡量学生的翻译水平时主要关注其专业能力和交际能力，学生听、说、译的能力最直接体现其专业性，在职场上十分重要。

（三）语言学习的根本目的是交流

1. 听、说是人们交流的基本手段

语言学习的最终目的是交流。人类使用语言最自然、最基本的方式是对话。对话是一种人类社交互动活动，需要彼此的合作。对话中听、说并存，听是在对方说的基础上的判断，说则是在听对方的基础上做出的反应。听与说是人们日常交流的基本手段，它们的合作是十分重要的，外语教学法专家里弗斯（Rivers）指出，在人们所获取的信息中，75%来自听、说过程，其中听占45%、说占30%。因此，听与说相辅相成，听说结合能帮助学生逐渐形成内在化的目的语言体系。

2. 口译是不同文化间的语言交际活动

随着对外贸易和交流的发展，口译员在跨文化信息传递过程中起着越来越重要的衔接作用。高校的翻译专业是培养跨文化交际人才的主要场所，专业课程建设对其教学质量发挥着举足轻重的作用，而学生对口头英语信息的理解能力是其今后从事口译工作的基础，也是跨文化交流得以顺利进行的前提。

（四）语言教学是一个系统的共同体

各语言技能课程虽然在课程重点上有所差别，但却紧密联系。人的语言能力是从发展语言技能开始的，特别是听、说的技能。语言的积累首先是听和说的积累，只有在理解的基础上才能接收和输入，在掌握的层面上才能形成产出，而且只有高效输入，才能优质输出。在输入了一定量的信息后，再科学地运用语言基本技能，输出也就水到渠成。二语习得研究领域的知名专家王初明教授认为：听与说的互动合作可以显著提高语言的协同效应。他提出，教与学

外语应该充分利用语言使用的合作特征，在学习活动中创造协同条件，让学生积极参与合作互动。在互动中听说紧密结合，学用紧密结合，强化正确语言输入的协同效应，可以显著提高学习效率。可见，抓好听力是成功交际的前提，听、说、译相结合的语言教学方式，能为学生提供更多体验、感知语言的机会，促进学生更好地掌握语言知识，进而突破说（译）的瓶颈。

二、课程基本情况

我院翻译专业旨在为地方经济社会发展培养品学兼优的应用型翻译专业人才，即具有社会责任感、良好的综合素质和职业道德，具备较深厚的人文素养，拥有中国情怀与国际视野的应用型翻译人才；构筑扎实的双语功底，具备较强的口、笔译能力和其他语言服务能力，具有跨文化交际能力、思辨能力和创新能力的应用型翻译人才；掌握扎实的翻译学科基础知识、丰富的通识知识和必要的相关专业知识的应用型翻译人才；具备信息素养、初步掌握翻译技术、能够运用翻译工具的应用型翻译人才；能够胜任外事、商贸、文化、旅游等领域的语言服务工作的应用型翻译人才。英语视听说课程是一门语言技能训练课程，也是翻译专业的一门主要的专业必修课，在整个专业课程体系中居于基础地位，在翻译专业人才培养方案中占有重要的地位。课程主要面向翻译专业一、二年级本科生。

该课程以培养英文翻译以及相关语言应用岗位所必需的专业听、说技能为主旨，突出教学内容与教学方法方面的实践性、实用性和可操作性。本课程通过“听、说、译”三位一体的教学模式，最大限度地激发学生的学习积极性和主动性，培养学生对真实交际场合中各种视听材料的理解能力和表达能力、语言的实际运用能力和交际能力，使学生能够熟练地运用英语进行翻译等相关方面的工作，帮助学生更好地认识和理解英语国家的政治、经济、文化等背景方面的知识，同时培养具有良好职业素养、职业道德和爱岗敬业精神的高技能人才。

视听说课程组以各种教学形式和手段向学生提供生动有趣、针对性和适用性强的学习内容，提供了大量可理解的外语语言输入的信息以及大量的训练、实践的机会和条件，并能及时地提供科学合理的评估反馈信息，更好地指导教学实践。在教学实践中，我们长期以来都把时代感强，内容丰富，语言地道，使学生置身于真实的、现代的语言环境中作为我们课程内容设置的出发点和落脚点。本课程主要使用张鄂等编著的新国标英语专业核心教材《视听说教程》（上海外语教育出版社）作为主要教材，并辅以其他优秀听力教材。在课程内容方面，对学生除了进行微技能训练，主要针对语音、词汇、句型、数字、时间、地点，结合听故事、听会话、听短文、听讲座、听新闻等进行专项训练外，还进行语言文化和跨文化背景知识讲授，帮助学生了解英美国家文化、习惯、风俗等背景知识。在听力教学过程中，我们也结合专门用途英语的教学，对专业术语进行知识传授。在教学方法上，为调动学生学习积极性，提高其学习兴趣，我们运用以下教学法完成教学过程：任务型教学法、案例教学法、情境教学法、角色扮演法与交际教学法。教师以某个真实的工作为教学背景来确定学习的内容，在教师的帮助下，学生们分组协作，收集所需资料，将教材中每个单元的主题和实践工作中的案例结合起来，完成自己的“工作”任务。

三、课程性质及总体教学目标

（一）课程性质

英语视听说是翻译专业本科教学中的一门核心专业课程，也是一门专业必修课程。本课程的主要目的是通过对学生进行听力、口语等英语视听说技能的训练，提高学生的听力理解水平、口语表达能力和语言运用的分析理解能力。课程以英语录音、录像、Ted 演讲等形式进行教学，使学生经过系统的训练后有较好的语言实际运用能力和较强的视听说水平，同时增强其自主学习能力，提高其综合文化素养，使他们在今后的工作和社会交往中能用英语有效地进行沟通和交流。

（二）课程教学目标

第一学期：通过本课程的学习，学生达到以下目标。

第一，能听懂英语国家人士日常生活及语言交际中的对话，可以辨析说话者的态度、情感，可以领悟听力材料的主旨大意。

第二，能够听懂视听材料的大意，记录听力材料中的关键词和信号词等，培养听力文本记录能力。

第三，能就一般日常生活话题进行简单会话，能基本表达个人意见、情感、观点等，具备初级日常口语沟通能力。

第二学期：通过本课程的学习，学生达到以下目标。

第一，能听懂英语国家人士日常生活话题及简单学术讨论中短篇的对话与中短篇的报道、汇报材料，可以捕捉听力材料中的细节信息，进行有效预判。

第二，能够听懂视听材料的大意及关键信息，罗列文本大纲，培养听力笔记记录能力。

第三，能和英语国家人士进行一定程度的交流，能基本陈述事实、事件、理由等，具备有效的口语表达能力。

第三学期：通过本课程的学习，学生达到以下目标。

第一，能听懂英语国家人士的学术报告、科普讲座等中长篇听力材料，具备对听力材料中细节信息的听辨能力。

第二，能够听懂视听材料，能对听力材料做概括性总结，培养听力文本概括能力。

第三，能就一般或专业性话题进行较为流利、准确的对话或讨论，能用简练的语言概括内容较长、语言较难的文本或讲话，具备较为流利的口语表达能力。

四、应用型课程改革的创新与实践

(一)“听、说、译”三位一体的课程改革思路

现代教育学理论认为，英语教学的实质是一种交际活动，英语教学的最终目的是交际。自社会语言学家海姆斯（Hymes）提出交际能力这一概念后，不少应用语言学家从外国语教学的角度对交际能力做了进一步的探讨和研究。著名语言学家韩礼德（Halliday）认为交际是语言知识的源泉，第一语言获得的过程实际上就是学会用语言进行交际的过程。应用语言学家哈奇（Hatch）认为二语与一语的习得过程没什么大的区别，学生唯有通过话语交际才能获得第二语言。应用语言学家克拉森（Krashen）尽管并不认为二语的习得过程与一语的没有区别，但他也认为语言的交际活动对二语的习得起着决定性的作用。可见，诸多专家、学者在讨论语言习得理论时都特别强调交际的作用。作为一

项基本语言技能，听的能力直接影响跨文化交际的成败与效率，是培养英语“高级应用型人才”的一大基础。鉴于调查结果及对习得理论的思考，本课程组提出三位一体的视听说课程教改模式。所谓三位一体是指将英语听力、英语口语、英语口译 3 项语言技能联合成一个密不可分的整体，并在一至三学期的视听说教学中按部就班地贯彻执行，具体实施有以下几点。

1. 组建教学团队，强化课程联系

将口语、听力、口译课程的教师整合到视听说课程的教学团队中。同时，通过相互的定期交流与观摩，各课程组探索、规划、调整课程建设。

2. 设定教学目标，实施教学改革

听力理解能力是人的记忆能力、思维能力、概括能力、预测能力及语言转换能力的综合体。在第一学年，学生应掌握弱读、连读、缩略语、重音、语调等语音知识，具备搜寻主旨、确定细节、短时记忆、初步笔记和预测推断等能力，并能复述简单段落。在第二学年，学生应有较好的预测、猜测、推断与归纳能力，同时具备一定的听力材料评述能力及较好的记忆与复述能力。第三学期，学生应有较好的听写能力、基础口译能力。同时，课程应以项目为导向，以培养学生职业能力为核心，以真实的工作任务为载体，融语言交际能力、洽谈能力、英语翻译能力的培养为一体。

3. 以职业能力培养为出发点，在模拟情境中体现职业能力要求

充分利用校内语言实训基地，借助现代化教育技术，在课堂上尽量模拟出真实的工作环境，使学生感受到课堂教学的实操性和所学知识的实用性，使真实的工作任务及其过程在整个教学内容和教学环节中得到体现。

4. 突出学生自主学习策略，实施开放性教学，注重学生的可持续发展能力

在教学中实施开放性教学，采用课堂教学、课外自主学习和实践活动相结合的教学模式，以人的全面、持续发展为本，给学生提供更多的创造、表现、成长的机会，使学生在学习中获得持续发展的动力和能力。

（二）“听、说、译”教改模式的实践

听力能力是人的理解、记忆、分析、判断、归纳等能力的综合体现。“听、

说、译”三位一体的听力教学要有计划、有步骤地设定阶段性目标。在外语学习的第一年，注重打牢学生的基础，培养其良好的听力习惯。课程以语音知识为重点，以课本为主，增加课外训练的材料；抓住教学设计的听、说、译这个思路，着重训练学生的语音、语调、重读、弱读、连读，使学生逐步形成短时记忆，明确关键词和句并理解主旨，以及初步形成分析、理解、归纳的能力；通过听说竞赛、语音模仿、听说情境再现、配音大赛等活动，大量训练学生复述语言信息的能力。在教学的第二年，课程着力培养学生的专业英语素养，如记忆、释义、复述、翻译能力，在分析、理解、归纳、表述的基础上加强听说、听译的科学训练，突出学生的语言实践活动，扩大听说、听译的范围，最终形成能准确交际的“听、说、译”能力。

1. 以教学目标为本，分级规划课程建设

第一学期：培养学生良好的听力习惯。课程强调学生的语音识别能力，课堂讲解以课本材料为引导，以适量的课外视听素材（图 1-5）为辅助，循序渐进地推进视听课改革。

图 1-5　学生听力练习材料

第二学期：加强学生的听力技能训练（图 1-6）。课程教学以学生听、答、模仿与复述为主线，通过英语角、配音大赛等活动来培养学生的英语思维，加快其语言交流的反应，实训学生的听说（译）能力。

图 1-6 学生听力技能训练活动

第三学期：关注翻译专业素养的培养，推进口译启蒙训练，提高学生的跨文化交际能力。课程教学更突出学生的能动性和参与度，以听、说、译相结合为主要的课堂教学方法，充分利用校内语言实训基地，借助现代化教育技术，在课堂上尽量模拟出真实的工作环境，使学生感受到课堂教学的实操性和所学知识的实用性。

2. 改革课程教学模式

自应用型课程建设以来，课程组在贯彻三位一体教改模式中推行了一系列的举措，改变传统听力教学的方式与手段，取得了良好的效果，具体可从以下几个方面来阐述。

（1）课外“听、说、译”的精细训练相结合的策略

听是语言学习的第一步，课堂教学加强“听”的精细训练，我们课程组选择语音、语法、句型、篇章有代表性的听力材料，通过严格地控制和重复训练，增强学生的语言储存。课堂外扩大阅读和听力内容的广度。利用已储存的

语言知识，确保学生了解更多的语言文化材料，使其更好地学习语言规则。在课外拓展中，不仅有适度的、精细的课外材料，还有优质的语音输入。我们不仅注意课外和课内的平衡，而且对课外和课内的精细语言材料进行监控和有效的调整，因为过多的课内和课外的精细材料都违反了循序渐进的教学规律，难以达到教学效果。

（2）加强听力对话的模仿、跟读和角色扮演策略

想让学生保持语音、语调的准确性和流畅性，对话的模仿、跟读和角色扮演是最有效的方法。首先，我们利用电脑、投影仪等多媒体储存的大量影像资料开展形式多样的“听、说、译”活动，增强学生语言实践的参与度，让学生跟读、模仿英语原声，利用英语原声及时纠正学生的发音错误，有代表性的错误要在全班进行讲解和训练。其次，我们针对有听力困难的学生调整教学的难易度，对此类学生要求他们多次复述听力材料中的一段，提高其听力能力。再次，我们将听力的文字材料和语音材料通过媒体同步展示给学生，学生可以一边听一边对照文字资料，帮助他们理解内容，有效地提高他们语言表达的准确度。

（3）加强“听、说、译”会话练习和师生释疑策略

首先，给学生播放听力材料，我们根据内容提问，学生回答，引导学生进行流畅和准确的语言接收和传达。学生及时参与语言实践活动的方式会降低学生听说与理解的难度，这种符合语言学习规律的方法是学生掌握词汇和语言知识最有效的途径，因为在理解基础上的学习是学生以后在课外灵活运用语言的基础。其次，我们录下并播放学生“听、说、译”的材料后，让学生讨论和分析这些材料的对错。对成功的交际策略及时肯定，对不成功的语言策略小组讨论后，提出自然、流畅、准确的交际策略方案，方案成形后，再次由学生演示和练习（图 1-7），这种及时反馈的练习方法不仅可以增强学生听、说、译的积极性，而且能有效地提高他们的交际能力。

图 1-7 学生会话练习

（4）看英文原版电影、学唱英文歌曲的激发策略

看英文原版电影不仅可以让学生接触纯正的口语，而且是学生学习语音的典范学习方式。在观看过程中，情境中的单词、短语、句型也会得到有效记忆和学习，同时学唱英文歌曲可以帮助学生改善发音。我们通常在观看电影后增加电影配音练习（图 1-8），在电影的情境中配音创造了一个多角度、多层面的语言实践环境，充分调动了学生视、听、说、译的综合能力，为学生流畅、准确的表达提供了有趣的平台，达到听、说、译的完美结合。

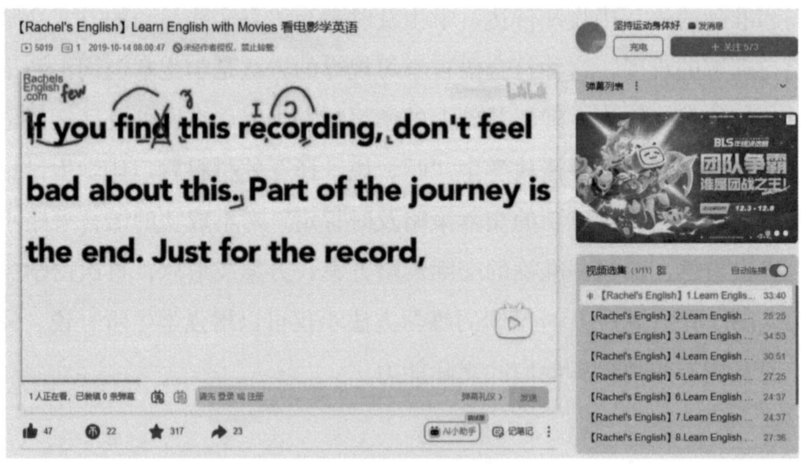

图 1-8 学生电影配音练习

（5）注重学生听译能力训练的策略

以单词、短语、句型（包括简单和复杂句型）为教学单元循序渐进地培养学生的听译能力，通过中级听译的试卷及适宜材料的模仿、复述、重新建构等练习，培养学生速写、速记的能力。锻炼学生对段落、篇章的现场听译能力，使其实现现场翻译，并强化其口译能力，为其参加全国口译考试打下良好的基础。

（6）调动学生学习语言的积极性和能动性

以教师讲授、课内语言实践与课外语言拓展相结合的模式，注重学生实践能力的培养，调动学生学习语言的积极性和能动性。课内语言实践从跟读、模仿、配音、问答、讨论入手，注重学生课内语言实践的广泛性，在具有视觉和听觉情境的语言环境中培养学生听、说、译的语言应用能力。让学生完成我们设计的话题，不仅增强了学生的积极性，也可以为我们提供更好的教学反馈信息，让我们及时检查和纠正学生语言交流中存在的问题，也利于学生迅速地改进和提高。课外语言拓展则通过日常生活、商务谈判等场景让学生进行角色扮演，感受真正的语言交流的氛围（图1-9）。我们对课外语言拓展的效果及时关注，对学生在课外拓展中出现的问题及时纠正，让学生认识到不足的地方，帮助学生找出解决问题的方法。对课外语言拓展中出现的成功案例要及时肯定。最后把反馈的这些信息规划到今后的教学中。

图1-9　课外语言拓展活动

3. 考核方式

过程性评价是在教育、教学活动计划实施的过程中，为了解动态过程的效果，及时反馈信息，及时调节，使计划、方案不断完善，以便顺利达到预期的目的而进行的评价。它提倡的是学生通过课程活动获得发展的过程。有鉴于此，视听说课程考核中的过程性考核比例扩大，内容更为丰富，包括课堂表现、小测试、课程作业以及个人展示等诸多方面。考核方式改变了以往单一的书面测试形式，把学生的模仿、跟读、角色展示、自主学习、小组讨论、课外实践、课内和课外的成果汇报等作为检测学生语言运用能力的测试范围，多方面、多渠道地检测学生的综合能力水平。

五、课程建设成效与持续改进方向

“听、说、译”三位一体的教学模式是一种开放性的动态模式，要求教师在传授知识的过程中更加注重语言的实际运用。这种模式让学生在课堂上和课外接触大量的“听、说、译”材料，增加了知识传授的有效性；提高了学生互相讨论、互相帮助、互相参与的积极性，增强了课堂的趣味性；降低了学生学习语言的困难，提高了学生语言运用的能力。同时，我们根据学生的实际情况和语言实践的动态情况，有选择性地使用听、说、译教材，对不符合语言实践的动态情况及时删除和替换，力求在激发学生积极性的基础上，更好地满足语言学习的动态平衡要求。“听、说、译”三位一体相互结合，促进了书面语和交际语与学生语言实践的联系，使它们产生协同效应，大大提高了学生的英语交际能力。

在今后的教学中，我们准备利用网络信息技术、语言实训中心等现代化教学手段加大师生课堂互动与交流，提高学生主体地位，提升英语视听说课程教学的实效性。通过营造真实的语言教学环境，让视觉与听觉、语言与情景、图形与声音进行有机结合，使原本较为抽象的知识变成生动易懂的课堂表演，从而活跃课堂气氛，促使语言信息输入和输出达到预期效果。另外，我们需要进一步探索实践教学的思路，融知识传授、能力培养、素质教育为一体，实现课内与课外结合、理论与实际结合，不断提高教学质量。

第三节　邢台地方文化与翻译应用型课程改革的探索与实践

作为一门具有地方特色的实践类课程，邢台地方文化与翻译课程旨在促进学生的知识、能力、素质协调发展和全面提高，培养高素质应用型翻译人才，服务地方经济文化和社会发展。课程组根据邢台地方社会对翻译人才的需求，对课程进行重新规划设计，突出对学生实际应用能力及整体素质的培养，强调以学生为中心的教学原则，突出现代化教学手段在翻译教学中的应用，布置真实任务，采用项目式和案例式教学方法，提供师生互评和 AI 评价等综合翻译评估及测试手段。通过应用型课程建设，以期达到：

第一，塑造专业形象，创立地方文化翻译品牌，打造语言服务队伍，让翻译专业学生学以致用；

第二，服务地方社会，打造语言服务金名片，让每个文化场馆都贴上邢院标签；

第三，提升邢台形象，助力文明创城，开展提亮工程，让邢台的文化馆所因我们而闪亮。

一、课程基本情况

邢台地方文化与翻译是邢台学院翻译专业专门为服务地方文化经济发展开设的一门地方特色课程，共计 32 课时、2 学分，于第五学期开设。开课班级为 2019 级、2020 级翻译专业 1、2 班。本课程不仅是交替传译、汉英笔译、计算机辅助翻译等基础课程的延伸与拓展，而且是进一步训练学生的翻译技能、提高学生的综合翻译能力、提升学生的文化自信和人文素养的课程。

二、课程性质及总体教学目标

邢台地方文化与翻译课程是翻译专业的专业选修课，实践性较强。学生通过本课程的学习，能够了解邢台地方文化知识，阐述重要文化现象，建立邢台文化自信；能够熟练运用翻译技巧对邢台地方文化相关文本进行笔译，提高文化翻译实践能力；能够使用新媒体技术，开拓多元传播主体，开展邢台地方文化外宣。从社会人才需求和学生的就业趋势看，本课程具有很强的实用性：一方面向学生介绍翻译基础理论知识，另一方面对他们进行大量的实践训练。本课程全面提高学生的基本素质，为他们将来的教学与翻译工作打下良好的基础。

三、教学实施

本课程的教学以服务地方文化为宗旨，结合我校特色，将邢台市文化馆所一站式双语解说作为课程突破口，其中具体包括馆所的双语展板翻译、解说词翻译、双语解说员培训，以及双语扫码读馆项目的初步建设。通过对邢台地方文化知识的教学，本课程培养了学生的地方文化自信，并充分利用校内资源，为邢瓷博物馆、校史馆培养建立了一支双语解说队伍，队伍目前已经在岗提供服务。其中“瓷动力”邢白瓷志愿服务队已获批 2022 年全国大学生科技志愿服务示范团队。

（一）改革教学设计

首先，本课程采取真实任务进行项目式教学，依托智慧翻译教学平台发布翻译实践任务，学生在平台完成整个翻译项目流程。其次，本课程采用“走出去”“请进来”的方式开展实践教学活动。除了深入各实践教学基地——文化馆所和中小学宣传邢襄文化，也邀请行业专家开展多场行业专家进课堂的活动。邢台文化专家刘顺超老师的讲座帮助学生了解邢襄文化、树立地方文化自信；河北大学校史馆英语解说员受邀为学生分享自己的经历，帮助学生了解对英语解说员的要求，提高他们的专业自信。再次，本课程在教学过程中树立一个目标，即培养高素质的地方应用型翻译人才为总体目标，牢记两条主线，即行业知识学习培养和职业能力培养，两条主线同向并行，贯穿 3 大环节，即课堂教学环节、能力训练环节、翻译实践环节。由于邢台市文化馆所涉及文化、科技、历史、经济等各个领域，在课堂教学环节中，教师要根据任务不同，帮助学生了解不同领域的行业知识和能力要求，还要进行针对性教学设计，选择合适的教学方法，如运用任务型教学法、讨论法和合作学习法，设置一系列由浅入深的学习任务，组织丰富的课堂活动，引导学生对不同的文本进行文体、语言、结构、历史文化背景知识分析，逐步积累学生的行业知识，使其掌握不同文体的翻译方法。在能力训练环节中，充分利用线上平台布置课外学习任务，如田野调查，以提高学生的社会调研能力；布置线上公示语测试，检测学生对术语库的掌握情况，增加他们的词汇量，为翻译能力提升打下基础；布置文献阅读作业，提高学生的文献搜索和分析能力，为撰写实践报告打基础；布置实践报告撰写任务，提升学生的翻译研究水平。在完成任务的过程中，培养学生的自主探究能力、独立思考能力、批判性思维和团队合作能力等职业能力。在翻译实践环节，利用智慧翻译教学平台布置文化馆所的解说词英文翻译作业，通过师生合作评价，最终形成译文。给学生提供平台和真实的翻译任务，提高学生的双语转换能力、文化分析能力和文本解析能力等翻译能力，同时还可以提高学生的人际交流能力、合作能力和翻译软件运用能力，最终提高学生的职业翻译能力。在培养高素质应用型翻译人才总体目标的引领下，专业知识学习和职业能力培养两条主线始终贯穿于课堂教学、能力训练和翻译实践3大环节，促进学生的全面发展。

（二）创新教学方法

本课程使用多种教学方法，重点采用PBL（Program-Based Learning，项目式教学法）。根据不同的教学内容，课程选择合适的教学方法，如任务型教学法、交际教学法、项目教学法、讨论法等，丰富课堂教学活动，培养学生的自主探究能力、合作学习能力和批判性思维，全面提升学生的专业素质和职业素养。针对原有教学模式中存在的不足，课堂教学中加大了学生参与的力度，让学生通过田野调查、翻译实践等多种方式参与并完成地方文化翻译项目的译写全过程，这样不仅使教学形式多样化，还充分发挥了学生学习的主动性。教学设计充分体现了以学生为中心、师生互动、比较的教学原则，突出了学生的翻译实践能力培养。

邢台地方文化与翻译课程团队旨在提供邢台文化馆所一站式双语解说服务项目。在整个大项目的背景下，课堂授课采用任务型教学法（Task-Based Learning），即教师布置真实任务，并组织学生完成译文初稿，教师审阅后完成定稿。课上的小组合作学习（Cooperative Learning）提高了学生的课堂学习效率，激发了学生的探究精神，收到了良好的效果。在教学过程中，课程突出自主性学习、过程性学习和体验式学习，将语言知识和语言技能“双基”培养、翻译知识和翻译能力专业素养与学生的自主学习能力、创新思维能力、合作精神与能力的培养有机结合，加强学生的创新精神和应用能力培养。

（三）多元化现代教学技术手段

教师有效借助传神公司提供的智能翻译教学与创新实践平台、多媒体课件、视频材料以及音频材料等进行翻译教学。另外，学习通、QQ 群、微信群及微信公众号等移动数字端智慧学习及管理平台的使用，将时空无限延伸，拓宽了学生的学习渠道，满足了其个性化的学习需求，有助于培养学生的自主学习能力。

（四）丰富网络教学资源

本课程以邢台各文化场馆及其数字资源为依托，在课前和课后为学生提供丰富的自主学习资源，通过智慧翻译教学平台完成邢台文化外宣资料翻译的真实任务，通过多样化网络资源推动课程教学与信息资源的有机结合，实行线上线下、课内课外相结合的混合式教学模式。

（五）完善课程评价体系

课程评价体系采用过程性评价和终结性评价相结合的模式。过程性评价结合专业能力和职业能力要求，设置具体的评价标准，体现了学生知识和能力的动态变化和发展；采用多元化的评价方式，包括学生自评、教师评价、生生评价和教学平台评价；及时总结反馈，持续改进评价方式。

（六）实践教学成果

自这门课开课以来，第一学期在申玉革和韩广义老师的带领下，2019 级翻译专业学生完成的第一个项目是邢台学院双语公示牌项目。学生统计整理了各个教学楼的门牌，包括房间号、门牌内容、所属部门等，并做成 excel 表格；分组将收集到的门牌进行英文翻译；总结公示牌译写过程中出现的问题并给出对策和建议，比如汉语门牌不规范、印刷错误和标志欠缺。翻译过程中的问题归纳解决之后建立术语库。第二个项目是对校史馆的展板进行了初步翻译。第二学期由申玉革和赵娜娜老师带领同学们完成了 3 个翻译项目，分别为邢窑文化园邢瓷博物馆、校史馆和内丘邢窑博物馆的翻译项目。在邢窑文化园邢瓷博物馆解说词翻译的项目中，首先通过小组分工合作进行了展板英译，其次是解说词英译，评稿经过 5 遍修改之后最终定稿。学生们还在邢窑白瓷非物质文化遗产传承人张志忠老师的指导下参观了校内的邢瓷博物馆，亲手体验了制瓷工艺拉坯环节，并就邢白瓷文化英译所需要的专业知识进行了提问，张老师也热情地一一解答。活动结束后，教师布置了邢白瓷解说视频的小组作业。最后进行了邢窑文化园邢瓷博物馆双语解说员的培训演练。接下来的校史馆项目也是 3 步走，展板翻译、解说词翻译和双语解说员团队建设。在完成项目之前，教师带领学生走进校史馆进行前期的参观学习和资料的收集整理工作。第三个项目是内丘邢窑博物馆，在 2019 级翻译专业学生完成的展板勘误项目基础上，本学期会进一步完善展板翻译，并进行双语解说词和扫码读馆的初步建设。

四、应用型课程改革的创新与实践

（一）教学内容的创新

本课程主要以贴近实际生活的应用型翻译为主要内容，介绍相关材料的翻译策略和翻译技巧，既涉及英译汉又兼顾汉译英，材料并非简单的摘编内容，而是主要取自于实际生活，通俗易懂。本课程集英汉翻译、汉英翻译、文体与翻译等多门课程的优势于一身，有利于满足社会对人才的需求和学生的就业需求，同时注重开辟第二课堂。教学内容专门针对地方需求设定，适用性强。本课程打破了课堂以教材内容为主体的传统，主动对接地方社会需求，以邢台各文化馆所的真实材料为依托，布置翻译任务，由易到难、循序渐进地为学生搭建脚手架，促进学生综合技能和综合素养的提高；切实解决地方文化外宣中存在的问题，体现高校的地方服务职能；紧随时代发展和地方需求，随时更新教学内容。

本课程的教学以学生为主体，以提高学生的专业能力和职业能力为核心，通过多样化的教学活动，如项目式教学法，培养学生独立思考的能力和批判性思维，帮助学生主动建构专业知识；利用平台进行翻译实践，让学生在做中学，提升他们的翻译技能。本课程教学内容适合学生就业岗位的职业翻译能力发展需要和学生可持续发展的需求。以往的课程教学内容多集中在所选用的教材上，内容不够丰富，实用性不强。本课程的教学内容基于邢台地方文化外宣材料，采用真实任务，开展项目式教学，如邢台市文化馆所一站式双语解说项目，包括邢台市主要文化馆所的双语译介、双语解说员培训、扫码读馆等，综合锻炼学生的口、笔译实践能力，提高其文旅行业的行业技能和职业能力，实现专业能力和职业能力双提高、学校教育和职业教育零对接，切实提升翻译专业的地方语言服务能力，为地方应用型翻译人才培养服务。

（二）教学模式的设计与创新

本课程教学模式的设计以应用型人才培养为目标，以学生为中心，在教学过程中突出实践环节，同时采用线上、线下相结合的教学模式；坚持以成效为导向，合理设置课程内容，明确课程具体目标导向，使目标与内容相一致，让内容支持目标。教师以邢台各文化馆所的真实材料为依托，布置翻译任务，由易到难、循序渐进地为学生搭建脚手架，促进学生综合技能和综合素养的提高。这种教学模式充分体现了目标驱动、过程导向和师生合作的特点，着重培养学生在翻译专业上的创新精神和应用能力，锻炼和提升学生的翻译能力，真正做到课程与职业相结合。在课堂上进行师生合作评估，教师主导、学生参与，建立过程性评价与终结性评价相结合的多元化评价体系，实现教、学、评一体化。

（三）“三进二新”实践教学模式的创新

课程团队突破传统实践教学方式，结合邢台市重点产业链，找准定位，提出了翻译专业地方文化馆所一站式服务的发展方向，并以邢窑文化园为基点，以邢台地方文化与翻译课程为依托，走出教室，走进文化馆所，开展实践教学，走进邢瓷博物馆，进行现场解说，走进中小学，开展科普志愿服务，借助新媒体，拓宽文化外宣渠道。本课程采用“进校园、进城市、进场馆，新思想、新实践”的“三进二新”模式，与邢台市教育局、邢台市文广旅局、襄都区政府以及多所当地中小学联动融合，以邢瓷博物馆为基点，服务场所延伸至中小学、知名文化馆所。通过以面对面为主的科普宣讲形式，充分结合现代科技带来的新优势，辅以情景表演、图片展示、科普文章及双语短视频等新媒体方式，以及国家级非遗代表性项目代表传承人现场制作并讲解邢瓷制瓷工艺等一系列措施，为人们带来最生动有趣的传统文化大餐。

（四）坚持第一、二课堂结合，服务地方社会发展

课程团队坚持将专业能力提升与社团活动相结合，坚持第一课堂统领第二课堂、第二课堂支撑第一课堂，引导学生们丰富专业知识、锻炼实践能力，为以学生为主体的“实践融通”育人机制提供动力，服务地方经济社会发展，并取得了良好的实效。以本课程为依托的“瓷动力”邢白瓷志愿服务队是外国语学院组建的基于专业特色和文化传承的大学生志愿服务团队，2022 年入选全国大学生科技志愿服务示范团队。我们团队主要开展以邢瓷文化为代表的优秀邢襄文化系列宣讲活动。团队建设基于学校应用转型战略和文化创新发展，围绕教育部中华优秀传统文化传承基地——邢窑文化园，旨在深入挖掘优秀非遗资源，团队面向我校、我市乃至我省各界提供文化和科普服务。我们将“课、岗、赛、证”人才培养模式与第一、二课堂融合机制相结合，将其综合运用于我团队指导思想与具体实施方法之中，以实现学生翻译专业知识学习、创新实践能力增强和社会责任感提升的螺旋式提升培养。过去几个月里，我团队共开展服务 12 次，志愿者人数 15 人，参与服务共 93 人次，服务对象逾 25 000 人，志愿服务累计时长超 650 小时。我团队深入邢台市北关街小学、达活泉小学、中华路小学开展志愿服务宣讲，在科普月活动中为东关逸夫小学、一中、三中、八中等在校师生提供讲解服务；开展岗前培训 2 次，报送工作汇报 13 篇，媒体报道 31 次，其中省级及以上主流媒体报道 7 次、新媒体平台报道 24 次。队员们在一次次第二课堂实践中锤炼专业本领、领悟志愿服务真谛，这使得我们能够在专业主体课程中增添新思想、新形式、新内容。

（五）构建以企业、基地为主体的“产教联通”育人机制新格局

课程团队依托中华优秀传统文化传承基地——邢窑文化园，深度契合学校应用转型大方向，与我校签订的各优秀传统文化传承基地、译国译民集团、河北省翻译学会、邢台电视台和省内外各大高校展开密切合作，推动基地、企业、省内优质资源向育人资源转化；带领“瓷动力”团队成员在志愿服务期间

多次接受邢台电视台采访，并有队员为自行车厂提供英语口译服务，助推邢台地方经济恢复与发展。我们以“瓷动力”内涵建设为抓手，强化实践环节，打造典型案例，服务太行泉城地方发展战略、燕赵文化传播和市域创新驱动发展。

五、课程建设成效及持续改进方向

（一）建设成效

通过应用型课程建设，本课程预设的改革目标已基本实现：学生语言服务能力大幅度增强，建立起了专业化的语言服务队伍，打造出了属于我们自己的品牌；社会服务蓬勃开展，打造语言服务金名片，服务多个文化场馆；助推城市形象打造，助力文明创城，开展提亮工程，让邢台的文化馆所因我们而闪亮。

通过实践活动，进一步提高了学生的兴趣，锻炼了团队协作能力。课程组成员多次在学校和学院组织的应用型课程研讨会上进行经验分享，受到老师和学生的广泛认可和高度评价。以本课程学生为主体组建的邢白瓷志愿者团队获批全国科普志愿者示范团队并入选全国百佳科普服务案例库。本课程的校本教材已经纳入学校的应用型教材编写规划，并在2024年出版。

（二）改进方向

探索产教融合、校企合作的应用型课程教学模式，使企业真正参与人才培养方案制定、课程教学大纲撰写、教学内容组织、教学活动设计、教学任务安排，将课程建设与地方需求有效对接，打破语言能力培养和职业能力提升不匹配的现状，建立可持续发展、持续改进的地方应用型课程，实现翻译人才培养与地方社会需求零对接。改进途径：通过政府主管部门如市文广旅局与邢台市主要文化馆所建立密切联系，将课程教学、人才培养与地方文化外宣、文明城市建设结合起来，实现产教融合，校、企、政联合培养人才；与邢台市主要文化馆所建立长期实习实训合作关系，定期派遣学生深入文化馆所调研、考察、体验，及时了解地方行业企业需求，调整教学内容和教学方式；帮助学生熟悉就业岗位，了解行业要求，提高职业能力；使用智慧翻译教学平台，提高学生运用翻译技术的能力，加大真实性任务的翻译作业布置和考核力度，提高翻译质量，切实提升语言服务水平和能力。

总之，邢台地方文化与翻译课程团队会继续完善邢台市文化馆所一站式双语服务，加入更多的项目建设；开展邢襄文化短视频收集与译介，利用网络资源发挥好新媒体作用；建立邢襄文化数据库，建设校本教材，助力邢襄文化外宣。为此，本课程团队将继续认真钻研、不断探索，总结经验和不足，并持续改进，在培养、塑造专业翻译人才的同时，也为邢襄文化的外宣贡献一份力量，争取把这门课做成一门优质的应用型课程。

第四节　应用型本科院校中国文化课程教学改革研究

随着我国对外开放程度不断加深、国际合作日益密切，中国文化在国际上的传播影响范围越来越广，来自不同国家的留学生都希望留学中国，汉语国际教育事业因此得到快速发展。外国留学生通过来华学习，不仅能够了解中国文化知识，还能建立基本的跨文化意识并打开国际视野，甚至理解中国的传统道德与哲学思想，从更深层面体悟中国智慧，进而理解和接纳中国文化的价值取向。

中国文化课程采取英语授课形式，向来华留学生传授中国核心文化，使学生系统掌握中国传统文化的精神，从总体上把握中国传统文化的主要内容、发展线索、阶段特征及其在中国社会发展中的作用，深入地了解中国文化。通过理论教学与实践教学相结合的教学方法，主动对接企业，鼓励学生参与中国文化课程实践环节。本课程使留学生对中国有更全面、更真实、更深刻的了解，帮助留学生迅速适应在中国的学习和生活，提高来华留学生跨文化适应的能力，有助于来华留学生认识与理解更真实的中国，改变部分来华留学生来华前对中国的认知误区，为传播中国文化提供良好的学习和交流平台。

一、课程基本情况

（一）本课程的建设发展历程

邢台学院是一所省市共建、以市为主的全日制普通本科院校。学校前身为直隶第四初级师范学堂，始建于1910年，是河北省最早成立的4所师范学校之一，已走过100多年的办学历程。2002年升格为全日制本科院校以来，学校深化教学改革，办学质量不断提高，服务地方经济社会发展的能力日益增强。学校高度重视国际交流与合作，在师生互访、合作办学、学术及文化交流等领域建立了不同层次的交流合作关系。近年来，学校全面加强内涵建设，不断深化教学改革，积极开展产学研合作教育，各项工作成效显著。为了适应高等教育国际化的趋势，学校将“开放办学”作为学校发展的重要战略目标之一。2014年，国际教育交流学院迎来第一批留学生，本课程就是面向本科层次留学生开设的公共必修课。

中国文化是按照2000年1月31日教育部、外交部、公安部令第9号《高等学校接受外国留学生管理规定》中“中国概况应当作为接受学历教育的外国留学生的必修课”的要求，为本科留学生开设的一门必修课。作为一门全英文授课的课程，本课程自2014年开始为我校法学本科学历留学生及来自俄罗斯、韩国、南非、德国、巴基斯坦等国的各类留学生开设，每周2课时，每学期32课时、14学分。本课程教学采用线上、线下相结合，把中华民族的精髓以生动、直接的方式呈现给留学生，取得了良好的教学效果。

（二）本课程的教学目标

知识水平教学目标：使学生了解中国的社会和文化背景知识，系统了解中国的历史发展、地理环境、政治制度、社会习俗，以及经济、教育、文学艺术、家庭等方面的知识，对汉语有一种理性的理解，对中国有一个客观的认知，扩大留学生的中国文化知识面。

能力培养目标：注意培养学生的汉语应用能力和跨文化交际能力。

素质培养目标：培养学生的文化素质和文化接受性，使学生了解中国的社会和文化概貌，通过对中国社会与文化的介绍，让学生形成对于不同文化的宽容态度。

二、本课程存在的问题

(一) 跨文化素养培养不足

在留学生课堂教学中，学生的来源逐渐呈现出多元化趋势，由于其不同的文化底蕴，其母语存在较大差异，他们的跨文化交际也存在不同程度的障碍。对外汉语课堂教学很容易忽视学生的主动性、忽视学生之间的差异，或者局限于教材等方面的问题，需要引起高度重视。

(二) 课堂活跃性较差

在中国文化教学中，课堂缺乏活跃性，教师的教学技巧需要提高。课堂话题和中国式幽默不能引起学生的共鸣，课堂缺乏师生间的互动，课堂教学变得枯燥无味；学生缺乏主观能动性，只是配合教师的单方输入，缺乏探索的积极性。

(三) 现代化教学技术应用不足

第一，课堂教学设施老旧，教师习惯于单纯依赖书本上课，让学生在枯燥的环境中学习中国文化知识，很容易令他们感到乏味，产生厌学的心理。

第二，院系资料室建设欠缺，与课程相关的数字化教学资源匮乏，教师不能提供学生可帮助自主学习的学习资源库。

(四) 教学实践环节缺失

第一，教学方法老旧，即只是教师单方面地讲解。在这种方法下，教师没有激发学生的兴趣，学生也没有把中国文化当作兴趣来学，教师只是死板地让学生接受知识，却没有注重给予学生学习中国文化的体验。

第二，中国文化的教学常强调以教师为中心，忽略了学生本身，学生学习缺少主动性、积极性，他们常常是在老师的要求下进行大量的记忆背诵，缺乏主动思考。

(五) 评价体系个性化不足

在课程考核中，评价主体相对单一，教师在评价中占有绝对主导权；终结性评价居多，学期考试一锤定音，过程性评价缺失。

三、创新解决本课程“问题”

(一) 加强培养学生的跨文化素养

我国对外开放程度持续加深，意味着在我国学习的留学生在多元化方面呈现出持续提升的趋势。我校高度重视交流与合作，已与英、美、德、澳、俄、韩、泰等国家和中国台湾地区的27所高校在师生互访、合作教学、学术及文化交流等领域建立了不同层次的交流合作关系。2014年我校迎来了第一批本科留学生，2015年韩国、俄罗斯的语言生和交换生也走进了邢台学院的校园。为了帮助学生克服跨文化交际障碍，确保对外汉语教学活动顺利实施，学院创新培养学生跨文化交际素养。

1. 帮助学生培养对世界文化多样性的认识

世界各个国家、地区和民族都有自己波澜壮阔的历史与多样化的思想与哲学理念，它们在冲突和包容中互相融合和发展，那么留学生在学习汉语的过程中，必然会面对文化认知上的差异。对外汉语教育的一大重点在于帮助学生培养对世界文化多样性的认识，留学生需要对这种差异有正确的认识，并且对其包容与理解，认识到每一种文化都有自身的地域特色，可以不认同，却不能排斥，客观公正地看待世界各国、各地区的文化。

2. 对汉语在不同语境下的语言表达方式加以重视

汉语有着丰厚的文化底蕴，鉴于年龄、性别等差异，同一词汇可能会在不同的语言环境下产生不同的意义，从而对语言表达状况及表达方式产生影响。因此，留学生要注意分析当前对话的语境，合理选择表达方式和词汇，才能更好地与人交流。在具有中级汉语水平的中国文化课程教学过程中，我们针对留学生已掌握了基础汉语语法，学过了2000—3000个常用词，具备基础汉语交际能力，能用汉语就与个人有关或常见的熟悉话题与他人进行沟通和交流，对汉语及中国文化产生了很大兴趣的特点，将具有特色的地域文化融入教学中，消除文化负迁移，拉近学生与汉语的距离并为跨文化交流提供便利。向留学生讲好地域故事、传播好地域文化，将文化交流传播的种子播撒在国际交流的新生力量之中，为促进国家及地区之间的文化交流奠定知识储备基础和心理认同基础。

3. 帮助学生养成文化联想能力

在教学中，教师鼓励学生有意识地将文化与汉语进行联想，在情感上产生共鸣，最终帮助学生培养文化联想能力，在此过程中比较可以使记忆更加深刻，如在学习中国名字、中国戏曲等内容时，学生极其自然地联想到了各自的名字和各自国家的戏剧。很多学生乍听京剧、黄梅戏，感觉曲调奇怪、好玩，便找出自己国家的曲子互相比较，慢慢地，有的学生被脸谱、服饰、动作等吸引，因此会学唱一两段中国戏曲，回国后将其展示给家人、朋友。中国的其他文化如乐器、民歌、诗歌等也是如此。

（二）创新教学模式

在课堂上，学生应该是教学活动的实施者。老师应该竭尽全力调动学生学习的积极性和主动性，让他们成为学习的主导者。教师通过观察学生的课堂表现给予必要的重点指导，但要确保学生是教学的主体。

1. 以学生为中心开展教学活动

自主学习设计是该教学模式的核心内容。充分发挥学生的主动性，让学生有机会在不同情况下应用所掌握的知识，让学生根据自身行动的反馈信息来形成对客观事物的认识。以学生为中心，辅以老师的指导，让学生边学边做、边做边思考、边思考边总结。提高学生学习的积极性，同时使课堂的学习气氛变得生动、活泼，这有利于教学质量的提高。突出实践环节，根据学生的能力和兴趣方向指导学生积极参与，将学生分组，要求他们完成至少一项主题文化作品。

2. 融入交际法和任务型语言教学的核心理念

交际法强调语言表达的得体性和语境的作用，任务型语言教学强调语言的真实性和在完成一系列任务的过程中学习语言，两种教学法都强调语言的真实性和情景的设置，以及在交际中培养学生的语言运用能力。中级教学选取的文化点都是日常生活、交往方面的情景，授课中老师会运用图片、影视、实地参观等方式并引入一些对中国文化的探讨内容，还会采取变换情景的方式，让学习者体会在不同情境下语言的真实运用，进而在模拟和真实体验中学习和习得汉语。

3. 采用主题式教学，寓教于乐

主题式教学是以内容为载体、以文本的内涵为主体所进行的一种教学活动，它强调内容的多样性和丰富性。一般来说，一个主题确定后，通过接触和这个主题有关的多个方面的学习内容，加速学生对新内容的内化和理解，进而深入探究和培养学生的语言运用能力。我们结合中国传统的文化节日，融入文化元素，开展中国传统节日、二十四节气等主题式内容教学，激发学生的学习兴趣，扩大其知识面，弘扬传统文化。此举措改变了传统的教学方式，拉近了学生和老师之间的距离，帮助学生用更加轻松的方式获得更多的成长。

4. 营造轻松的课堂氛围

课堂教学注重学生活动，教师尽可能营造轻松愉快的气氛，激发学生的学习兴趣。课堂气氛的营造需要运用课堂教学技巧，与学生聊一些轻松的话题，穿插一些风趣幽默的话语，以缓解学生的畏难心理。学生则充分利用课堂上的有利条件与教师交流，通过提问与解答，师生之间有效沟通。

（三）创新教学手段

现代教育技术集声、文、图、像于一体，能使知识信息来源丰富、容量大，内容充实、形象生动。本课程改革后注重现代化教学手段在教学中的合理利用，学院现已网络全部覆盖，且每一个教室都配有多媒体、投影仪等设备，教师可以很方便地将线上、线下资源相结合组织教学。我院开发的网络教学环境有智慧校园、雨课堂、钉钉、批改网等，授课教师已经掌握了线上教学的操作方法，可以组织线上教学，并且通过网络与学生互动。学生充分利用网络观看录像、下载课件、学习案例等，网上资源对课堂教学起到了有效的补充作用。

第一，利用计算机辅助教学，即利用自主开发的多媒体教学课件进行授课。针对难以理解的知识点，采取动画演示的方式，增强学生对抽象概念和复杂系统的理解。

第二，在课堂教学中，除板书和讲述外，教师灵活运用电子教室软件，可以让学生更加清晰地看到课件细节和演示过程。教师还在教学中使用了大量的教具，包括茶具、陶瓷、戏剧脸谱、剪纸、中国结、古典乐器等，辅助学生对教学理论知识的理解和认知，这极大地激发了留学生对学习中国灿烂文化的兴趣。

第三，建立网络教学资源，突出网络辅助学习的功能。结合网络视频、图片、故事、新闻等资源，为学生提供多角度认识中国文化的途径。充分利用互联网平台以及多媒体资源，通过微课、在线课堂等方式，为学生提供多样化的教学手段。例如学习中国饮食文化时，学生们会从网上搜罗众多的、没见过的中国食品，还会在生活中拍摄食物的照片。教师会给学生展示有代表性的食物如饺子、月饼、汤圆、麻婆豆腐等的图片和其制作过程的视频，还会和他们讲述相关传说，在过节的时候和留学生一起制作很多食物，学生通过对比记忆深刻，对于会做几样地道的中国食物感到非常骄傲。这种方法拓宽了学生的认知领域，弥补了单纯看文字和图片的缺陷，使内容生动活泼，让人印象深刻。

（四）创新教学方法

改革后，本课程倡导理论与实践相结合的教学方法，并以实践为主，实践性任务几乎可以占到整个教学过程的 2/3。主要的教学方法有以下几种。

1. 任务型教学方法

以学生为中心，辅以老师的指导，让学生边学边做、边做边思考、边思考边总结。提高学生学习的积极性，同时使课堂的学习气氛变得生动、活泼，这有利于教学质量的提高。突出实践环节，根据学生的能力和兴趣方向指导学生积极参与，将学生分组，要求他们完成至少一项主题文化作品。

2. 比较学习法

比较可以使记忆更加深刻。来自不同国家（地区）的学生在比较不同文化的过程中，往往会受到文化差异的冲击，最终形成和谐的理解，这使他们变得更加宽容和通情达理，拥有良好的跨文化交际能力。如在学习中国名字、中国戏曲等内容时，学生极其自然地联想到了各自的名字和各自国家（地区）的戏剧。很多学生乍听京剧、黄梅戏，感觉曲调奇怪、好玩，便找出自己国家（地区）的曲子互相比较，有的学生被脸谱、服饰、动作等吸引，因此会学唱一两段中国戏曲，回国后将其展示给家人、朋友。中国乐器、民歌、诗歌等也是如此。

3. 实地体验学习法

每个学期，我们都带学生外出学习几次：在学习中国园林建筑时，我们带领学生去当地的清风楼、开元寺等典型的古建筑群参观；学习中国茶文化时，我们会带学生去茶馆听茶艺师讲解并观看泡茶，然后让他们动手泡茶；学习中国书法时，学生们会跟着书法老师练习毛笔字，去美术系展馆观看名人字画，他们当中的很多人写的毛笔字工整漂亮，这让他们非常有成就感。这些活动让学生体验到了生活中的中国文化，同时激发了他们更大的学习兴趣。

4. 基于情境任务的听说教学法

听说教学法有两种形式：一种是使用网络视频教学，在视频的帮助下学生说出所见所闻；另一种是使用实地体验之后的照片和短视频，根据呈现的片段，学生们进行描述、总结、反思。这种方法让学习变得轻松、实用。比如学习中国节日，学生们会看到中国新年的场景、端午节的场景等，实际场景既让学生有了真实体验，又能调动他们的想象力，让他们对中国文化有更深入的了解。

5. 线上、线下资源的结合法

为方便师生交流，电话、微信、QQ、邮件等是我们常用的方式。同时，要求教师提前 10 分钟到达教室，安排固定的辅导答疑时间，帮助学生解决问题。

6. 合作学习法

合作学习产生和谐、团结的群体，使学生们乐于一起行动并像一个大家庭一样分享感受。合作学习非常适合留学生的学习特点，他们非常喜欢共同完成某个活动，也非常喜欢将所学知识应用到生活之中，如去餐厅吃饭、去中国朋友家做客、准备中国节日聚会等。接到任务后，他们在宿舍上网查资料、问中国朋友，然后设计、背诵、演练、修改、向老师咨询，这一过程加深了他们对任务的理解和认识，提高了他们的语言表达能力。同时，和谐、团结的大家庭使他们更具凝聚力，更愿意共同学习。

（五）改革考核与评价机制

课程团队改革考核和评价机制的具体措施有建立健全“过程管理”和“结

果控制”相统一的科学考评体系，不断优化完善考评程序，推动考核结果更加客观、公平；根据课程目标，构建目标体系，把目标细化分解，让评价多维度“立”起来，加强过程性评价，让评价“实”起来，强调形成性评价，让评价“活”起来；从“一次性考核”转向“全过程监测”，积极探索个性化培养，加强过程考核和个性化考核，通过多样化的考核与评价机制充分挖掘学生的能力；在实践环节，鼓励学生根据自身兴趣探索个性化的成果，所采用的形成性和终结性考核相结合的模式，拓展了传统的形成性和终结性评估。

改革后学生的考核主要由两部分构成：平时成绩和期末考试成绩。平时成绩采用多种形式进行评估，主要有实践作品、小测验、学生报告、小论文撰写、案例分析等阶段性测评方式，期末以考试的形式来验收本学期学生实际掌握知识的水平和程度，力求做到科学合理地评估学生所获得的知识及其掌握程度。通过加强平时考核，调动和促进了学生学习的主动性，并可以较为客观地对学生的学习效果进行评价。同时，鼓励学生积极参加河北省“冀之光”外籍师生汉语水平大赛和河北省首届外籍师生戏曲大赛，以赛促练，以赛促学，通过观摩来自河北省内高校的留学生们展示的中国舞蹈、中国音乐、中国戏曲，学生们深深地爱上了中国文化。给积极参加大赛的学生在实践环节考核中加分。考核内容还包括学生的动手能力，如学生是否具备有关中国文化的一技之长，如泡茶、中国功夫、制作中国手工制品等，这既是对学生实操能力的督促，又为学生学习带来了极大的乐趣。

四、课程建设成效

（一）课程教学创新效果

1. 获得“中国文化节”奖项

2020 年，接受过本课程培养的俄罗斯本科留学生，在俄罗斯的“中国文化节”上获得一等奖。

2. 获得省级品牌课程

2020 年，河北省教育厅正式下文《关于公布省级来华留学英语授课品牌课程的通知》。经过组织专家评审，全省 12 所高校申报的 45 门课程中，河北大学等 7 所高校的 11 门课程被评为“河北省来华留学英语授课品牌课程”，我校的中国文化课程就是成功入选的课程之一。

3. 承接河北省侨联汉语国际传播课程

2021年，我校承办了河北省侨联第六期“亲情中华·为你讲故事”网上夏令营。在此次夏令营中，我们教学团队与来自澳大利亚的华侨及其子女一起分享了《西游记》、中国汉字、中国成语故事、中国传统文化等。我团队的4名教师均获得河北省侨联“亲情中华·为你讲故事”网上夏令营“优秀辅导教师”光荣称号。2022年，我校又参加了河北省侨联组织的网上讲故事活动，围绕邢台名人事迹、地名由来、历史典故、红色传承精神，准备了包括“元代科学家郭守敬的故事”“中医学的开山鼻祖——扁鹊”等内容，讲好邢台故事，传播中国好声音。

（二）课程团队教学研究成果

课程团队成员在教学过程中刻苦钻研，深入研究，不断总结教学经验，先后主持或参与省教改课题2项、省市各级课题10余项，发表5篇中文核心期刊论文，出版相关学术专著3本。

1. 出版《“一带一路”视域下的河北省文化对外传播研究》

探索河北省优秀传统文化对外传播路径，是推动河北省文化建设的重中之重，有利于扩大河北省文化在海内外的影响力，提高河北区域影响力和河北地区形象，为河北地区发展创造良好的外部环境。此专著的出版可以增强河北省文化对外传播的影响力，这不仅有利于架构“一带一路”共建国家民心相通的桥梁、夯实共建国家开展经济合作的民意基础、扩大河北省文化在海内外的影响力，而且对全面提升河北开放型经济水平和实施文化强国战略具有重要的战略意义。

2. 出版《文化视域下的对外汉语教学研究》

全球化进程的推动和世界文化的多元发展使传播本国文化成为世界各国语言教育的共同价值取向。对外汉语教学是促进汉语国际推广、传播中国优秀文化的主要途径，它不仅强调语言的理解和运用，而且还整合了丰富多彩的文化资源以适应外国学习者的学习需求，为不同文化背景的学生创造汉语学习和文化理解的机会，旨在促进语言文化传播，增进国际理解和合作，最终实现语言和文化的多元发展。

3. 出版《基于中国传统文化传播的对外汉语教学研究》

中国传统文化源远流长，是中华文明演化而汇集成的一种反映民族特质和风貌的民族文化，是民族历史上各种思想文化、观念形态的总体表征，它是古代思想家所提炼出的理论化和非理论化的，并转而影响整个中华民族的，具有稳定结构的共同精神、心理状态、思维方式和价值取向等精神成果的总和，它渗透在社会生活的每一角落，包括人们的言谈举止、衣食住行、道德信仰、思维方式，以及典章制度、文学艺术、哲学思想等。对外汉语教学直接向留学生展示中国文化符号，对推动文化对外传播更为直接。

4. 发表核心论文《“一带一路”背景下河北省饮食文化传播路径探析》

河北省饮食文化是中华饮食文化的优秀代表，是河北省文化对外传播的重要组成部分。随着世界全球化的发展，河北省饮食文化正逐步走进各国的视野，并得到越来越多国家和民族的认可与喜爱。本文提出依托“传统媒体＋新媒体”的立体化模式传播河北省饮食文化，打造适合经济全球化的河北省饮食新菜单，从理论方面为河北省饮食文化乃至整体文化传播路径提出了很好的思路，也是文化传播方面的创新。此外，本文从饮食文化入手探讨河北省文化传播，对于增强河北人民的文化自信、促进文化传播意义重大。

5. 发表核心论文《新媒体视角下的河北省饮食文化的传播策略》

在新媒体时代，传播河北省饮食文化不仅可以全方位、多角度地展示河北省饮食文化物质层面与精神层面的内涵，还可深度挖掘并展示河北省饮食文化中的个性内容。因此，河北省饮食文化的传播需要做到中华饮食文化圈内、圈外“两手抓”，走出一条多样化、个性化的传播之路。随着河北美食的受关注度越来越高，河北省饮食文化无论是在中华饮食文化圈内还是圈外都呈现出良好的传播态势。河北省饮食文化传播需要挖掘符合新媒体传播特征的饮食文化，打造独具特色的新媒体饮食文化传播平台，探索新媒体视角下河北省饮食文化的传播模式。

6. 承担横向课题“邢台纳科诺尔精轧科技股份有限公司广告文化方案设计”

受邢台纳科诺尔精轧科技股份有限公司委托，本课程团队承担了邢台纳科诺尔精轧科技股份有限公司广告文化方案设计横向课题，并收到经费 3 万元。团队将高校专业知识与企事业单位发展相结合，在实地考察、座谈的基础上，首先对公司的发展优势、产品特色、已有产品和服务的广告现状等有了全面的掌握。其次，团队直接参与了公司的广告文化设计讨论，从定位、情感、审美、诱导、时尚、科技等方面思考并提出了合理建议。最后，结合公司的发展特色和实际问题，团队提出了具有本企业发展特色的广告文化设计建议，并举办了广告文化讲座。

五、持续改进方向

我院将应用型课程建设作为提高教育教学质量的重要举措，科学制订课程建设计划，将应用型课程建设列入学院发展规划。坚持对接企业，突出实践环节，减少灌输型知识讲解。根据学生的能力和兴趣方向，引导学生在课程设计阶段积极参与课外实践活动。

第一，坚持对接企业，加强实践环节，持续建设应用型课程。

第二，逐步完善课程网站，将教学资源上传到网络供学生学习使用，同时制作全英文微课、MOOC，以便用于翻转课堂。

第三，继续录制更多线上精品视频课程。用多机位高清录制，提供画质清晰、播放流畅、声音清楚的教学录像，教学录像展现课堂教学全过程，全程有中英文字幕对照。

第四，配合理论课内容，依托本校与国外院校及校外实训基地的广泛合作，建成“校内课堂＋校外实践＋课外互动”的实践性教学体系。

第二章　管理学类专业课程改革的探索与实践

第一节　仓储管理应用型课程改革的探索与实践

应用型课程是应用型人才培养的主要载体，是高校人才培养与社会需求对接的重要桥梁，亦是应用型改革落到实处、走向深化的关键。仓储管理课程是物流管理专业核心课程之一，课程紧紧围绕京津冀协同发展战略布局，面向物流强省、物流强市建设需要，针对企业实际人才需求开展应用型课程改革。课改围绕应用型课程“四真三化”的改革原则，力争打造真实环境，使学生真学、真做、掌握真本领，采用一系列工作任务课程化、教学任务工作化、工作过程系统化的改革方式，建设具有地方特色的应用型课程组织形式。

一、课程建设背景

应用型课程改革既是建设应用型高校、培养应用型人才的客观需要，也是打造“金课”，提升课程质量、学习效果的内在要求。

（一）适应应用型高校建设的要求

应用型高校建设方案要求学校主动适应地方经济发展新常态，主动融入产业转型升级和创新驱动发展，以产教融合、校企合作为主要路径，以服务地方经济社会发展为最终目标，以培养应用技术型人才为根本任务，不断增强学生的就业能力、创业能力和创新能力。具体建设目标提出，有行业、企业参与建设的专业核心课程占比60%以上，开展了与应用型人才培养相适应的教学方法改革的专业核心课程占比70%以上，真实任务、真实案例教学覆盖率达到90%以上。

（二）满足市场对应用型物流人才的需求

物流专业是近年来新兴的专业之一，其人才缺口大，但高校人才培养与市场需求脱节，专业适用性差。物流是基础服务性行业，对实践经验要求较高，从市场人才需求结构上看，既具备物流专业知识又具备实战能力的管理人才是市场最为抢手的。随着物流市场进一步细分，物流人才的行业特征更加明显。以上变化要求课程对接仓储岗位需求，向实践倾斜，从泛泛的知识讲授转变为与细分行业对接的实例学习。

（三）提升仓储管理课程教学效果的需要

在大二阶段，物流专业本科生普遍存在眼高手低、轻实践，专业认知度、认可度不高的问题。在“金课”建设的背景下，通过产教融合开展应用型改革，有助于提升仓储课程的“高阶性、创新性、挑战度”，使学生在“真实环境”中培养解决实际问题的应用能力、创新能力；于实践中加强学生对职业价值的认知，提振他们投入专业学习的信心。

二、仓储管理应用型课程改革思路

（一）明确应用型课程定位与培养目标

仓储管理是物流管理专业核心课程之一，是物流管理专业的一门基础专业技能型课程。课程采取“理论实践一体化”的课程结构，32课时中理论与实践课时各占50%。课程对标仓储岗位群，使工作内容课程化，并通过任务驱动、教赛结合等教学方式，将仓储管理专业知识与仓储实践训练相结合，使学生深入了解仓储业内外部经营环境、理解仓储管理的价值和意义、掌握提升仓储管理效益的系统化手段。通过多种形式的实践活动，重点培养学生的物流市场调研能力、仓库规划设计能力、仓储运营管理能力、业务操作能力及数据分析能力，以及将知识融会贯通的创新应用能力。将思政融入课程，提升学生的职业认可度及务实创新的职业素养。

（二）应用型课程性质与作用的再认识

仓储管理课程开设于第四学期，是课程体系中首批开设的专业主干课程之一，对于实现应用型人才培养目标具有重要、首要意义。课程组经过不断探讨与摸索，在转型中将决定课程基本性质的核心要素进行了重新定位：课程目标侧重实践能力、创新能力培养；课程内容由知识导向向应用导向转变；课程主体由教师向学生转变；课堂形式由封闭式向开放式转变；课程评价由单一式考核向多元过程性考核转变。

课程立足本科应用型人才的定位，既不同于研究型人才，也不同于职业院校培养的技能型人才，强调人才应既具有宽厚的知识基础、应用性专业技能，又具备转化和应用理论知识的实践能力以及一定的创新能力，如通过应用知识进行管理创新、方案设计的能力等。仓储管理课程改革使专业理论与实践密切结合，特别是融入邢台地区物流企业实践案例，构筑起应用人才培养的地方性特色；通过对标物流服务师国家职业等级标准，使人才培养密切对接市场需求，同时分层设置进阶实践任务，对标“两性一度”金课标准，满足人才的成长性需求，启发学生的职业认知，提升他们的专业素养。

（三）应用导向的课程设计与实施

依据由国家人力资源和社会保障部发布的物流服务师国家职业标准、物流从业人员职业能力要求，课程重点研究仓储管理类课程岗位群工作任务与工作场景，确定能够将岗位任务进行串联的综合性场景——企业仓储方案设计，并在该情境下将工作任务有机整合，再通过教学内容重构使其与工作情境对接。以“学生为中心”将教学内容具体化为由知识学习到实践训练再到综合性课程竞赛的三层次学习体系，分别培养学生专业知识、基础实践能力及高阶实践创新能力，并将职业素养教育贯穿教学始终，建立起“以学生为中心”的知识、能力、素养形成机制（图 2-1）。

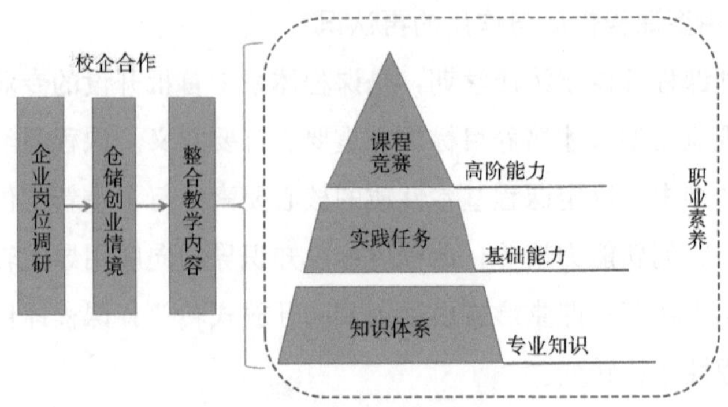

图 2-1 应用导向的课程设计与实施思路

三、仓储管理应用型课程内容重构

按企业仓储项目实施顺序，课程团队设置以仓储市场调研（创业背景）为起始点，由仓库选址与设计、仓库设备造型、仓储现代化管理、仓储业务经营计划、仓储作业流程设计等 8 个任务点构成的主线任务仓储创业方案设计，课程围绕方案内容对原有知识体系进行重构，形成与任务点一一对应的 8 个教学内容模块。同时，课程针对教学内容设置 5 个实践任务，强化 5 项基础应用能力培养，并通过贯穿始终的仓储创业方案设计完成两项高阶能力训练（图 2-2）。

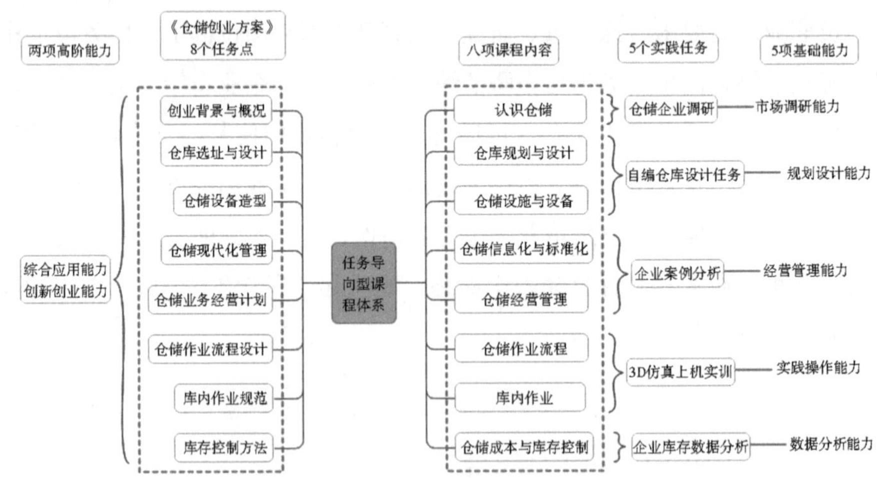

图 2-2 应用导向的课程内容重构

教学结合企业实际，突出应用性特点，强调精讲实练，采用的实践案例、场景来源于教师的企业经历及真实企业 3D 仿真场景软件，对企业实践的还原度极高，以实现真学、真做，让学生掌握真本领。另外，课程主线任务——仓储方案设计要求学生分组将所学的知识模块进行应用，形成最终方案，为使方案设计更贴近实际，课程选取的背景企业均来源于邢台市物流协会提供的会员企业，同时课程不定期邀请企业专家进行过程指导，并在期末汇报中对学生成果进行评价打分。

四、理论与实践教学改革的主要举措

（一）理论教学改革的主要举措

1. 基于工作过程重构知识体系

传统的仓储管理课程是基于主观认知层面、结构化存储的知识，而应用型仓储管理课程则需要基于客观事实层面、行动结构化的知识，其遵循的是“事实逻辑结构”，即工作过程。因此，课程创新地按企业仓储项目设计与实施过程顺序重构原有知识体系，将仓储知识以模块化任务的形式串联起来，并与课程期末考核——“某企业仓储方案设计”这一主线任务一一对应，形成了理论与实践的良好衔接。

2. 精实化的教学内容设计

授课内容讲求“精讲、务实”，转型后的课程将 32 课时拆分成理论和实践对分的 16＋16 结构，大大压缩了理论讲授时长，我们根据企业实践需要将授课内容进行了删减，淘汰过时的知识，突出应用性强的知识，利用实例教学、示范教学（如讲托盘时，我们不讲概念，而是通过大规格板材装车的实例，让学生活学活用），丰富的实用知识让学生感觉“干货满满”。

3. 建立线上资源库，实现混合式教学

建立线上教学平台能够有效实现课堂延伸，通过课前准备支撑课堂翻转，提升教学效果；依托课后练习与拓展，获取学习效果反馈，且满足学生自主学习的需要；同时还能够沉淀教学资源，易于课程的改进与提升。目前，课程的线上资源可通过课程平台（雨课堂、学堂在线）与 QQ 群等多种方式获取，以便学生利用碎片化时间完成自主学习，并实时交流。

4. 依托产教融合，探索学科交叉的前沿知识融入

自新文科概念提出，新技术的融入逐渐成为课程改革的重点，随着物流业的高速发展，企业率先将智慧物流、大数据等前沿技术付诸实践，新变化凸显现有教材严重滞后，因此课程组联合京东、顺丰、小蜜蜂智慧 WMS，采集智慧作业案例视频以此辅助学生学习，并邀请企业专家进课堂讲授智慧云仓技术应用，提升学生创新意识，帮助他们开展跨学科学习。

5. 潜移默化地进行“务实、创新”课程思政的融入

物流业是国民经济的基础性行业，物流基层工作较为辛苦，因而学生对物流职业认可度普遍不高，特别是本科生存在“眼高手低”的问题。课程组希望仓储管理课程的学习可以使学生认清物流业发展机遇，明确职业成长方向，深刻认识“务实、创新”的职业精神。具体而言，课程教学中的第一节课我们做了“印象物流”的主题交流，教师通过讲述十余年间行业变化的故事，向同学们展示物流业的发展脉络，启发他们的职业认知；课程中不断地试错学习使学生认识到仓储作业并不简单，需要踏实做好每个环节；同时发散性学习使学生认识到仓储管理不是死板的知识与操作，而是常常要打破常规，处处蕴含着智慧，从而使学生保持学习与探索的兴趣。

（二）实践教学改革的主要举措

1. 从模块任务到综合课赛的“进阶式”能力训练体系

仓储管理的实践课时在总课时中占比高达 50%，其主要内容拆分为“支线任务”和“主线任务”两类。支线任务是对应教学内容的“小试牛刀”，培养学生 5 项基础能力，但基础能力不等同于实操能力，按本科应用人才培养要求，学生应当具备知识的转化应用能力、创新设计能力，因此支线任务针对性地培养学生的设计能力、管理能力、分析能力。有了支线任务的历练，学生就能够“大展身手”，将所学应用于主线任务，也就是仓储方案设计。课程要求学生选择一家本地企业，以小组的形式自主完成仓储方案设计（案例背景信息来源于物流协会会员企业），并以比赛的形式进行汇报与答辩，由校内、校外专家进行综合点评。这种方式实现了“以学生为中心”的“进阶式”实践能力培养。“进阶式”实践教学环节及课时分配见表 2-1。

表 2-1　“进阶式”实践教学环节及课时分配表

类别	环节名称	内容与要求	课时
基础实践	仓储企业调研	能够利用网络完成对仓储企业经营概况调研，能够分析行业发展趋势，发现仓储业市场机会	2
基础实践	仓库平面设计	理解仓库平台设计原则，掌握平面设计方法，能够依据仓库经营需要进行平台布局设计	2
基础实践	企业分享——云仓经营案例	邀请资深的物流企业专家，结合实践分享行业云仓库的创新经营案例	2
基础实践	仓储作业流程与库内作业	熟悉企业仓储管理的业务流程，能够熟练完成仓储管理流程的相关操作及库内堆码、搬运等辅助作业，并能够为虚拟创业的仓储企业进行仓储业务流程和库内作业规范设计	6
基础实践	库存控制实践	了解仓储相关岗位的分类，理解其职责划分，掌握仓储人员的绩效评价方法	2
课程竞赛综合实践	仓储创业方案设计与汇报	结合仓储业发展趋势，创新仓储业务形式，综合利用所学知识进行仓储创业计划的编制与路演	2

2. “实践—实习—就业”一体的校企合作

为推动应用型课程建设，进一步启动应用人才联合培养，促进校企合作双赢，教师团队多方考察与走访相关企业，联系了省内外仓储相关企业 3 家。这 3 家企业涉及快递、冷链、智慧医药 3 种不同的仓储类型，代表了业内先进水平，其中开展实践、实习、就业合作较多的是北京顺丰。课程负责人多次前往北京顺丰考察并与其签订合作协议，顺丰人力资源总监特地到校洽谈利用顺丰先进技术开展联合培养的事宜，同时作为企业专家走上讲台，向学生介绍了顺丰发展历程及仓管员职业发展路径。截至目前，已有近 10 名同学参与了顺丰的网点仓管员实习，另有 2 名毕业生在校企合作项目下留任北京顺丰。另外，两家本地企业通过讲座、课程指导、课赛评价的形式也深度参与了课程教学。

3. 构建丰富的校内实践场景

为开展一系列实践活动，课程组克服校内场地单一等困难，巧思妙想，营造了丰富的校内实践场景。其一，依托校园物流中心、翰林便利店（即实践教学创新创业平台）开展基于校园快递点、商超作业流程及库存控制的实践，近距离为学生打造了难得的工学结合的真实实践场景。其二，教师自编实践案例，将自己在企业中的经历转化为课堂案例，如会展公司仓库平台设计案例，就是经过教师改编、90％地还原了企业场景的案例，这种方式赋予了案例更全面的信息，使学生真题真做、真受益。其三，物流管理实训室现有络捷斯特3D虚拟仿真仓储软件，课程通过模拟京东仓库为学生提供仓库认知、叉车等设备操作、入库拣选等流程性操作的沉浸式学习体验。

4. 采用教赛结合教学法

课程一开始就为学生设置了明确的实践任务目标，即完成某企业仓储方案设计并通过竞赛的形式进行汇报展示，其中的企业案例全部来源于本地，多数企业案例由邢台市物流协会会员企业提供，这使任务具有更高的现实价值。在课程开始前，老师会给学生发放仓储管理课程任务说明，说明的具体内容如下：

亲爱的同学们：

大家好，新的学期开始了，本学期我们的专业课全面开展，仓储、运输、配送，还有涉及进出口业务的国际贸易，这些都是我们物流管理专业的核心基础课程，那么这些业务具体包含哪些内容？企业在实际中是怎么去做的？学了这些课程我们能够胜任什么岗位？带着这些疑问，我们将开始专业学习之旅。

在本学期的仓储管理课程中，我们将结成4—6人的仓储创业团队，选择一家邢台本地有仓储业务的企业，一起从仓储管理员岗位知识学习开始，到相关技能模拟实践，再以主人翁的精神将所学所思运用于所选企业仓储设计方案。完成课程要通过仓储管理知识考核、技能考核、管理与创新能力考核（创业方案）3项考核。我们的设计方案将由老师及企业代表共同打分。

希望大家做好准备，迎接挑战！

企业一：天宇医药仓储中心

企业二：绿光农产品仓储中心

企业三：邢业通冷链仓储中心

企业四：家乐园超市配送中心

企业五：邢台宝信社区农产品配送中心

企业六：中铁飞豹公共仓储中心

企业七：邢台学院超市仓储及配送中心

企业八：冀南国际物流港保税物流中心

……

每学习一个模块，学生要结合所选择的企业设定，应用专业知识形成章节内容设计，最终提出一份完整的设计方案。因此，我们的课程就是为竞赛服务，竞赛就是我们的课程，形成了“教赛结合”——将理论与实践相融通的教学形式。教赛结合教学依托明确的任务目标，重构“教—学”关系，实现“学生主导、教师辅导”式的自主学习。

5. 采用3D虚拟仿真仓储实训

缺乏实践体验的能力培养将成为空谈，因此仓储管理课程引入3D虚拟仿真仓储系统进行操作训练（图2-3），真实还原京东电商仓作业场景，可实现仓储设施认知和设备操作，通过3D虚拟人物完成入库、拣选、补货、出库等流程性操作，弥补了校内不具备大规模实训设施、设备的缺陷，既满足了学生对实训场景的需要，又避免了新手进入企业实地操作所带来的各类管理风险。

图2-3　3D虚拟仿真仓储系统实训

6. 创新多元化考核机制

课程采用多元化考核机制。过程性考核由日常考核、实践作业、上机实训3个模块组成，期末改革传统的一张卷或一篇论文的考核方式，以综合方案比赛的形式进行考核，方案设计评价与现场汇报评价均计入成绩，还要针对个人的贡献度进行组内打分。具体考核项及占比如图2-4所示。

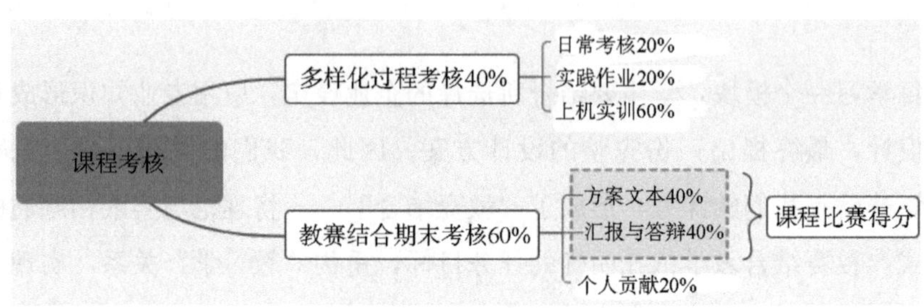

图2-4 课程多元化考核结构

五、教学改革的主要创新与成效

（一）主要创新

1. 教学内容对标岗位群

课程组通过对物流行业、企业的调研，解析仓储类岗位群如仓管员、采购员等的典型工作任务，将仓储企业经营过程拆分为8个顺次进行的学习项目，设置从仓储认知到仓库规划设计再到仓储业务操作、库存控制的多项课程任务，通过工学结合、校企合作的任务驱动型实践活动培养学生的实践能力、职业素养及可持续发展的能力，以适应市场对物流人才的需求。

2. “能力链”导向的课程组织

围绕仓储类岗位群能力需求，课程组设置从“基础能力”到“高阶能力”的梯级能力培养链条，引入仓储创业方案设计情境，采用“精讲、务实、多练”的课程形式，以学生为中心，以应用为主体，大大缩减了课堂知识讲授时间，匹配“教学内容+实践训练”构成的多个任务点，实现“能力链”导向的体系化应用能力培养。

3. 专业学习融合创新创业

贯穿课程始终的仓储企业创业计划，在仓储创业经营过程中系统化呈现仓储相关知识，使学生能够将一般仓储知识应用于所选的专业化仓储企业，学生在自建公司的框架下，发挥主观能动性，开展自主学习、创新，优化仓储经营思路。此计划在提升课程高阶性、挑战度的同时，使学生自觉实现专创融合。

4. 举办课程竞赛，推动教赛融合

课程采用小组创业竞赛的形式进行期末考核，大大激发了学生学习的积极性、主动性。这种考核方式不仅使考核内容更加系统，而且更加侧重以应用能力为核心的创新能力、组织能力、表达能力、团队合作能力等的综合性考核，使得能力考核更加全面。同时，引入全国物流仿真大赛、物流精英挑战赛、物流传奇大赛等多项学科赛事，鼓励学生课余参与，课程团队进行充分的指导，从而使学生强化了专业知识，激发了学习兴趣。

5. 将教书与育人相结合，培养严谨的工作作风

在实践教学中给予学生充分的试错机会，在纠错中使其成长。例如，仓储设计先不讲安全性设计原则，先让学生动手设计，通过犯错来告诉学生忽略安全隐患可能造成的严重人身及财产损失，以此来强化其对安全风险的切身体验，培养其工作中一丝不苟、严谨务实的工作态度。

（二）主要成效

1. 学生考核成绩显著提高

改革后的评价体系突出过程性考核，末考成绩占比由 40％调整到 50％，随着学生课堂参与度的提升，综合平均分从 2021 年课改前的 79.60 上升到 2022 年的 81.97，再到 2023 年的 85.55，平均分由中等上升到良好层次，学生成绩全部达到 70 分以上（中等及以上）。成绩的提升一部分是疫情后在线下课堂学习专注度提升的原因，另外一部分原因是课程组织形式突出了应用性，强调了过程性，学生在以工作过程为主线的学习与实践中变被动为主动，做中学、学中做。同时，课程加强了对学习过程的监督与把控力度，更好地实现了培养目标。随着教学的持续改进，课程呈现出良好的培养效果。

2. 开放式课堂提高了学生的参与度

通过调查发现，课改后76.9%的同学表示能够主动参与课堂学习与实践，对学习本门课程的兴趣较为浓厚。为提升学生的参与度，课程组重构了“教—学”关系，打破了教师“一言堂”的封闭式课程，结合学生学习与成长需要，使课堂与社会发展相衔接、与企业职业相关联，布置的绝大多数学习任务是开放式的，为学生提供了充分的学习资源与途径（如新闻链接、在线讲堂、企业家进校等形式），鼓励学生自主寻求答案，再由教师进行指导与评价，最后学生进行改进与总结，使学生达到形而上的知识经验学习。如在讲仓库平面设计原则时，传统的理论讲授完全没有记忆点，改革后的课程为学生提供企业实例，要求他们动手设计，学生在试错和点评中就能发现设计中容易出现的问题，总结出安全、经济的设计要求。

3. 学生实践创新能力等综合能力得以提升

实践创新能力是本科应用型人才培养的核心目标，64.6%的同学（42人）表示通过课程学习提升了实践能力，60.0%的同学（39人）认为课程培养了其创新创业能力，52.3%的同学（35人）认为自主学习能力有所提升。传统的教学是知识条块分割下的学习，改革后的仓储管理课程实现了工作过程逻辑下的理论与实践相融合，能力链导向的活动设计系统性强、实践任务真实，有效提升了学生的综合应用能力。课程主线任务方案设计是创新式的考核方式，要求学生自主设计，在知识的应用中培养了学生的创新精神、创业能力。

4. 提升了学生对行业的认知度、就业的期望值

我们在课程开始时对2021级物流本科1、2班的同学进行了调查，刚刚接触专业课的同学中仅有26.2%（17人）的人表示喜欢、愿意去学习，69.2%（45人）的人表示很迷茫，还有4.6%（3人）的同学表示完全不喜欢这个专业，究其原因主要是行业从业人员主体基本素质及社会地位不高，社会对行业认识存在偏差。因此，课程组将摆正学生职业认知、帮助学生树立正确的职业观作为主要的课程思政任务，通过行业前沿展示、专家现身说法、毕业生经历等多种形式潜移默化地引导学生转变认识。课程结束后，通过收集学生的学习心得体会，课程组发现90%以上的同学能够通过亲身参与实践活动，充分认

识到仓储活动的价值，对行业及个人发展抱有信心，还发现他们本专业深造的意愿进一步增强。

5. 教赛结合使学生获得一系列创新性竞赛成果

在完成课内各项实践的同时，教师还组织并指导学有余力的同学参与各类课外学科竞赛，与国内外高校相关专业的学生同场竞技，拓展眼界，培养创新能力。在课程组的指导下，近3年学生参与各类创新创业大赛、学科竞赛，获得省级以上奖项20余项，成果丰硕，学生参与竞赛的积极性变高，其自信心也得以提升。

六、总结与展望

课程组在职业能力本位思想的指导下，解构课程能力目标，通过教学内容的有机重组，将知识讲授与实践教学相统一，形成以工作过程为导向的模块化任务体系，构建将工作任务有机整合串联的综合性场景。课程体系具有相对标准化的“知识学习—实践训练—综合课赛”三级课程结构，建立起“以学生为中心”的应用能力形成机制。课程改革实践经验对于其他高校经管类应用型课程教学改革具有一定的借鉴意义。

在课程改革取得一定成果的同时，我们要意识到时代的快速发展还将对课程不断提出新的挑战，本着“持续改进”的要求，仓储管理应用型课程应当不断融入新技术，将智慧物流理念与实践纳入课程体系；为有效开展应用型教学实践，组织编写能够满足教学需要的应用型教材，同时紧跟行业发展，完善并实时更新线上教学资源；更重要的是建设一支与时俱进的“双师型”教师团队，加强教师企业实践历练，开展实践型科研合作，强化社会服务能力，进一步将所学应用于课堂实践；将行业专家纳入教研室、专业建设委员会，使其深度参与课程教学，并且常态化开展课程改革研讨，为应用型课程发展出谋划策，通过高校与企业共办专业，真正推动应用型人才培养方式走向成熟。

第二节　供应链管理应用型课程改革的探索与实践

自2020年邢台学院被批准为河北省第二批应用型高校转型试点院校以来，我校主动转变学校发展理念和办学思路，适应邢台地方经济发展新常态，以人才培养模式改革为抓手，以产教融合、校企合作为主要路径，以服务地方经济社会发展为最终目标，以培养应用技术型人才为根本任务，全面深化教育改革。学校要求教师跟上学校转型步伐，对教授课程按照应用型人才培养模式进行改革，实现课程内容与职业标准对接、教学过程与生产过程对接、人才培养规格与产业发展需要对接。2021年，供应链管理申报成为第一批应用型课程，经过一年多的建设，取得了系列成效，同时也存在不足之处，需要持续改进，现将课程改革情况进行全面总结。

一、课程基本情况

供应链管理是物流管理本科专业的专业必修课程，是物流管理专业的专业方向模块课程，以“理论＋实践”的形式开展，在课程体系中承担着理论、综合实践能力训练的重要一环。本课程开设于第五学期，前续课程为管理学、物流学、运筹学、仓储管理、配送管理，后续课程为采购管理、物流园区管理与运营、国际货运代理。

本课程与企业管理结合紧密，课程中的VMI管理理论、ABC库存管理理论、小批量定制生产理论等广泛应用于企业管理中，促进了企业管理的专业化、科学化；本课程的内容整合了库存管理、采购、生产、物流、供应商管理、风险管理等企业管理的全过程，涵盖了管理类和物流类的重要知识点，对同类课程建设起到一定的示范及引领作用。

通过本课程的学习，我们旨在帮助学生掌握供应链管理的基本理论和基本方法，整合他们所学的物流、企业运营、管理学理论知识，培养他们的供应链管理理念和思维，提高他们的综合分析和决策能力，增强他们的供应链管理意识，并提高他们发现问题、分析问题、解决问题的管理素质和能力；目的是培养适应京津冀区域经济与社会发展需要，系统掌握供应链管理基本理论、基本知识和基本技能，具有较强的人际沟通能力、团队协作能力、管理决策能力和创新创业意识，能够在行政管理部门从事与企业运行相关的管理工作，或在中小企（事）业单位从事管理或与管理有关工作的高素质应用型人才，使其 5 年后可具备胜任中小企业运营或采购、物流等部门经理、企业运行总监等中高层管理职位的能力。

二、课程改革目标

以技术应用能力为主线、以项目课程为主体、以职业能力为本位、重视素质教育的模块化课程体系，突出“能力、应用、技术”的特色。通过本课程的学习，学生能达到胜任一般公司采购部门、生产部门管理岗位的要求。课程改革的具体目标有以下 3 个。

知识目标：使学生掌握供应链管理、企业运营的基础知识，以及库存控制、采购管理、供应商选择的方法和步骤。

能力目标：使学生具备供应链设计能力、解决供应链运行中出现的问题的能力、管理中小型公司基础运行的能力。

德育目标：运用多种教学手段，密切联系项目实际，激发学生的求知欲望，培养学生创造性的工作能力，培养学生热爱专业、热爱本职工作的精神和自觉学习的良好习惯。

三、课程改革理念

课程改革突出以学生发展为中心、以学生学习为中心、以学习效果为中心，课程设计应尽可能创造条件实现“四真”，即真实环境、真学、真做和掌握真本领。课程改革要求与合作企业对接，让企业管理人员走进课堂，让学生走进企业，将企业实例转化为课程案例并与教学相融合，理论和实践相结合提高学生的实践能力，课程体现应用性、先进性、综合性，可以使学生对企业供应链管理中的实际问题有一个初步认识，检验学生对该课程理论基础知识的理解和掌握程度，培养学生通过综合运用该课程和相关课程的基本理论知识来分析和解决实际问题的能力。本课程在讲授过程中，注重“方法、规律”的讲授，以学生为中心，从学情出发，试行全新的“模拟实训”教学方法，要求学生全程以小组为单位完成本课程实训活动，变传统的学生学知识、学理论为学生课前自学理论和知识，还根据课程教学内容，设计了任务驱动法、小组游戏对抗、翻转课堂等教学模式；同时积极鼓励学生利用手机、电脑等电子工具自学，培养学生自主学习和终身学习的意识；为了使学生了解供应链管理的一些前沿理论与方法，还积极创造条件将课堂移到企业，利用校企合作开发课程的有利条件，组织学生到企业进行参观、调研，使他们了解企业供应链管理现状，将供应链管理课堂所学知识、理论、方法应用于企业实际，提升学生的实践能力和终身学习能力。

四、课程改革过程

（一）修订教学大纲

结合 2021 版物流管理专业人才培养方案，按照应用型课程的要求，我院对教学大纲进行了修订。2022 年 1 月，我院参加了应用型课程开发云工作坊并被评为优秀学员（图 2-5），通过学习又将供应链管理课程的教学大纲按照应用型课程的要求进行了完善。利用 2022 年暑假时间，前往济南大学与陈学中教授（图 2-6）探讨供应链管理课程模块的设置、教学大纲的编写；走访了河北经贸大学，与副教授、硕士生导师孟伟福探讨供应链管理课程中是否应该加

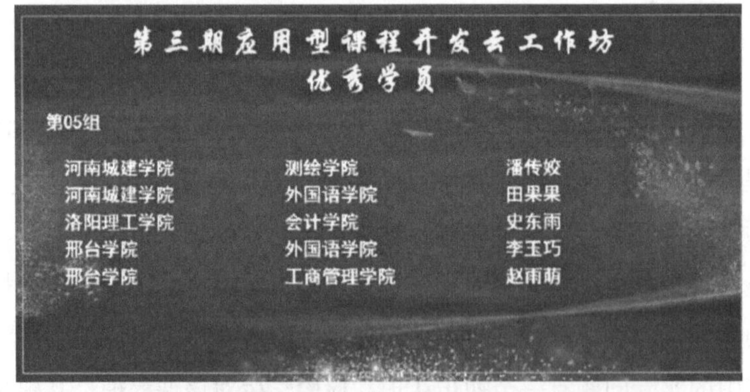

图 2-5　参加应用型课程开发云工作坊并获得优秀学员称号

入供应链金融模块；参加“高校多维度的课程思政课程建设成效评价”专题培训，在课点中提炼出课程思政点，丰富了教学内容的深度。最终，课程组将课程内容总结为 8 个章节，提炼出 30 个课点和 12 个课程思政点。

图 2-6　在济南大学与陈学中教授（左）合影

（二）开展企业调研，丰富教学案例

为了推动应用型课程建设，课程组加强与企业对接，走访调研了多家企业，了解企业对人才的需求、企业运行中的问题、先进的管理方法，将企业案例融入课堂教学。

课程组前往与供应链管理课程进行校企合作的邢台市万邦医药有限公司调研（图 2-7），调研该企业的主要业务、仓库建设和库存管理情况；前往河北创力机电科技有限公司调研（图 2-8），了解该企业的生产运作情况、供应链上下游企业的配合情况等；前往艺林风工艺制品有限公司调研（图 2-9），调研该公司的产品设计、运营管理、企业文化、库存管理和企业转型发展；前往冀南国际物流港调研（图 2-10），调研物流港的布局、功能、设施设备配置情况；去石家庄参加科创汇活动（图 2-11），了解项目落地需要的政策支持和人才需求情况；在济南市苏宁保税区物流园区调研（图 2-12），调研园区功能和布局；前往河北名华质检技术服务有限公司调研（图 2-13），通过与市场部经理和人力资源部经理座谈，了解该企业的市场运营、人力资源管理、考核和人才需求等情况；前往飞豹物流港进行调研（图 2-14），通过与总经理、物流部经理、电商部经理的座谈和实地参观，了解该物流港的布局、业务、供应商的选择和管理等内容；前往河北环海物流有限公司调研（图 2-15），了解该公司的发展历程、主营业务、特色业务、合作伙伴等情况。通过企业调研，课题组加深了对行业的认知，将理论与实践结合起来，丰富了课堂案例，提高了学生学习的积极性。

图 2-7　在邢台市万邦医药有限公司调研

图 2-8　在河北创力机电科技有限公司调研

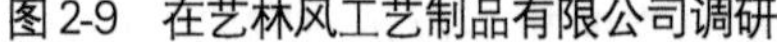

图 2-9　在艺林风工艺制品有限公司调研

图 2-10　在冀南国际物流港调研

图 2-11　参加科创汇活动

图 2-12　在苏宁保税区物流园区调研

图 2-13　在河北名华质检技术服务有限公司调研

图 2-14　在飞豹物流港调研

图 2-15　在河北环海物流有限公司调研

(三) 进行教学设计，创新教学方法

课程组坚持以“能力为本、实践领先、学练交替、重在综合”的教学理念，设计了与实践教学相融合的项目驱动案例教学的课程模式，教学中以学生为主体，以能力培养为目标，基于工作过程实施了“教、学、做一体化”“核心技能多次强化、循序渐进”等多种与之相适应的教学方法和手段。在教学设计方面课程组主要开展了以下工作。

1. 调研学生学习习惯和需求

为了全面了解学生的学习习惯和知识、能力需求，开课之前课程组针对物流管理专业毕业生、物流管理专业在校生和学习供应链管理课程的2020级物流本科学生进行了调研，通过发放问卷的形式收集学生的真实需求与意愿。

(1) 毕业生调查

在调研毕业生认为应强化的能力和素养时，一半以上的学生认为人际沟通能力、学习能力、分析与解决问题能力、执行能力、团队协作能力、专业知识、责任感、组织协调能力是当前大学生在校期间需要加强的（图2-16），而这些能力与实践活动具有明显的相关关系，也同时揭示了我们在教学过程中在实践能力培养上的欠缺。

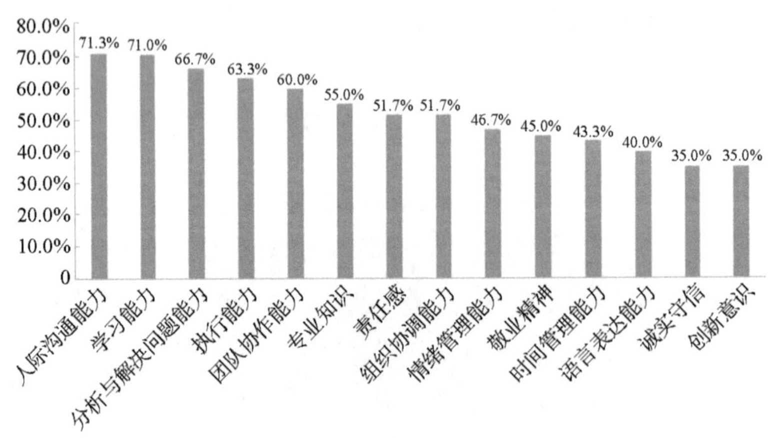

图2-16 毕业生认为在校期间需要强化的能力和素养

通过调查发现，认为物流管理专业的教学中应当注重综合能力培养的毕业生占68.3%，这提示我们在教学中应当加强课程思政建设，将专业教学与综合素质养成相结合；希望教学中能够丰富实践环节的毕业生占比78.3%，这暴露出教学中实践训练不足的问题；希望夯实基础理论和更新专业知识的毕业生分别占23.3%和33.3%，这表明供应链管理作为新专业应当加强知识体系梳理，在教学中不断跟进行业前沿（图2-17）。

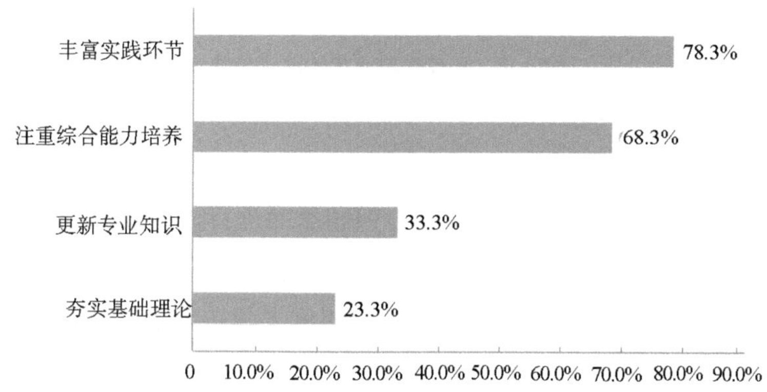

图2-17 毕业生对教学改进建议

（2）在校生调查

调查中，认为物流管理专业的教学中应当注重综合能力培养的在校生占53.9%，同毕业生一样，在校生也认为需要将专业教学与综合素质养成相结合；希望教学中能够丰富实践环节的在校生占比76.9%，这依然暴露出教学中实践训练不足的问题；希望夯实基础理论和更新专业知识的在校生分别占30.8%和45.1%，这也表明供应链管理应当加强知识体系梳理，在教学中不断学习探索相关领域最新知识（图2-18）。

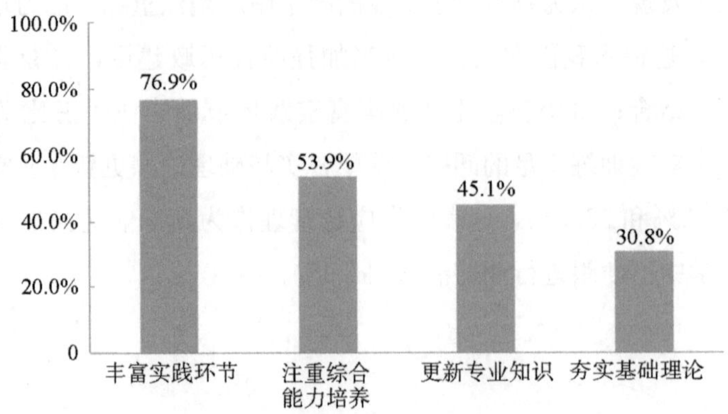

图 2-18 在校生对教学的改进建议

（3）授课班级调查

在第一节课上，针对学生的学习习惯和意愿进行了问卷调查（图 2-19），问卷采用匿名回答的方式，真实反映了学生的内心想法。调查发现，大部分学生没有自主预习和复习的习惯，但是表示如果老师布置了任务，可以认真完成；学生希望通过学习本课程增加专业知识、提高实践能力，更希望通过游戏、小组讨论、案例分析等活动开展课堂互动。

调查发现，无论是毕业生还是在校生都希望能在教学活动中增加小组活动，培养团队精神，还希望开展多种形式的社会实践活动，将教学活动与实践相结合。学生学习习惯和意愿的调查为后续课程内容设置、课堂活动设计奠定了基础。

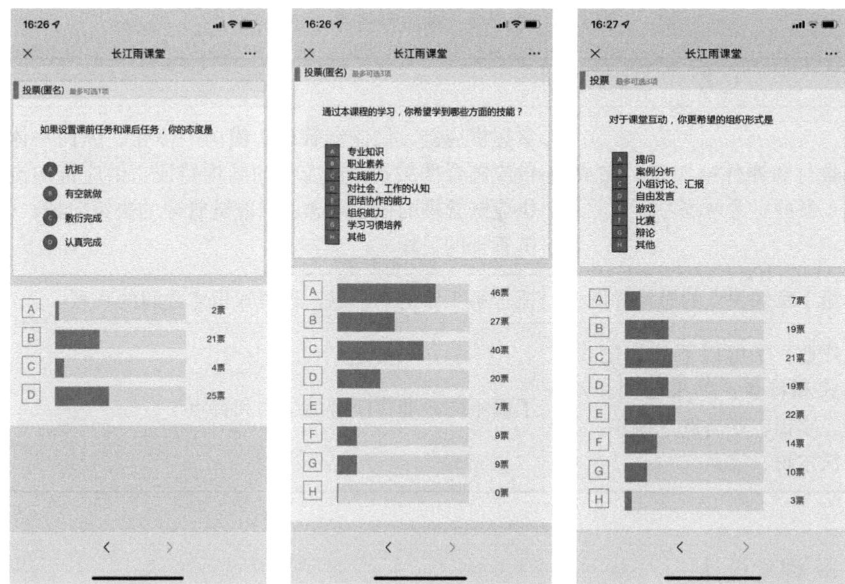

图 2-19 授课班级学生学习习惯和意愿调查

2. 课前、课后设计

老师课前、课后分别发布课前任务单（表 2-2）和课后任务单（表 2-3），学生养成课前预习、课后复习的学习习惯。简单易懂的知识点由学生通过自学完成，课上老师进行测试，检测学生的自学效果，将课堂有限的时间留给讲解课程内容的重点、难点，以及组织学生活动，如案例讨论、小组成果分享、小组游戏等。

表 2-2 课前任务单

任务	目标
预习教材第 1 章	理解横向一体化、纵向一体化；了解新的时代市场竞争的主要特点；理解供应链的概念和内涵；理解供应链管理的目标和核心理念；理解供应链管理战略
查阅资料，了解福特汽车公司的发展史	理解供应链管理思想产生的必然性
阅读课后案例：良品铺子的供应链管理模式	思考：该公司的供应链结构还有改进的余地吗？

表 2-3 课后任务单

任务	目标
复习教材和课件第 1 章，完成教材第 1 章的思考与练习	掌握供应链、供应链管理、横向一体化、纵向一体化、供应链合作关系、供应链的结构特征、供应链的流程、供应链管理的核心理念、供应链管理的决策阶段、供应链管理的目标
画出第 1 章知识点的思维导图	梳理第 1 章的知识点，理解知识点之间的联系
小组作业：了解以下公司的供应链模式和特点：苹果公司、Zara 公司、丰田、亚马逊、戴尔、7—11、沃尔玛、宜家	了解不同企业供应链的结构和特点

3. 课堂设计

（1）开展项目化教学

在企业调研的基础上，将企业真实案例带到课堂中，在采购、生产、库存管理、供应商选择等教学内容中开展项目化教学，将企业背景、问题发给学生，由学生解决实际问题。明确项目任务，由学生制订计划并实施计划，计划完成后学生进行自我评估，教师在整个过程中担任指导和评价的角色。项目化教学可以增强学生学习的实践性、自主性、综合性和开放性。

（2）丰富课堂活动

①案例讨论。教师为每一章节设置丰富的案例，对于需要讨论的案例给出简单的提示性建议，将讨论与参与空间留给学生发挥，让学生自己思考如何运用所学内容恰当地解决案例中的实际问题，并启发学生进一步理解供应链管理的思想，培养学生分析与解决问题的能力。

②运用小程序开展与教学内容相关的游戏。开展与教学内容相关的小组游戏，如在课点“双赢”思想中开展加油站博弈游戏（图 2-20），在供应链“牛鞭效应”的产生和影响中开展啤酒游戏，在供应链环境下的生产教学环节中开展汉堡生产游戏。通过游戏活跃课堂氛围，使学生加深对所学知识的了解，激发学生学习的积极性，通过小组合作的方式培养学生团结合作的能力。

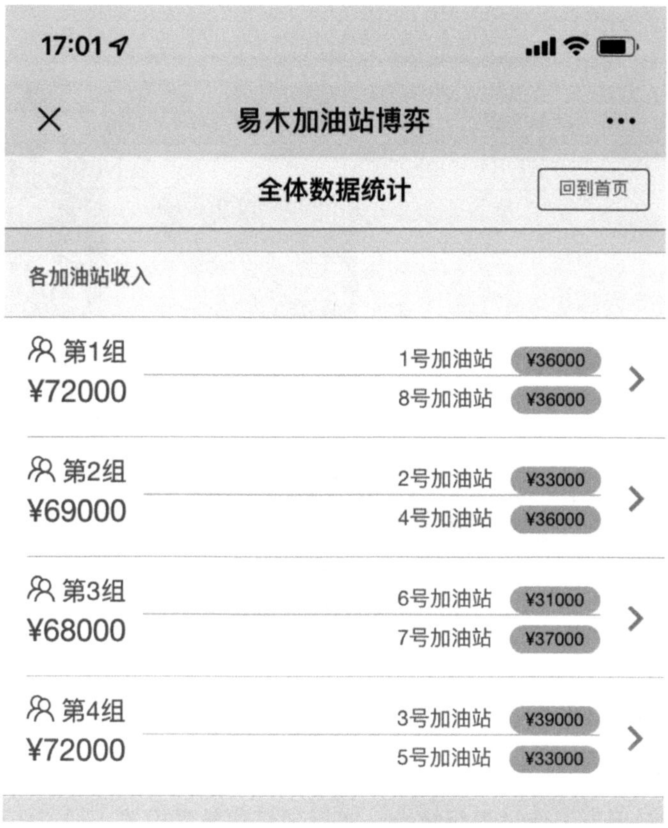

图 2-20 加油站博弈游戏

③企业讲师授课。学生对企业的生产、运作与管理等进行全方位的线上观摩，在企业教师的指导下，熟悉生产、运作与管理等的基本原理和基本过程。让学生运用现代工具、技术进行必要的实际训练，把企业可提供的实践资源与学生在技能、能力培养等方面的真实需要紧密结合起来，让学生在现代工具、技术与手段等方面获得感性认识，为他们今后从事实际工作奠定必要的基础。

④优秀毕业生分享学习经验。邀请优秀毕业生通过线上方式传授学习经验（图 2-21），分享专业知识、专业技能在工作中的应用，加强学生的专业认同感，使学生将学习和学业规划、职业规划结合起来，带着目标投入专业知识、

技能的学习中。

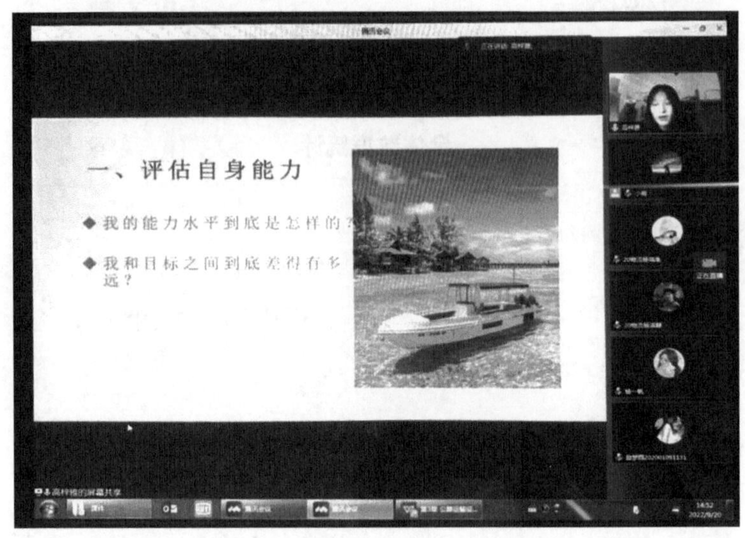

图 2-21　优秀毕业生分享学习经验

五、应用型课程改革的创新

(一) 课程内容模块化

将理论知识与工作过程相结合，实行项目化教学模式。通过济南大学、河北经贸大学专家、教授的指导，企业管理人员的意见，教学团队的多次探讨，课程内容被重新设计，采用模块式的以项目引领、任务驱动的教学模式，教学过程讲求实用性，教学内容充分体现社会需求。

(二) 教学模式多样化

1. 基于校企合作、协同育人的课程教学模式

把企业引入校园，把课堂延伸到企业。通过校企合作，学校把企业对人才规格的需求和企业的资金设备引进来，在校园内与企业共建校中校，合作开发课程。企业人才作为客座教师参与课堂教学、线上教学、视频答疑、假期培训，企业提供工学结合、顶岗实习岗位，将课堂延伸到企业。教学内容均来源于企业，教学过程以情境为载体，按项目进行，与社会实践保持同步。

2. 基于网络教学平台的混合式教学模式

本课程开设在 2022—2023 学年的第一学期，因疫情影响，大部分课时为线上授课，学校利用网络教学平台和线上资源克服了远程教学的困难，提高了教学效果。通过向学生推送 MOOC、论坛等网络资源，指导学生进行课前预习、课后复习和延伸学习，将网络中的优秀案例引入课堂讨论，购买习题库等丰富课程资源。运用雨课堂发布随堂测试，检验学生自主学习情况；利用微信小程序在课堂上进行啤酒游戏、加油站博弈、汉堡生产流程等小组游戏，提高课堂活跃度和学生的学习兴趣；运用“供应链传奇”“供应链经营模拟”等教学软件强化学生实操能力。

3. “教研赛创”一体的协同育人教学模式

一是以小组为单位开展课程比赛，将小组回答问题、课堂讨论、小组实践活动、小组课上对抗游戏等计入小组平时成绩，期末进行核算，给优胜的小组颁发奖状、发放奖品（图 2-22），将精神激励和物质激励相结合，调动学生的学习热情和课堂活跃度。

图 2-22　给优胜小组颁发奖状、发放奖品

二是鼓励学生参加供应链管理的相关比赛。2022—2023 年，共有 6 组学生、20 余人参与了中国商业联合会、中国物流与采购协会主办的供应链管理比赛，比赛案例来源于企业真实事件，体现了企业真实诉求。比赛将产业背景和企业实际结合起来，锻炼学生发现问题、解决问题的能力，逻辑思维能力和协作能力，帮助学生实现从理论知识到能力应用的转化，促进了“教研赛创”四位一体教学模式的实施和应用型人才的培养。

4. 基于翻转课堂的课程教学模式

贯彻“以学生自学为主、教师适当辅导为辅”的理念，通过发布合理的自主学习任务与要求，有效组织学生自学，倡导学生多途径、多样化学习，注重学生的研究性学习和协作性学习。老师提前发布任务单，使学生了解教学目标，让学生运用教材和网络资源对基础知识进行自主学习，提高学生学习的主观能动性。课堂上的时间留给自主学习效果检验、重点难点的精讲、学生对案例的讨论和小组活动，实现混合式教学，打造翻转课堂。由教给学生知识转变为教会学生学习，注重推行启发式、任务式、讨论式教学，让学生明白“不是所有的知识都要进课堂”，通过课前任务单上的案例与问题启发学生思考，引起他们的学习兴趣，让学生带着问题进入课堂学习。

（三）实践教学团队化

课程初始，课程组将两个行政班 61 名学生随机划分为 8 个学习团队，每个团队设有组长，并为自己团队设定队名和口号。课上老师要求学生以小组为单位就座，以方便团队讨论和小组发言、小组游戏；课下团队成员除了合作完成实践作业之外，还需要组织至少一次团建活动，以加强团队默契与协作能力。这种协作式、互助式的自主学习模式，不仅有利于强化学生的自主学习能力，也有利于培养学生的沟通能力、协作意识和责任感等综合素质。供应链管理课程的核心思想之一就是合作共赢，实践环节加强了课程素质目标的达成度。

（四）评价方法多元化

本课程采用闭卷考试的考核方式，期末考试与平时成绩的占比为 6∶4，平时成绩由课堂表现、自学效果、随堂测试、个人作业、小组实践作业、小组汇报等几部分组成。本课程构建了能力与知识考核并重的“五化”考核评价体系：考核过程全程化、考核内容综合化、考核形式多样化、评价主体多元化、评分标准导向化。此体系注重过程评价，加大了作业、课堂表现、测验等过程考核项目的成绩比重，提升了评价的科学性，实现了课程评价从“终结性评价为主”向“过程性评价为主”的转变，使考核既重视知识又重视能力。

六、课程建设成效

（一）设计了基于应用型课程的教学大纲

通过请教专家、参加培训，课程组基于应用型课程的要求对课程教学大纲进行了再设计。教学大纲以学生发展为中心、以学生学习为中心、以学习效果为中心，最终将课程内容总结为 8 个章节，提炼出 30 个课点和 12 个课程思政点，突出重难点，安排不同的实践教学环节，注重学生能力和素质的培养。

1. 教师能力得到提升

在“三联盟”“三对接”思想的指导下，教师主动与政府、企业、行业协会对接，不断走出去了解行业动态、企业需求，丰富实践经验，提升教学能力、科研能力和服务地方的能力。

通过参与调研、与企业对接，教师掌握了企业真实案例，并将见闻融入课堂，拓展了课堂教学的深度和宽度。通过不断学习与摸索，教师改进了教学方法，提高了教学水平。

2022 年和 2023 年，物流管理专业与巨鹿县贫困村后辛庄村签订“二区”人才协议，协议约定物流管理专业向后辛庄村提供物流、电商、供应链管理等方面的技术支持；2023 年，物流管理专业的教师参与邢台市重大项目办公室组织的邢台市褡裢机场临空经济区考察项目，提出促进邢台市航空物流发展和临空经济港建设的对策。

2021 年，赵雨萌申请邢台市社会科学发展课题“招商引资视角下邢台市物流产业发展研究”，并于 2023 年结项；2022 年，她在 EI 期刊发表论文《招商引资视角下邢台市物流服务水平评价研究》，同年她参与撰写的《邢台市工商业联合会企业标准“领跑者”评估推荐方案（草案）》获邢台市政协副主席王建江亲笔批示。

2. 丰富了课程资源库

一年多的课程建设充实了教学素材、丰富了课程资源，包括线上 MOOC 视频、习题库、案例库等，这些资源能够满足学生学习需求。

3. 学生学习的积极性得到提高

教学内容、教学形式、教学方法及学习形式、学习方法的改革和尝试，一定程度上激发了学生对课程的学习兴趣和积极性，强化了学生的自主学习和实践应用能力，丰富和活跃了课堂教学，使学生的主体地位得到一定程度的重视和提升。例如，各个小组基本上都能开动脑筋、发挥创意去参与和完成教学活动和实践项目，学生发言的主动性和课堂参与度有所提升，尤其是在小组对抗游戏和实践作业展示答辩交流环节，同学们都非常投入。

（二）比赛获奖

由郑治、白佳庆、郝双钊和徐联高组成的“水煮肉队”在赵雨萌、景瑞蓉两位老师的指导下荣获第四届全国供应链大赛总决赛二等奖；由董紫薇、杨宏丹、李菲组成的“我们很邢队”在景瑞蓉老师、赵雨萌老师的指导下荣获第六届全国大学生智慧供应链创新创业挑战赛三等奖（图 2-23）。

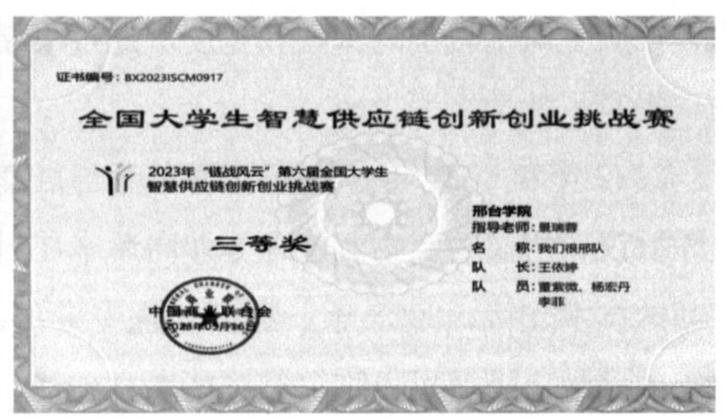

图 2-23　学生比赛获奖

（三）学生评价提高

期末开展座谈会和关于学习本课程的感受调研，收集学生对本课程的建议，学生反映课程设计丰富，可以很好地掌握供应链管理的相关知识，对课上的讨论和游戏印象深刻，课程对他们将来走上工作岗位会起到很大的帮助作用。从学生评教结果来看，同一学期同一班级同一授课老师，开展应用型课程改革的供应链管理评教得分高于未开展应用型课程改革的智慧物流设施与设备实训，见表 2-4。

表 2-4　2022—2023 年第一学期两门课程评教结果

序号	教师	职称	课程名称	应参评人数	实际参评人数	有效参评人数	参评人数比例	评估得分	备注
41	赵雨萌	讲师	智慧物流设施与设备实训	61	61	55	100.0%	96.68	优秀
42	赵雨萌	讲师	供应链管理	61	61	55	100.0%	97.15	优秀

七、存在的不足及持续改进方向

（一）存在的不足

1. 部分学生自主学习能力较差

进行应用型课程改革，教师付出了比平常多 3—5 倍的时间与精力，但是有部分学生在学习准备、课前预习、上课参与、作业完成等方面没有表现出主动的态度与积极的行为，在某种程度上依然被动地由教师拖着走、逼着学。

2. 课程组成员之间的研讨不够

目前，应用型课程改革主要是课程负责人的单打独斗，课程组发挥作用较小。

3. 部分学生反映自学任务较重

个别学生在随堂测试中得分较低或者案例讨论时准备不充分，部分学生反映因为每一门科目都布置作业，造成个别时间段作业量非常集中，学习任务很重，没有时间进行充分的课前自习和搜集资料。

4. 实践教学中缺少相应的教学软件

目前，课程没有专门的供应链管理教学软件，学生只能通过报名参加供应链管理比赛才能得到暂时的账号进行线上练习。

（二）持续改进

具体的改进措施有以下几点。

第一，关注学情、激励学习，每个小组均选出学习积极性高的同学，使其起到榜样、示范作用，引领学风建设健康发展。

第二，增加课程组的活动，学期初和学期末都进行教学研讨、听课活动，共同促进教学水平的提高。

第三，及时了解学生的学习压力，避免集中布置课后任务，动态调节课下任务，提前发布课前、课后任务，给学生留出充足的准备时间。

第五，有资金的情况下，购买供应链管理教学软件的使用权，若资金不充足，可考虑与软件供应商商议，获得一个学期的软件试用权。

第三节　会计学应用型课程改革的探索与实践

引导部分地方普通本科高校向应用型转变是党中央、国务院的战略决策，工商管理学院工商管理专业被确定为邢台学院校内先行试点，根据教育部《关于引导部分地方普通本科高校向应用型转变的指导意见》、省教育厅《关于公布第二批普通本科高校向应用技术类型高校转型发展试点学校名单的通知》和《邢台学院转型发展实施方案（2021—2025）》等文件精神，工商管理学院“立足邢台、面向京津冀”，以习近平新时代中国特色社会主义思想为指引，全面贯彻党的教育方针，坚持科学发展，遵循教育规律，培养应用型人才。

2021 年，会计学被批准为邢台学院首批应用型建设课程之一。2022 年 1 月，李红梅、王慧琳老师参加了由应用型课程建设联盟主办的“第二期应用型课程开发云工作坊”，学习了应用型课程开发实操，并撰写了会计学开课说明，完成了课程与毕业要求一级矩阵、毕业要求与教学目标和项目二级矩阵以及课点和教学目标三级矩阵。李红梅、王慧琳老师不仅完成了培训，还获得了应用型课程开发工作坊优秀学员称号。

一、课程基本情况

会计学是工商管理的专业基础课，于第三学期开设，共计 48 课时。

二、课程性质及总体教学目标

本课程是工商管理的专业基础课，也是核心必修课。通过本课程的教学，学生达到的目标包括以下几点。

知识目标：通过本课程的学习，学生能运用所学的理论和方法解决工作、生活中的各种会计问题。本课程要求学生在全面学习的基础上，准确理解会计学的基本概念、基本原理，能够应用复式记账原理处理经济业务，能够根据提供的实物单据准确填制会计凭证、登记账簿、编制会计报表。

能力目标：通过本课程的教学，学生具备较强的人际沟通能力，能够就本课程与他人进行有效沟通和交流；具有较强的团队协作能力，能够在团队中承担并发挥团队成员及负责人的作用；具有较强的管理决策能力，能够分析财务问题，提出相应的对策和建议。

素质目标：教师把爱岗敬业、诚实守信、廉洁自律、客观公正、坚持准则、不做假账等融入会计学专业课教学中，实现“知识传授”和“价值引领”有机统一，更好地育人。本课程通过以项目为单元的教学活动，旨在培养学生的职业道德和敬业精神。

三、应用型课程改革的创新与实践

（一）调研与交流

长期以来，我们的教育课程体系结构通常是以学科的逻辑结构为框架进行构建的，从课程的目标制定、课程的编制、课程的实施到课程的评价形成了一个封闭的体系。传统的教学方式和方法忽视了教育过程中教师和学生的主体性的发挥，难以适应企业对会计学方面应用型人才的需求，不利于地方本科院校学生应用能力的培养。

课程组成员从管理类专业的人才培养要求出发，侧重会计基本理论的阐述和基本操作技能的训练，强调应用性。课题组调研新凯龙家居建材体验中心（图 2-24）、海生玻璃有限公司、河北鑫磊工业园、廊坊市东平汽车零配件有限公司、廊坊市力和包装机械有限公司、廊坊市迪普莱钻探工具制造有限公司等，主要调研公司对地方本科院校会计人才的需求情况以及现阶段企业使用财务软件的情况；调研内丘蓝池集团汽车城（图 2-25）、扁鹊制药、冀南国际物流港和河北凯泽国际物流有限公司，主要调研企业财务软件使用情况（图 2-26）、企业对会计人才的需求情况以及现阶段存在的问题及发展情况；调研廊坊师范学院（图 2-27），主要调研高校会计学课程建设情况；调研石家庄荣鑫化工贸易有限公司邢台分公司、隆尧天成新能源、河北雷泰铝业有限公司等，主要调研现阶段企业使用财务软件的情况。

图 2-24 调研新凯龙家居建材体验中心

图 2-25 调研内丘蓝池集团汽车城

图 2-26 与财务经理交流实际业务

图 2-27 与高校探讨共同建设会计学应用型课程

对企业的调研和对企业的调查问卷（附件 1）结果显示，高校培养出来的会计人员理论知识基本全面，但实践能力较差、综合能力不强。在理论知识方面，有 33.1％的企业认为地方本科院校培养出来的会计人员理论知识扎实、全面；58.5％的企业认为这些会计人员理论知识较扎实、全面；8.5％的企业认为他们理论知识薄弱、知识面窄。在实践能力方面，20.8％的企业认为地方本科院校培养出来的会计人员有一定的实践能力；26.9％的企业认为这些会计人员实践能力较弱；52.3％的企业认为他们缺乏实践能力。在综合能力方面，所有的企业认为地方本科院校培养出来的会计人员具有财务核算能力；74.6％的企业认为这些会计人员懂计算机及财务软件；72.3％的企业认为他们具有良好的沟通、表达和协调能力；36.2％的企业认为他们具有预测、决策和财务管理能力；所有的企业认为他们具有诚信、责任心等职业道德；19.2％的企业认为这些会计人员懂英语；32.3％的企业认为他们具有创新能力和职业判断能力。

学院向河北工程大学李占雷教授、李素莲教授，立信会计师事务所注册会计师赵志强经理就建设会计学应用型课程案例库、课件库等教学素材，以及撰写体现应用型元素的课程教案、教学大纲进行咨询；还邀请赵志强做题为“会计信息质量要求在实务中的应用”的报告。

（二）编写应用型课程会计学讲义

经过多方面考察和调研，课程组编写了会计学讲义和学生课程手册，见图 2-28。

会计学讲义以会计基础理论为依托，以会计实务技能为主线，从会计工作的流程出发，即从会计凭证、会计账簿、会计报表出发，以明芳服装公司的经济业务为实例贯穿始终。本课程通过以项目为单元的教学活动，将教材内容分成 5 个项目，包括认识会计与会计职业（项目 1）、运用借贷记账法编制会计分录（项目 2）、会计凭证（项目 3）、会计账簿（项目 4）、财务报告（项目 5）。

通过项目 1 的教学，学生掌握会计的基本概念和基本理论，在理解会计含义的基础上，掌握会计的职能和目标，明确会计的基本职能是核算和监督，理解并掌握会计核算的 4 个基本前提条件、会计信息质量要求及它们在会计核算中的作用，明确会计核算方法及其相互联系。项目 1 引入典型财务正面和反面案例，带领学生了解会计工作对国家、对企业、对个人的重要意义。项目 1 包含的课程思政元素有社会主义核心价值观等。

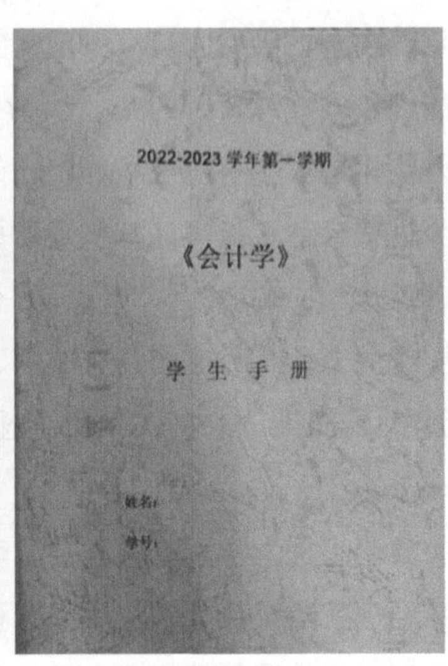

图 2-28　会计学讲义及学生课程手册

通过项目 2 的学习，学生明确各会计要素的内涵及内容，理解经济业务发生对会计等式的影响，掌握常用会计科目的内容和科目分级及账户的基本结构，理解复式记账法基本原理，掌握借贷记账法的内容，明确试算平衡的原理，掌握总账与明细账平行登记的要点，达到熟练运用借贷记账法编制会计分录的技能，为后续学习打下坚实的基础。项目 2 包含的课程思政元素有社会主义核心价值观、勤学苦练的精神、民族文化自信心等。

通过项目 3 的学习，学生理解会计凭证的意义和种类，掌握原始凭证的取得和填制，熟悉记账凭证的填制和填写凭证的规则，了解原始凭证和记账凭证的关系以及会计凭证的审核、传递和保管，达到能运用借贷记账法熟练编制记账凭证的技能目标。课程向学生展示优秀会计人员的工作日常，要求学生处理会计凭证要细心精确、独立公正。学生总结归纳出会计职业道德内容，并体会“诚”的可贵、“准”的重要。通过反面案例的学习，学生从案例中对“不做假账”的含义有一个明确的认识。项目 3 包含的课程思政元素有实事求是、坚持准则、客观公正、诚信、廉洁自律。

通过项目 4 的学习，学生明确账簿的概念和设置账簿的意义，了解账簿的种类，掌握账簿的设置及账簿的登记规则和方法，能够正确地登记各种账簿，理解和掌握总分类账和明细分类账簿平行登记的方法，理解对账的内容和结账的概念及方法，掌握错账的更正原理以及 3 种更正错账的方法，了解账簿的更换和保管要求，掌握正确设置和登记现金、银行存款和总账的技能。课程也会向学生展示优秀会计人员的工作日常，要求学生在登记账簿时要细心精确。学生总结归纳出会计职业道德内容，并体会“准”的重要性。通过正、反面案例的学习，学生在实践上对“细”的含义有一个明确的认识。项目 4 包含的课程思政元素有爱岗敬业、坚持准则、诚信、廉洁自律。

通过项目 5 的学习，学生了解会计报表的意义和种类，理解会计报表的编制和会计报表分析的一般原理与方法，掌握资产负债表、利润表、现金流量表的概念、作用、结构、内容、编制方法和分析指标等。讲解财务报告编制时，要求学生用精益求精的工匠精神编制会计报表，维护国家利益、社会利益、集体利益。项目 5 包含的课程思政元素有爱岗敬业、客观公正、诚信。

每个项目由理论知识、理论测试和知识应用 3 部分构成，将实际操作和教学理论有机结合，由浅入深、循序渐进，在语言表达上力求做到通俗易懂、言简意赅，培养学生具有良好的职业道德和敬业精神，使管理专业的学生在全面学习的基础上，准确理解会计学的基本概念、基本原理，能够应用复式记账原理处理经济业务，并根据提供的实物单据准确填制会计凭证、登记账簿、编制会计报表。

在构思和写作会计学讲义的过程中，河北工程大学的李占雷教授、李素莲教授，立信会计师事务所的赵志强经理给予了大力支持并提出了宝贵的意见和建议。

学生课程手册包含会计学的开课说明、课程介绍、课程要求、考核评价、实训任务，让学生知晓本门课程的一些情况，做好准备。会计学借助课堂派采用线上、线下相结合的方式进行教学，利用现代教学技术手段进行考勤、授课、提问、作业、测试等过程性考核，使课程成绩评价多样化。

（三）项目教学法教学

如何加强会计学理论教学与实践教学的结合，使地方本科院校培养的会计人才更好地满足会计岗位的要求，是一项艰巨的任务。

实践教学可以培养学生的创新意识和创新能力。项目教学是实践教学的一部分，项目教学也称为“基于项目活动的研究性学习”，是通过师生共同实施一个完整的项目工作而进行的教学活动，强调的是对人的综合能力的培养。项目教学法的具体实施过程如下。

1. 任务的确定

为了让学生在学习中有真实的感觉，项目选自某小型企业真实经济业务，让学生练习原始凭证的填制和审核、记账凭证的填制和审核、账簿的登记、会计报表的编制。

2. 任务的实施

首先对项目进行分组，每组中好、中、差学生的搭配要合理，培养学生小组协作和团队精神。学生自行分工，其中记账人员一人，负责原始凭证的审核和记账凭证的填制；出纳人员一人，负责现金和银行存款的管理；主管一人，负责审核。

实施过程中，教师对项目实施的步骤要解释清楚，根据学生实施情况，及时提示学生该做什么，这样可以保证项目的顺利完成。项目完成后，每个小组派一名代表对本组的工作进行汇报和自我评估。自我评估有助于学生进行反思，教师再进行综合评价，主要评价学生项目完成的质量和学生通过完成项目对专业知识的掌握情况，然后对优秀小组进行表扬，对后进小组进行鼓励。

3. 教学效果的分析

在对邢台学院工商管理专业的 213 名学生实行会计学项目教学后，课程组对他们进行了问卷调查（附件 4），问卷分别对进行项目前后学生上课注意力集中时间、课前预习、课后复习、作业情况、学生对知识的理解和掌握进行了分析。

表 2-5 结果表明，项目教学实施前 58.1％的学生上课集中注意力的时间为

20—30 分钟，而实行项目教学后，学生上课时集中注意力的时间明显增加，集中注意力的时间为 20—30 分钟的学生只有 25.9%；项目教学法实施前只有 24.8%的学生上课时集中注意力的时间为 30—40 分钟，而仅有 17.1%的学生上课时集中注意力的时间达到 40—45 分钟，实行教学改革后 74.1%的学生上课时集中注意力的时间在 30 分钟以上。从注意的稳定性上这些数据说明了项目教学对于提高学生上课时集中注意力的时间有明显的效果。

表 2-5　注意的稳定性分析

注意稳定性（时间）	20—30 分钟	30—40 分钟	40—45 分钟
项目教学前	58.1%	24.8%	17.1%
项目教学中	26.8%	57.7%	15.5%
项目教学后	25.9%	64.2%	9.9%

调查结果表明，项目教学后学生进行课前预习和课后复习的人数明显增加，经常预习的学生达到了 84.1%，90.5%的学生课后会进行复习；52.1%的学生作业完成情况好，47.9%的学生作业完成情况一般；98.6%的学生认为项目教学对于他们理解和掌握知识有帮助；65.4%的学生认为项目教学对他们了解课程整体知识框架有较大的帮助。

4. 结论

根据会计学知识结构的特点，课程组把教材做成一个具体的项目，引导学生参与学习，课程结束后对教学效果进行问卷调查，问卷调查结果表明，项目教学对学生的注意稳定性、学习主动性和知识理解及应用能力 3 大方面有积极作用。项目教学法一方面提高了学生对理论知识的理解，另一方面增强了学生的实践能力，进而满足了中小企业对会计人才的需求，这进一步说明了项目教学在培养适合中小企业需求的会计人才方面有重要的贡献。

在实施项目教学法的同时，课程采用对分课堂的范式（图 2-29），即讲授—独学—讨论—对话。对分课堂（PAD Class）是普林斯顿大学博士、复旦大学心理系教授张学新原创的教学范式，为科学的教学建立了标准化的流程。

对分课堂与在线技术结合形成的在线对分（OPAD）模式，为互联网教育打开了新的通道。对分课堂的“权责对分”思想，契合以学生发展为中心的现代教育理念，消除两极分化，实现更高质量、更公平的教育，符合社会主义教育制度的根本要求。

图 2-29　会计学课堂

四、课程建设成效与持续改进方向

（一）成效

1. 理论成效

课程组编写了会计学应用型课程讲义、学生开课说明，建立了案例库、试题库，修订了应用型课程教学大纲和教学教案，建设了借贷记账法、填制记账凭证、登记会计账簿、会计报表等重要知识点微课视频等教学资料。在每个学期期中、期末，学院会组织与学生信息员及学生代表座谈，通过学生评教、教研室内教师互评以及领导干部评教的方式进行教学质量考评，课程组成员考评结果令人满意。会计学课程在学生评教结果中一直居于学院前三名，主讲教师在教研室同行评教中也都是优秀，尤其 2022—2023 年第一学期，课程组成员桑秀峰、王慧琳、李红梅主讲的会计学在学生评教中分别居于全校第 90 名、第 100 名和第 112 名，T 值均大于 102.6，包揽工商管理学院前三名，主讲教师李红梅、王慧琳在教研室同行评教以及领导干部评教中都是优秀。会计学在教学质量考评中的优异成绩也使得课程负责人连续 6 年获得邢台学院教学质量优秀的荣誉。

课程组成员还获得过邢台学院教学成果三等奖，2022 年 7 月课程组成员作为主要参与人完成了邢台学院教改课题“基于 PBL 学习模式的地方高校管理运筹学应用性教学改革与实践”，课题编号为 JGY18012。

课程组成员还发表了相关教学研究论文，如《项目教学法在基础会计教学中的应用》《项目教学法在地方本科院校财务管理教学中的应用》《地方本科院校经济管理类专业“课程思政”实施路径研究》。在教育期刊发表的《地方本科院校经济管理类专业“课程思政”实施路径研究》是河北省社会科学基金项目“‘课程思政’融入高校人才培养路径研究”的中期研究成果，为会计学课程融入课程思政教学提供了理论支撑。

2. 实践成效

工商管理学院与邢台学院创新创业学院共同筹建了实践教学创业孵化中心。该中心依托创新创业学院“守敬星空”，采用实体经营，结合工商管理学院专业课程，自负盈亏、自主经营，为学生提供专业实训平台，提升学生创业能力和企业实体经营的专业综合技能，而且还为学生提供勤工助学岗位，如会计、出纳岗位。负责人李红梅指导学生进行邢台学院校园超市记账业务处理，讲解如何处理采购业务、销售业务、结转成本业务、付货款业务、费用报销业务、月底结转损益业务、卖废品收入业务、赠品入库业务、固定资产业务、捐赠业务、培训业务、盘点业务及如何编制记账凭证（附件 2），指导学生编制资产负债表（附件 3）、利润表和费用表，并详细解释了 3 个报表中数据的内部稽核关系（图 2-30）。

图 2-30　李红梅老师指导张慧、董金玲做账

（二）持续改进方向

编写的讲义，整理的案例库、试题库还需要不断进行完善和修改；学生对明芳服装公司的业务进行了填制记账凭证（收款凭证、付款凭证和转账凭证）、登记账簿（总分类账和日记账）以及编制会计报表实训，但里面涉及的原始凭证没有让学生粘贴到记账凭证后面，也没有让学生练习明细账的登记；借助2021级学生在麦格商贸有限公司邢台学院校园超市担任会计、出纳的机会，取得第一手真实数据，利用这些数据修订讲义、案例内容。

附件1 企业对会计人才需求调查问卷

尊敬的先生/女士：

您好！为了了解企业对会计人员各方面的要求，我们特做此调查，了解会计从业人员在专业知识、技能及素质等方面的情况，为邢台学院培养优秀会计人员提供客观可靠的依据。望您在百忙之中如实填写，您的意见对我们至关重要，非常感谢您的合作！

第一部分：理论知识

1. 贵企业认为会计毕业生的专业基础知识掌握程度为（　　）。

A. 熟练　　B. 一般　　C. 不熟练　　D. 几乎不会

2. 贵企业认为会计毕业生的知识面为（　　）。

A. 广泛　　B. 较广泛　　C. 狭窄

3. 贵企业认为会计毕业生掌握会计电算化程度为（　　）。

A. 熟练　　B. 一般　　C. 不熟练　　D. 几乎不会

第二部分：综合能力

4. （1）贵企业认为会计毕业生在财务核算方面的技能水平为（　　）。

A. 熟练　　B. 一般　　C. 不熟练　　D. 几乎不会

（2）是否满足企业要求？（　　）

A. 满足　　B. 基本满足　　C. 不满足

5. （1）贵企业认为会计毕业生使用财务软件的水平为（　　）。

A. 熟练　　B. 一般　　C. 不熟练　　D. 几乎不会

（2）是否满足企业要求？（　　）

A. 满足　　B. 基本满足　　C. 不满足

6. （1）贵企业认为会计毕业生在预测、决策和财务管理方面的技能水平为（　　）。

A. 熟练　　B. 一般　　C. 不熟练　　D. 几乎不会

（2）是否满足企业要求？（　　）

A. 满足　　B. 基本满足　　C. 不满足

7. （1）贵企业认为会计毕业生在职业判断方面的技能水平为（　　）。

A. 熟练　　B. 一般　　C. 不熟练　　D. 几乎不会

（2）是否满足企业要求？（　　）

A. 满足　　B. 基本满足　　C. 不满足

8. （1）贵企业认为会计毕业生的沟通、表达和协调能力（　　）。

A. 良好　　B. 一般　　C. 较差

（2）是否满足企业要求？（　　）

A. 满足　　B. 基本满足　　C. 不满足

9. （1）贵企业认为会计毕业生的诚信、责任心等职业道德（　　）。

A. 良好　　B. 一般　　C. 较差

（2）是否满足企业要求？（　　）

A. 满足　　B. 基本满足　　C. 不满足

10. （1）贵企业认为会计毕业生的创新能力（　　）。

A. 良好　　B. 一般　　C. 较差

（2）是否满足企业要求？（　　）

A. 满足　　B. 基本满足　　C. 不满足

第三部分：实践能力

11. 贵企业认为会计毕业生在实践方面表现如何？（　　）

A. 有一定实践能力　B. 实践能力较弱　C. 缺乏实践能力

附件 2 邢台学院校园超市记账

一、采购

现金采购

借：库存商品

　　贷：现金

赊欠

借：库存商品

　　贷：应付账款

二、销售

借：现金

　　贷：主营业务收入

欠账

借：应收账款

　　贷：主营业务收入

三、结转成本（月底一笔结转）

借：主营业务成本

　　贷：库存商品

四、付货款

借：应付账款

　　贷：现金/银行存款

五、费用报销

计提工资

借：管理费用——工资费用

　　贷：应付职工薪酬

发放

借：应付职工薪酬

　　贷：银行存款

六、月底结转损益

七、卖废品收入

借：现金

　　贷：营业外收入

八、赠品入库

零成本入库

九、固定资产（价值 1500 元以上）

借：固定资产

　　贷：银行存款

每月摊销折旧

借：管理费用——折旧费

　　贷：固定资产

固定资产本月购入下月提折旧。运输工具计提 4 年，电脑等电子产品计提 3 年。

十、捐赠

借：管理费用——招待费

　　贷：库存商品

十一、自己使用

借：管理费用——内耗

　　贷：库存商品

十二、培训

借：管理费用——培训费

　　贷：应付账款/银行存款

十三、报表

资产负债表、利润表、费用表（费用表中的合计数为利润表中的期间费用——管理费用，利润表中的利润为资产负债表中的本年利润）。

十四、盘点

每月进行盘点，允许 4‰至 6‰的误差。

附件 3　邢台学院校园超市报表——资产负债表

货币资金		应付账款	
应收账款		应付职工薪酬	
存货（库存商品）		应交税费	
固定资产		本年利润	
累计折旧			
资产合计		负债和所有者权益合计	

货币资金：库存现金＋银行存款

利润表

营业收入：主营业务收入

营业成本：主营业务成本

管理费用

营业利润

营业外收入

营业外支出

总利润

税

净利润

注意：净利润为资产负债表中的本年利润

费用表

管理费用——工资

——折旧

——捐赠

——内耗

——培训

——盘点

注意：管理费用为利润表中的管理费用

附件 4　会计学项目教学问卷

1. 实施项目教学后，你是否进行课前预习？（　　）

A. 经常　　B. 偶尔　　C. 不预习

2. 实施项目教学后，你是否对所学知识进行复习？（　　）

A. 经常　　B. 偶尔　　C. 不预习

3. 实施项目教学后，你完成作业的情况为（　　）。

A. 好　　B. 一般　　C. 差

4. 你觉得项目教学（　　）。

A. 有意思　　B. 一般　　C. 没意思

5. 你认为项目教学对于你理解和掌握理论知识（　　）。

A. 有较大帮助　　B. 比较有帮助　　C. 没多大帮助

6. 你觉得项目教学对你学习积极性的提高（　　）。

A. 有较大帮助　　B. 比较有帮助　　C. 没多大帮助

7. 在实施项目教学中，你每节课集中注意力的时间为（　　）。

A. 20—30 分钟　　B. 30—40 分钟　　C. 40—45 分钟

8. 实施项目教学前，你每节课集中注意力的时间为（　　）。

A. 20—30 分钟　　B. 30—40 分钟　　C. 40—45 分钟

9. 实施项目教学后，你每节课集中注意力的时间为（　　）。

A. 20—30 分钟　　B. 30—40 分钟　　C. 40—45 分钟

10. 实施项目教学后，你上课开小差的时间与原来相比（　　）。

A. 减少了　　B. 增加了　　C. 没什么变化

11. 通过项目教学，你对课程整体知识框架的了解程度为（　　）。

A. 高　　B. 较高　　C. 一般

12. 你认为先理论再实践（第五章）与先实践再理论（第六章）两种方法哪种好？（　　）

A. 先理论再实践　　B. 先实践再理论

第三章　工学类专业课程改革的探索与实践

第一节　应用型本科院校单片机原理及应用课程教学改革研究

2021 年，邢台学院获批河北省第二批应用型转型试点院校，作为地方院校，如何深化新工科内涵，成为培养合格应用型工程技术人才的储备基地尤为重要。学院必须强化学生实践动手能力和综合应用能力的培养和锻炼，坚决贯彻国家“立德树人”根本任务，对区域经济发展和产业转型升级切实发挥支撑作用。现阶段，应充分利用地方资源，立足办学特色，发挥自身优势，以学生为中心深化“思创融合”，创新人才培养模式与思想政治教育相融通，在艰苦奋斗中锤炼学生意志品质，在创新创业中增长他们的智慧才干；深化“科教融合”，以科研项目推进探究型教学模式，改革课堂教学内容及实践教学环节，科教结合，教学相长；深化“科创融合”，将科学研究与创新创业教学有机融合，促进科研成果落地转化。通过以上措施，最终达到融合开展新工科建设、全面提升工程教育质量、培养适应经济社会发展的高素质应用型技术人才的目的。

2019 年，我校单片机原理及应用课程获批河北省一流本科建设课程，并在 2023 年获批国家级一流本科课程。2020 年，我校“单片机原理及应用教学团队”被评为河北省普通高校优秀本科教学团队。团队立足区域经济社会发展需求，并结合学校校情和学科专业特点，以单片机一流课程建设为契机，以点带面，本着“立足专业促进创新，立足创新促进创业”的工作思路，以地方高校新工科专业为建设对象，以科技创新创业能力为培养目标，从课程建设、实验实践教学内容、科技竞赛、训练项目、师资培养、校企合作等方面入手，着力开展应用型教学改革，从而促进学生应用技能的提高、创新创业能力的提升、师生科研能力的拓展以及科研成果的转化。

一、课程基本情况

单片机原理及应用是一门实践性和实用性都很强的课程。课程以 51 系列单片机为主，系统地介绍了单片机的结构与原理、指令系统、程序设计、定时器/计数器、串行通信接口、中断系统等知识，面向单片机开发实践动手能力的培养，基于自主研发的 AT-51 单片机开发板，系统地讲授单片机开发环境的搭建（建立 Keil C51 应用程序、驱动安装、调试转下载、下载转调试、虚拟机安装、在线调试等），并利用 AT-51 单片机开发板设计应用实例（按键计数、查询计数、串口通信、蜂鸣器、跑马灯、数码管、温度检测、一分钟倒计时、中断计数等）的讲解，力求帮助学习者系统地掌握单片机的基本开发能力。

AT-51 提供了一个可移动的口袋式单片机实验室，使用者可以随时随地开展项目训练和实践，真正掌握面向工程实际的单片机开发技能。课程内容经过近 20 年单片机教学实践的淬炼，跟踪单片机技术的最新发展，紧密结合单片机基础理论知识与单片机开发动手实践，注重知识的典型性、代表性和实用性，培养学习者综合运用单片机知识解决实际工程问题的能力。

二、课程性质及总体教学目标

单片机原理及应用是自动化专业的一门实践性和实用性都很强的专业必修课程，在整个课程体系中处于承上启下的核心地位，是培养学生工程应用能力和创新能力、提升学生就业率的一门重要的专业技术课程。该课程在学生科研项目训练、学科竞赛、专业课程设计、毕业设计等环节占据主要地位。

本课程面向单片机开发动手实践与应用能力培养，注重知识的典型性、代表性和实用性，跟踪单片机技术的最新发展，系统介绍单片机的结构与原理、指令系统、程序设计、定时器/计数器、串行通信接口、中断系统等知识。通过本课程的学习，学生学会一种单片机（8051），掌握一类单片机开发应用技能，熟悉一批常见的工程案例，能够采用虚拟仿真工具或开发系统进行各种单片机应用系统的设计、调试；了解单片机技术在测量、控制等电子技术应用领域的应用，获得利用最新技术解决实际工程问题的能力。本课程还为学生后续课程的学习奠定了基础，同时也为学生在科技创新方面搭建了一个技术平台，为他们将来从事电子电器新产品的设计开发、检测与维护奠定了坚实的基础。

本课程在自动化、电子信息、通信等电子类专业本科二年级开设，是专业必修课。通过本课程的学习，学生达到以下目标。

第一，能够阐明单片机原理及应用的基础知识和基本理论，归纳单片机的片内外硬件资源和典型接口技术，建立运用软件开发工具 Keil 与虚拟仿真平台 Proteus 进行联合调试的方法，具备使用 C51 编程语言编写单片机控制程序的能力，能够列举单片机前沿技术及预测行业发展方向。

第二，能运用口袋实验板确定单片机项目设计的开发流程。通过实践训练，学生具备单片机相关的软硬件设计、仿真及分析、理论联系实际的能力，学生的自主探索意识、创造性思维被激发。学生能够积极参加与单片机相关的各类竞赛项目，在竞赛中进一步提升动手实践能力、创新能力和解决实际工程问题的能力。

第三，培养学生在项目实施过程中的沟通能力、团队精神、敬业精神、职业道德和社会责任感，使其具备终身学习的能力。通过对单片机课程的学习和相关资料的收集，学生能够完成单片机项目设计并撰写对应的科技报告。将课程思政科学合理地融入教学体系，使其贯穿整个教学育人全过程，引导学生树立献身祖国经济建设的远大理想，落实立德树人根本任务。

三、课程改革内容及创新的教学方法

1. 思政先行，将新知识、新器件引入教学，并把思政教育的核心内容分解到每个教育环节

教学中将最新国产芯片 STC15、STC32 单片机的工作原理与实际应用接

轨，将新知识、新技术、新器件、新应用引入教学，与时俱进，帮助学生开阔视野。课程以培养学生的工程应用能力为主线，按项目模块重构课程内容，用实例组织单元教学，每个实例包含功能要求、设计目标、项目分析、硬件设计、软件分析、调试分析，并且课程将单片机应用系统设计所需要的基本知识讲解和能力培养穿插在各个实例完成的过程中。课程团队打破了知识体系的束缚，改变了以往按知识点为序组织编排的方法，根据项目知识点讲解的需要，合理、科学地进行教学内容体系改革。课程改革坚持学以致用的原则，突出了“从概念到实物”的教学理念。改革后的课程可轻松引导学生学中做、做中学，独立完成项目设计和制作。

深入研究单片机课程育人思政内涵，挖掘思政元素，把思政教育的核心内容分解到每个教育环节（图 3-1），在项目设计中突出思政点，在项目实践中感悟思政效果，实现专业教育与思政教育的有机融合。

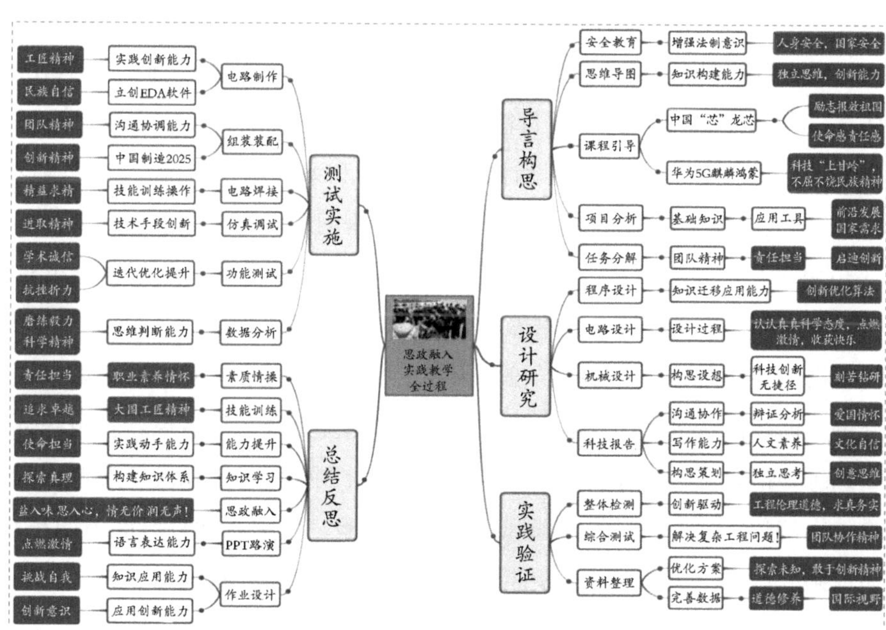

图 3-1　思政融入实践教学全过程

2. 深入研究未来教学模式，开创“理论讲授＋仿真验证＋实践操作＋虚

拟现实”深度融合的全新课堂教学方法

聚焦课程目标，以学生为中心，实施丰富多样、多维度、立体式教学。课前进行学情分析、导图预习、知识重构、教学引导；课中采取课堂精讲、随堂测试、小班研讨、翻转课堂、口袋实验、仿真探究、项目学习等教学环节；课后实施线上学习、导图总结、项目扩展、分层推进，有效支撑课程目标的达成。

采用“教师为主导、学生为主体”的教学模式，以“项目任务”为主线，采用教师讲授和学生讲解相结合、单个提问和小组讨论相结合、课上教学和课下研讨相结合、综合性实验、科技报告、项目学习和学科竞赛等方式，让学生全程主动参与课程学习，促进学生知识、能力、素质的协调发展，培养学生创新精神、实践能力、自学能力、交流能力、团队意识等。

利用单片机开发软件 Keil uVision 和 Proteus 仿真开发平台，建立虚拟实验系统，仿真修改、验证作业后提交，学生的实践能力在钻研和试错中得到锻炼和提高。课程基于 OBE 理念，建立融“教、学、做”为一体的教学方法，组建 3—4 人项目小组，针对项目需求，让学生提出解决方案，完成单片机系统方案设计、电路设计、程序设计、仿真测试和系统调试，撰写项目科技报告，并进行答辩，培养学生初步地解决复杂工程问题的能力。

3. 将单片机训练项目、科研项目、竞赛项目贯穿育人全过程，突出对学生创新能力和工程实践能力的培养

积极引导和指导学生参加学校组织的学生项目申报和竞赛活动，以大学生创新创业训练计划项目、大学生科研项目、学科竞赛项目为载体，实施综合性项目训练，指导学生进行项目开发，把硬件设计制作和软件系统开发调试同步推进，丰富学生综合的工程实践和项目实战经验，促进教师科研能力的拓展、科研成果的转化、学生创新创业能力和科研能力的提升，形成完整的、注重能力培养的实践体系。

通过单片机项目式编程训练、仿真设计训练、电路设计、自动控制、嵌入式系统等模块的专项训练，以及综合项目训练、科技竞赛项目的具体实施，学生具备单片机相关的软硬件设计能力、仿真及分析能力、科技报告撰写能力、

实践创新能力、解决实际工程问题的能力，以及电路设计制作、智能控制产品研发和产品设备维护等专业技能，其自主探索意识、创造性思维被激发。

4. 完善教学资源与平台，加强团队建设

完善课程教学视频、项目案例库、思政教育视频等教学资源，将实验实训平台、实践基地等资源整合，建造智控科技创新创业实践育人基地，运用互联网技术，线上线下虚实结合，打造教学环境元宇宙。

编写项目化实训教材，介绍最新国产芯片 STC15、STC32 单片机的工作原理与应用实例，将新知识、新技术、新器件、新应用引入教学。课程内容采用项目化教程，理论与应用实例紧密结合，所选的 20 个应用实例都具有较强的应用背景，突出了“从概念到实物”的教学理念。同时，将思政元素融入教材内容，实现专业教育与思政教育的有机融合。

加强“双师型”教师团队建设，聘请企业导师和行业专家作为创新创业教育兼职教师，明确教师分工责任，组成教学与实训相结合、创新与创业相结合、校内与校外相结合的导师团队。推进社团建设，以学科竞赛、科研项目为切入点，开展教师团队和学生团队的培训工作，组织培育有层次、有梯度的创新创业大赛团队与项目。

四、课程建设成效

（一）单片机原理及应用课程获批国家级一流本科课程

单片机原理及应用课程多年来不断探索和改革，开创性地提出了“思教科创”融合教学新模式，形成了学生中心、思政先导、教学核心、科技引领、创新提升的课程特色。团队发扬知识创新、能力创新、技术创新、应用创新的“四新”精神，以单片机教学为抓手，培养学生德、智、体、美、劳全面发展。2023 年，课程获批国家级线下一流课程。这是我校首次获批国家级一流本科课程。

（二）全方位调研、学习、交流、探讨，因校制宜、因生制宜、因课制宜，开展特色教学模式改革实践

第一，对单片机原理及应用课程的教学内容、教学模式在在校生、毕业生中开展广泛调研，争取意见，依据学生的基础、需求和发展情况，对现有教学

情况进行整改。

第二，就实践教学内容和模式与单片机生产厂家宏晶科技公司、邢台市先锋电子公司，实验教学仪器厂家普源精电教育公司等进行深入交流，引进最新国产芯片 STC15、STC32 单片机，与企业建立联合实验室，开展技术咨询与培训，实施联合教学。

第三，课程组教师积极参加单片机类课程教学培训，如“教育部全国性课程教学虚拟教研室建设高级研修班”“全国高等学校电子信息系统能力提升高级研修班”“全国高校课程思政教学设计大赛暨示范课建设专题研修班”“鸿蒙开发实战培训班”“新时期高素质教学队伍建设与教学管理模式改革创新”等，听取专家讲座，汲取先进教学理念、教学方法，形成课程思政示范案例，并将其应用于课堂教学。

第四，向高校国家级单片机原理一流课程的负责人取经学习，与其进行深入交流探讨，聘请其为我校课程建设方案和模式提供指导，建立单片机原理及应用实践教学体系（图 3-2），促进教学改革的开展。

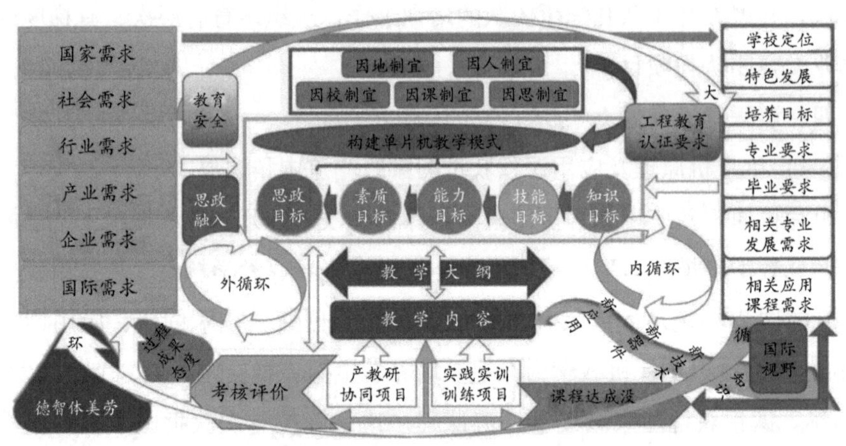

图 3-2　单片机原理及应用实践教学体系

（三）构建以学生工程应用能力与创新能力培养为目标的课程教学内容和实践教学体系

以培养学生工程应用能力为主线，按照项目导向、任务驱动教学模式，设计和开发一系列基于工作过程的教学标准和教学资源，重构课程内容，用实例组织单元教学，实现“教、学、做一体化”的课堂教学。在教学内容和方法上贯彻“工程实践能力培养为主，知识必须、够用为度”的教学思想，旨在培养学生的工程意识，提高学生的工程实践能力，培养学生的工程素养。

在实践教学内容与体系改革方面，按基础实验、项目实践、课外科技活动3大模块重建了实践教学体系，设计安排了基本实验、综合实验、设计实验、虚拟仿真实验、训练项目和科技创作等实践项目，形成了完整的注重能力培养的实践教学体系。

（四）建立项目化教学内容，建设配套硬件资源

第一，依据落实立德树人根本任务，在“新工科”背景下突出思政教学元素。

第二，依据地方产业、行业对单片机理论知识发展需求，重构单片机硬件结构、硬件电路、软件设计、中断系统、定时计数器、串口工作原理及实践项目设计等内容。通过实践项目将新知识、新技术、新器件、新应用等科技前沿研究成果引入教材，提升教材内容的深度与广度。

第三，充分汲取近年来应用型地方本科院校在探索培养应用型人才和教材建设方面取得的成功经验，以项目驱动为教学单元，将项目分成若干个工作任务，将知识分解成一个个知识点，分层布置任务，阶梯切片式推进，通过项目实现单片机课程硬件电路与编程技能的知识建构，完成理论仿真验证，实践创新，加深理解，创新启迪；注重实用化，实现例题项目实物化、作业项目作品化、实践项目产品化，逐步提升学生解决问题的能力和实践创新的能力。

第四，依据实践项目内容和项目设计需求，自主研发系列单片机实践实训系统，共计6大类、18种、256套件，并创建硬件阅览室，通过实践实训系统进行实践操作，将知识和能力同步提升，实现教学创新。

第五，建设校级创新创业教育实践基地——智控科技创新创业育人实践基地。该基地是2022年11月28日通过审核认定的邢台学院创新创业教育实践基地，是通过资源整合、功能拓展和服务升级而建设的指导和组织大学生开展科技创新、就业创业和技能实践活动的综合性教育实践基地。基地由邢台市机

器人智能检测与分拣技术研究与应用重点实验室、电子设计创新实验室、机器人创新设计平台、创新教育成果展示室、工业机器人综合实践平台、校外实践基地等组成，坚持“创新之根在实践，创业之魂在创新”的理念，不断深化“以教育引导人，以实践锻炼人，以文化熏陶人，以机制激励人”的育人机制，实践大学生创新能力与创业能力的融合性培养模式。

学院引进 4 名行业企业专家、技术骨干作为校外创新创业指导教师，深入校企合作，融合校内外教学和项目实践资源，切实将创新创业教育与地方区域特色、工程专业及生产实践相结合，提升教师及学生工程科技创新和创造能力，无缝对接行业企业生产活动的需求，满足市场和用人单位的需求。

第六，校企合作，联合创建实验室。STC 微型芯片研发制造商宏晶科技公司赠送学院 30 台价值 18 万元的 STC 高性能单片机试验箱，与学院联合创建 STC 高性能单片机实验室。

第七，成立校级教师科创团队及大学生思创科技学社。加强“双师型”教师队伍建设，聘请企业导师和行业专家作为创新创业教育兼职教师，组建由 9 名校内人员和 4 名校外人员构成的教学与实训相结合、创新与创业相结合、校内与校外相结合的教师科创团队，团队成员 90%以上为“双师型”教师。进行科技创新研究，开设创新创业相关课程，开展创新创业讲座及理论与实践的研究工作，指导大学生创新创业训练（实践）计划项目、科研项目和各类学科竞赛。

成立邢台学院思创科技学社，学社包含电子电路设计制作应用研究的硬件部、程序编写研究的软件部、视频制作的多媒体部、作品外观的设计部、3D 建模打印的三维设计部以及综合项目部。社团的宗旨为思政教育先行，科技创新创业，弘扬科学精神，普及科学知识，强化创新意识，活跃学术氛围，致力科技创造。社团活动内容包括组织开展科普教育创新活动，组织参加大学生科技竞赛活动，组建创新团队，举办“科技活动月”、科技作品竞赛。

第八，基于基地和平台，开展项目训练、科学研究及学科竞赛等实践育人活动。推进社团建设，组织培育有层次、有梯度的创新创业大赛团队与项目，加大推进科技竞赛、科技制作、社会实践、科研训练等活动力度，实施大学生实践创新训练计划，加大创新创业竞赛支持力度，在教师的指导下，让学生形成科研小团队，鼓励学生积极参加校、省、国家级科技创新比赛活动，以赛代练，促进学生实践应用能力的提升。

2022—2023 年，在本课程建设中，学生获得蓝桥杯全国软件和信息技术专业人才大赛国家三等奖 1 项、省级二等奖 10 项、三等奖 8 项；获得挑战杯大学生创新创业计划竞赛省级二等奖 1 项；获得软银杯国际青年人工智能大赛国家级二等奖 1 项、三等奖 3 项；获得中国机器人及人工智能大赛国家三等奖 1 项、二等奖 1 项，河北省赛区三等奖 5 项、二等奖 2 项。此外，学生还承担大学生创新创业训练计划项目省级项目 1 项、校级项目 1 项；承担河北省科技厅大中学生科技创新能力培育专项项目 2 项、校级项目 1 项。

五、课程特色及推广应用

（一）课程特色

1. 构建“科技创新应用技术人才”培养新机制，以教学成果、科研成果为驱动，创建以科技创新能力为目标导向的育人新机制

2. 加强与企业的深度合作，充分利用企业的资源优势和技术实力，推动产学研用的深度融合

与机器时代（北京）科技有限公司、龙芯中科技术股份有限公司、深圳嘉立创科技集团股份有限公司等企业深度合作，获取最新的单片机开发工具、硬件设备和测试平台并提供给学生进行实验和项目开发，与企业进行教师培训和交流活动，让教师了解最新的行业发展动态和教学方法，提升教学水平。邀请企业专家到学校讲座、指导或合作研究，分享最新的单片机应用技术和市场趋势，共同研发新型的单片机应用方案。

3. “五因制宜”教学模式

因地制宜，依据地方产业、行业所需构建单片机知识新体系。

因校制宜，依据地方高校资源状况，结合生源个性化特点，构建任务分层，阶梯切片式推进实战化教学新策略，以适应不同知识层次学生所需。

因课制宜，依据单片机课程特点创建项目驱动、仿真验证、实践提升、以赛促学新模式。

因人制宜，依据学生个性化特点和对学情的分析，因材施教，制定“一人一案一策略”教学新方法。

因思制宜，构建全员、全方位、全过程育人思政新格局，启智润心，培根铸魂，培养学生爱国情怀。

4. “一人一案一策略”教学模式

根据学生的创造型、主动型或被动型的个性化特点，基于全人教育、问题驱动及 OBE 教育理念，深度融合逆向教学设计，并且经过教研团队学情分析，对单片机课程系统重塑、整体重构，最终形成有个性、多样化、创造性的“一人一案一策略”教学新方法（图 3-3）。

5. 构建“思教科创”融合教学

形成“思政为先导，教学为核心，创新做提升，科技为引领”的“思教科创”深度融合课程实践育人新体系（图 3-3）。

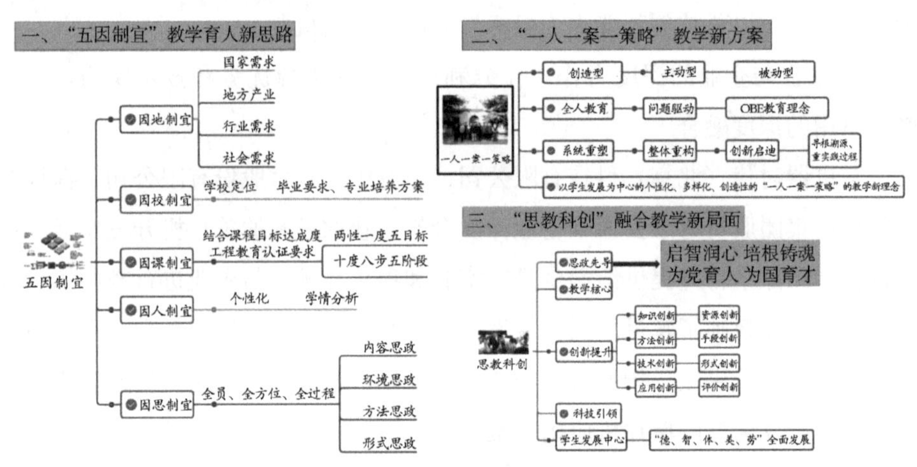

图 3-3 “五因制宜”“一人一案一策略”教学模式和“思教科创”教学体系

6. 单片机教学模式

深入探索、践行教学新过程、新方法、新模式、新体系，形成以“二中心、三循环、四结合、五突破、六考评、七融合、八过程、九措施”为特色的单片机教学新模式（图 3-4）。

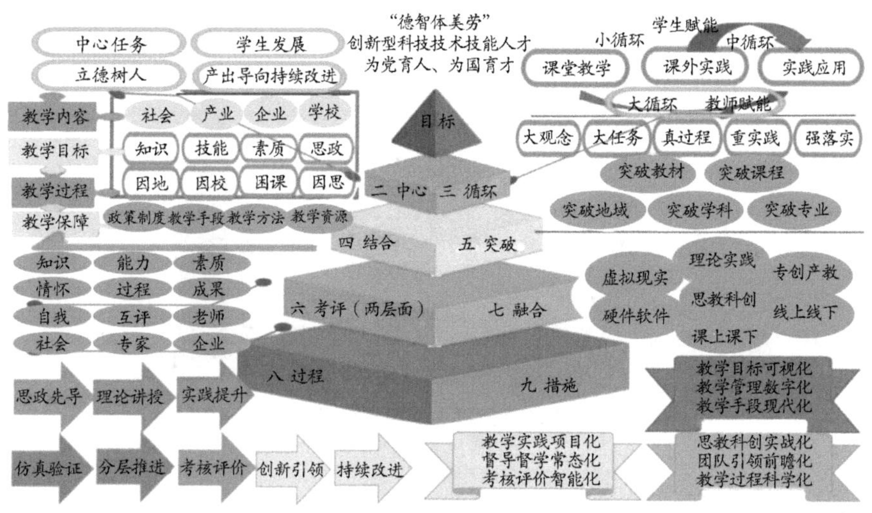

图 3-4　特色单片机教学新模式

（二）推广应用

学院围绕应用转型建设，基于创新应用型工程教育理念开展教学改革，提升学生工程科技创新和创造能力，通过跨学院、跨区域的深度融合，对区域经济发展和产业转型、升级发挥支撑作用，教学模式和实践教学体系等研究成果将起到示范带头作用，同时可供省内外地方本科院校借鉴。

第一，本课程组应邀为本校其他院系讲授创新创业人才培养经验和模式。课程组与我校数学与信息科技学院、化学工程学院、经济与贸易学院的相关教师进行创新创业人才培养经验交流，他们对我院人才培养模式和创新教育教学方法及校企合作育人模式给予了充分肯定，并邀请本项目负责人对他们正在进行的创新创业项目提供全方位的指导。

第二，课程组应邀为全校做地方本科高校应用型转型背景下单片机一流课程教学模式专题报告（图 3-5）。

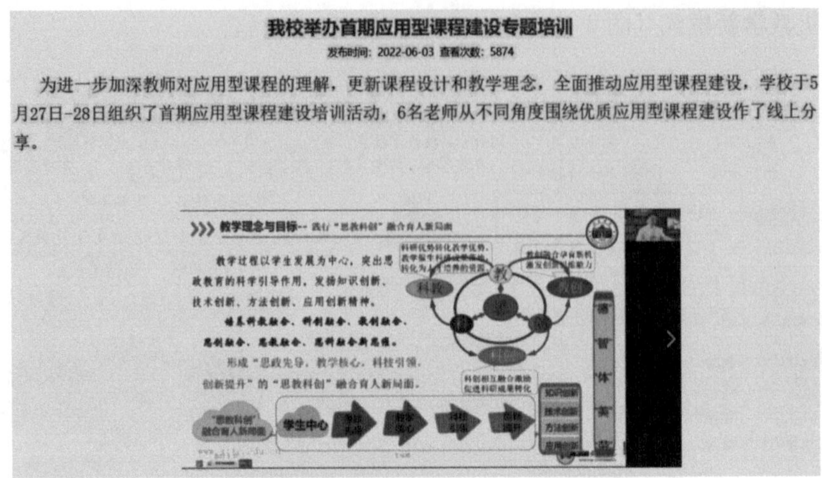

图 3-5 单片机原理及应用项目式教学经验分享

第三，课程组应邀在“中国高校电工电子在线开放课程联盟 河北省工作委员会 2023 年学术年会”上做单片机原理及应用国家级一流课程建设专题报告（图 3-6）。

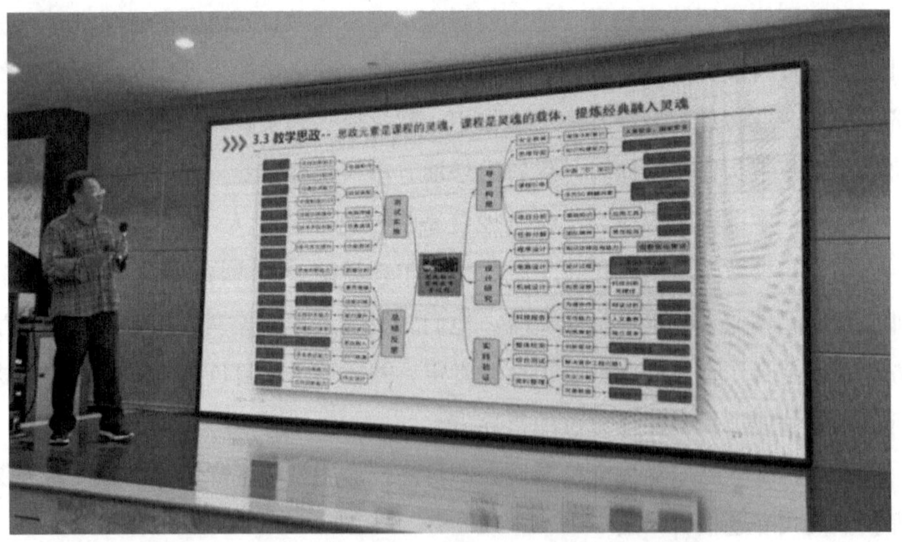

图 3-6 在学术年会上做国家级一流课程建设专题报告

第四，我校创新创业学院对本项目负责人王承林老师进行了创新创业教育专题采访，对创新创业在教学理念、学生与教师创新团队的组建和管理、校企合作模式及对学生能力提高等方面进行了深入的访谈交流，并将该视频发布到学校网站，供其他院系教师学习借鉴。

六、持续改进方向

（一）跨学科融合，拓展应用领域

将单片机课程与相关学科进一步深度融合，如电子技术、通信技术、嵌入式系统等，有助于培养学生的综合素质，使学生更好地理解单片机在实际应用中的综合效果。结合物联网、人工智能等新兴领域，引入相关案例和实践项目，让学生了解单片机在这些领域中的应用和发展趋势。

（二）加强校企合作，企业项目进课堂，校企深度融合

进一步深化与企业的合作关系，共同探索单片机应用领域的需求和发展方向。通过合作项目、实习等形式，让学生接触真实的工作环境和实际的项目需求，从而提高他们的实践能力。邀请企业专家或技术人员来校举办讲座或进行实践指导，将企业项目带入课堂，让学生直接参与企业项目的开发和实施，锻炼他们解决实际问题的能力。

（三）校企共同研发社会需求项目

与社会组织或政府部门合作，开展具有社会影响力的项目研发。集合校内外专家资源和企业技术力量，共同解决社会需求问题，培养学生的创新能力和社会责任感。

（四）丰富软硬件实践教学资源

支持多种类型的硬件和软件开发环境，引入开源硬件平台，如 Arduino、Raspberry Pi，拓宽学生的学习范围。进一步推进校企联合实验室的建设，充分利用企业资源改善实验实践条件，与国产芯片企业和 EDA 企业联合编写单片机原理及应用课程相关教材，开展校企联合培养。

（五）改进现代化教学方式

根据国家战略需求、行业企业需求、人才培养需求和学生个性化需求，开创单片机课程 AIGC 数字化颠覆式应用型人才培养教学新模式，包括教学资源

数字化、教学策略科学化和教学评价智能化。

（六）进一步推广教学成果

建立教学成果转化机制，将师生研发成果转化为实际应用。课程持续改进可进一步提升单片机原理及应用课程的实践性和与市场需求的契合度，培养具有创新能力和应用能力的学生，同时也能促进学校与企业、社会的深度融合，提升产学研用的协同创新能力。

第二节 工程图学应用型课程改革的探索与实践

随着社会经济的快速发展、经济结构的调整和科技的不断进步，企业面临产业升级、发展转型等问题，对人才的需求也不断发生变化。因此，企业比较紧缺能够服务一线，具有较强实践动手能力，同时还要全面掌握本学科专业知识的应用型、复合型人才。培养创新应用技术型人才是实施教学质量工程、提高本科教育质量的重要任务。

传统的教育模式注重知识的灌输和传授，而忽视了学生实际能力的培养。随着教育观念的转变，越来越多的人认识到理论与实践相结合的重要性。因此，课程应用型改革成为一种趋势，以培养学生的实际操作能力和问题解决能力为目标，就要更加注重培养学生的实际应用能力，以提高其就业竞争力。

随着计算机辅助设计（CAD）和计算机辅助制造（CAM）技术的普及和应用，传统的手绘图纸已经逐渐被数字化工程图所取代。工程师需要掌握CAD软件和相关的数字化工具，以便在设计和制造过程中进行模型创建、编辑和交流。因此，工程图学课程需要引入相关的数字化工具和技术，培养学生的数字化工程设计能力。现代工程项目常常需要不同学科领域的专业人才共同合作，例如机械工程师、电气工程师和土木工程师等。工程图学作为一门广泛应用于各个工程领域的课程，需要与其他学科融合，培养学生的跨学科综合能力，使其能够与不同专业背景的人员协同工作，实现工程项目顺利完成。

工程图学是工科教育中的一门重要课程，主要培养学生在工程设计、制造和建造过程中运用图形表达和传递信息的能力。因此，随着科技的发展和工程实践的变化，工程图学课程需要不断地进行应用型改革，以适应新的背景和需求。

一、工程图学课程的性质与作用

工程图学是工科专业培养应用型人才的一门重要的基础必修课程，因此课程必须立足于基础又服务于专业，课程应与后续专业课有机衔接；同时课程的实践性特点要求其必须体现理论与实践相结合，必须突出课程的应用性、工具性、先进性。该课程是研究工程与产品信息表达、交流与传递的课程，可培养学生构型设计和用二维图形表达三维立体的能力、读图和绘制图样的能力、计算机三维设计能力、空间思维和创新能力，为后续的课程设计、毕业设计提供有力支持。该课程内容在工程设计、施工、质检、技术交流等方面具有极其重要的地位，是技术人员必须学习和掌握的基本知识。该课程能帮助学生掌握计算机三维设计的应用型技能，增强学生服务企业和社会的能力，并在培养学生的设计能力、创新能力、工程实践能力和工程意识方面发挥重要作用。

二、工程图学课程的教学现状

机械类和非机械类专业在工程图学课时方面不一样，对工程图学这门课在培养方案中的要求也不一样。工程图学在非机械类专业中的课时相对较少，这会造成学生对工程图样的识读训练相对较少。例如，在邢台学院自动化专业，该课程为专业基础课（32 课时、2 学分），一般安排在大学的第一学期。大一新生中很多同学带有很强的高中学习习惯，尚不能完全适应大学课程的教学特点；同时当代学生的自主学习能力、自我管理能力、个人学习习惯等方面的特点使学生在学习过程中存在以下问题：不能快速理解理论知识，不能牢记理论知识以及国家和行业标准的相关规定，不能快速将理论消化、掌握并进行正确的绘图实践练习，不能进行及时有效的预习和复习。此外，课时少和训练不足易导致学生空间思维能力水平较低、学习能力较弱，对零件的感性认识又相对缺乏；教学过程中强调知识系统的逻辑性、理论性、概念性的内容多，实际应用性的内容偏少，学非所用，学生的学习意愿不强；教学主要采用以课堂教授为主、课下完成与局部知识点对应的简单作业为辅的教学模式，这种以教为主的教学模式忽视了学生的主体性，教与学的双边互动变成了单边的传输与接受，“独白”代替了“对话”，学生不能主动地参与教学活动，学习效果不好。

三、基于应用能力提升的工程图学课程改革的创新与实践

应用型课程建设要围绕“知识、能力、素质”进行三位一体的培养，根据社会需求促进学生能力和素质的发展，尤其是其主体性、创新精神和实践能力的提升。工程图学应用型课程改革以工程图学知识为基础，结合专业特点和社会需求，构建工程图学课程群。课程改革围绕工程图学的课程性质与专业特点，整合图学知识构架和内容体系，将图学课程内容与专业需求、教学过程与产品设计紧密对接，通过理论实践一体化教学、项目教学、案例教学等多种教学方法和手段，加强技术技能训练，实现知识与技术技能相统一。以自动化专业为例，根据理论知识、技能训练、专业能力训练，课程组建立了工程图学理论课、工程制图实训实践课和结合自动化特点的电气工程绘图与设计实训实践课。

（一）以强化三维空间思维能力为目的的工程图学的课程改革

根据工程看图、识图需求和知识点的递进关系，将工程图学知识体系重构为 5 个项目，如图 3-7 所示，分别为基本工具的使用、绘制平面图形、基本体三视图绘制、组合体绘图、机件的综合表达与零件图绘制。工程图学理论知识是技能应用的基础，以工程图样和三维模型为案例由浅入深地开展项目式教学，并注重对学生进行空间感知引导和启发训练，以增强学生的三维空间思维能力。将计算机辅助设计等先进技术引入项目教学中，增强学生对先进技术的认识，为其技能训练打下基础。通过该部分的学习，学生应具备正确识读工程图样的能力，为获得创新能力和工程实践能力打下基础。

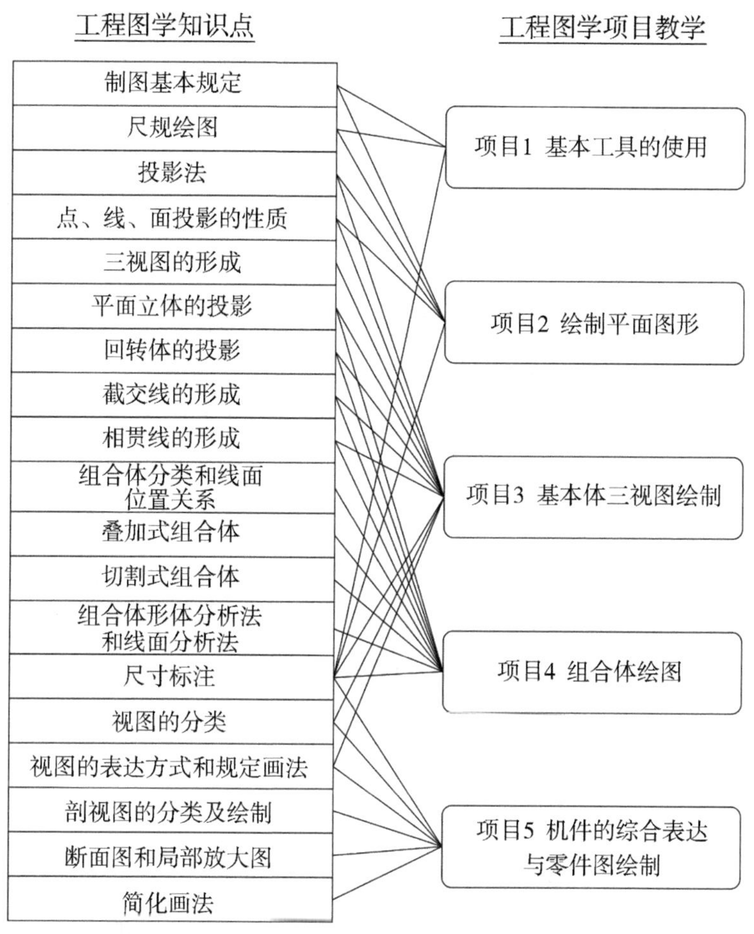

图 3-7　工程图学知识体系和项目之间的逻辑关系

1. 空间感知引导

三维空间思维能力是人内在的、潜在的一种思维能力。学生在学习工程图学时，有意无意地都将用到三维空间思维能力，尤其在读图、识图环节。在组合体读图时，学生需要先将各个部件的形状特征在大脑中构建出来，然后再将各个部件组合起来，在组合过程中思考接触面或相交面的共面和相交问题，最后在大脑中显现出完整的组合体的形貌和特征。这个过程其实就是学生在进行三维建模的过程，也是工程图学教学中需要重点培养的三维空间思维能力。部分学生读图、识图困难的原因就是学生在进行三维空间思考时出现了困难，无法想象出形体之间的接触以及组合关系。三维空间思维能力在高中阶段就已经涉及，只不过在高中阶段应用于抽象的数学学习，而那时的学习对学生三维空间思维能力的培养较弱。工程图学课程的学习不再是高中抽象的学习，而是点、线、面的具象学习，这对学生的三维空间思维能力的养成具有更重要的作用。

为了培养学生的三维空间思维能力，项目式教学根据项目内容进行空间感知能力引导式培养，使学生建立空间感，具备三维空间思维能力。空间感知引导式培养分为 3 个层次，层层递进，使学生初步建立起三维空间思维能力。

（1）空间感的建立

为了加强学生的空间感，使其能从二维的图画中感受到三维的空间，需要使学生对空间感有初步的认识和感觉。可通过网络收集具有明显立体视觉或纵深空间感的，利用 1 点透视、2 点透视或 3 点透视法制作的图片或动图，这些图片具有明显的纵深空间感，观察这些图片有助于学生在平面图中感受到空间的变化，增强他们对平面图画中所展现的空间的敏感度，进一步强化他们的三维空间思维。

（2）空间思维的运用

在学生具有较好的空间感的基础上进行空间思维的锻炼，加强他们处理三维立体图形问题的空间想象力，在此环节中，通过不同形体的比较来强化学生的空间思维能力。如图 3-8 所示，向学生展示不同的立体并让学生判断 A（立体一）、B（立体二）是否为同一物体。

学生需要围绕立体图形的主要空间特征展开思考。在判断 A、B 是否为同一物体时，需要将两个物体的形体位置摆放一致，才能进行更好的判断。因此，学生在思考的过程中，将在脑中对 A、B 两个立体图形进行旋转对比。

图 3-8　两个不同的立体 A 与 B

如图 3-9 所示，以 A 物体为例，第一步将 A 物体以①特征作为轴心进行顺时针旋转并得到如图（b）所示的旋转结果。第二步以②特征作为轴心进行顺时针旋转并得到如图（c）所示的最后旋转结果。将图 3-9（c）和图 3-8 中的 B 进行对比，可发现图 3-8 中所示的 A、B 不是同一物体。图形对比题可以锻炼学生的三维空间思维能力，逐步加强他们对图形空间感的敏感程度。

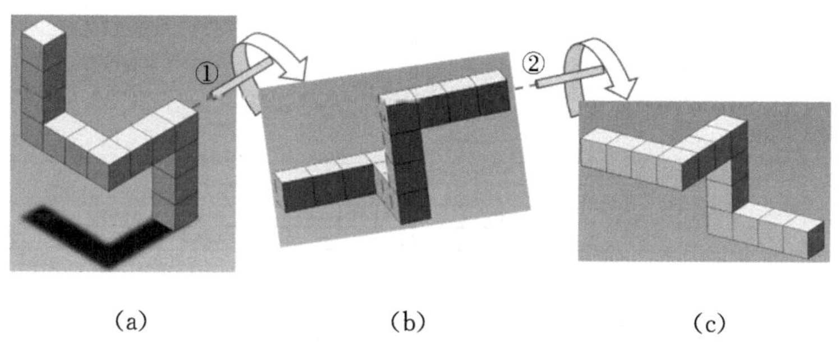

图 3-9　空间立体旋转思考过程示意图

（3）三维模型的建立

为了引导学生在平面图纸上建立具有立体感的空间模型，以及模型和观察视角之间的联系，课程组创新地设计了特殊绘图图纸（图 3-10），并将该图纸应用在理论知识项目式教学手绘过程中，有助于学生三维空间思维能力的培养。如图 3-10 所示，绘图图纸满足国家制图标准所规定的基本格式与要求，为学生后续的图纸学习打下基础。该图纸根据教学环节的设计分为 4 个区域，其中 a、b、c 区域为视图区域，d 区域为立体图形绘制区域。d 区域主要由等边三角形组成，有助于从视觉上引导学生绘制立方体图形，从而激发学生的三维空间思维。a、b、c 区域主要由虚线正方形组成，用于辅助学生绘制 d 区域中所建立的三维模型的不同观察视图。a 至 d 区域按照机械制图的三视图绘制规定布局，为学生后续的三视图和常用表达方法部分的学习打下基础。

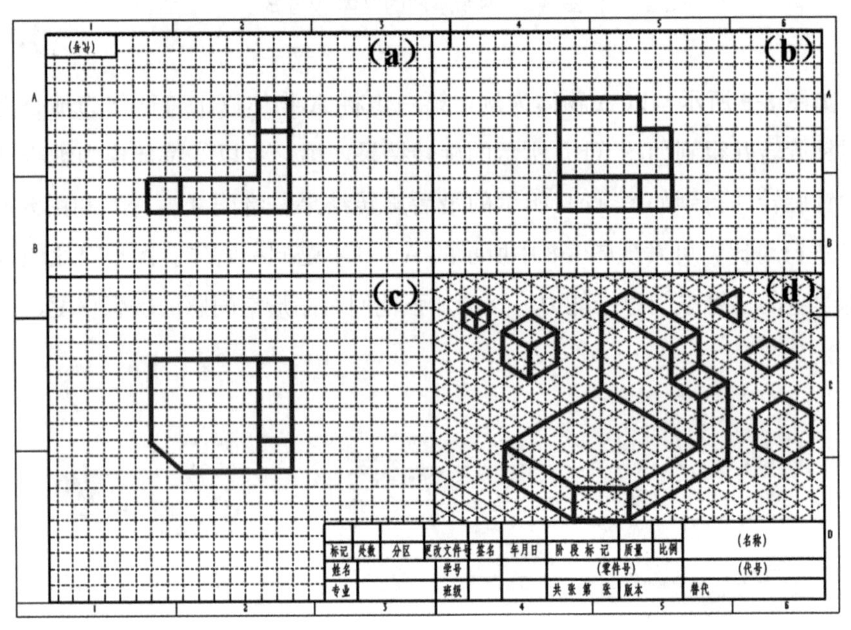

图 3-10　空间感知环节绘图图纸示例

图纸实践案例：大一新生在初高中阶段更习惯于平面图形的思考，因此先让学生观察 d 区域并对他们进行视觉引导。

首先，让学生观察并说出 d 区域由哪些基本图形组成。此时，绝大多数学生最先观察到的是三角形，部分学生会进一步观察到菱形，少数学生会回答六边形。在学生争先回答的过程中，不同的答案会促使学生进一步去观察。在此观察环节中会有少数学生回答出立方体，而此时老师会发现有学生无法观察出立方体，在今后的教学过程中老师要更加注意无法观察出立方体的学生空间感的建立。

其次，将学生们回答出的平面图形在图中绘制出来。为了进一步引导学生在 d 区域中观察到立方体，老师以粉笔盒为例讲解立方体的组成，并从各个视角引导学生观察立方体的视觉形态，尤其是棱边的变化。学生对立方体有了充分认识后，在 d 区域中可以观察到立方体。随着对立方体认识的加深，学生观察到大小不一的立方体的时间越来越短。在此基础上进一步引导学生观察长方体，利用叠加和切割的方式描绘出图纸中的立体组合模型，并在图纸中绘制出来。通过对多个立体组合模型的想象和绘制，学生将初步建立起三维空间思维意识，并能从平面图形中观察和想象出三维模型。

最后，引导学生从不同的视角观察所绘制的立体组合模型，并对比不同的面所占有的方格数，掌握立体组合模型的各个观察视角的主要特征。规定观察方向，指定立体组合模型的前后、左右和上下方位，让学生在图纸上的 a、b、c 区域中根据观察到的各个视角的图形所占的方格数绘制 3 个视图。

2. 三维模型引导

在项目教学环节中，根据教学内容、学生的理解程度，灵活地使用三维软件进行创建和运用电子三维模型。将电子三维模型制作成可执行文件（.exe）的格式（图 3-11），课前发给学生预习观察，有助于学生对教学内容的理解。如点、线、面的投影部分，学生通过电子三维模型的旋转可以观察到点的投影以及线和面的积聚过程（图 3-12）。尤其当线、面处于特殊位置时，如垂直线和垂直面的投影，电子三维模型的转动更能形象地表示出来，可以加强学生的空间感。

0-1方块位置变换.exe	0-2网格立体图形.exe	1-1图线及应用.exe
2-1直线上点的投影.exe	2-2平行两直线的投影.exe	2-3相交两直线的投影.exe
2-4交叉两直线的投影.exe	2-5求平面内直线的投影-例2.exe	2-6求平面内点的投影-例3.exe
3-1一个视图不能确定物体的形状.exe	3-2正三棱柱.exe	3-3正三棱柱表面点.exe
3-4三视图投影.exe	3-5正三棱锥.exe	3-6 正三棱锥表面点.exe
3-7三视图的画图步骤.exe	3-8圆柱.exe	3-9圆柱表面上点.exe
3-10圆锥.exe	3-11圆锥表面上点.exe	3-12圆球.exe
3-13圆球表面上点.exe	3-14 圆球被平面截切.exe	3-15正六棱锥截交线.exe
3-16 四棱柱开槽.exe	3-17平面斜截圆柱.exe	3-18圆柱开槽.exe
3-19椭圆的变化.exe	3-20圆锥.exe	3-21圆球.exe
3-22半圆球开槽.exe	3-23两圆柱异径正交.exe	3-24两圆柱正交时相贯线的变化.exe
3-25圆柱与圆锥正交.exe	3-26圆孔与圆孔相交.exe	3-27同轴回转体的相贯线——圆.exe
3-28 两回转体公切于同一球面.exe	3-29相贯线为直线.exe	4-1 支座.exe
4-2两形体共面和不共面.exe	4-3两形体表面相切.exe	4-4两形体表面相交.exe
4-5不同形体相交的比较.exe	4-6底座轴测图.exe	4-7压块的轴测图.exe
4-8切割型组合体.exe	4-9漏画线.exe	4-10漏画线.exe
4-11漏画线.exe	4-12漏画线.exe	5-1拨叉.exe
5-2轴.exe	5-3端盖.exe	5-4蜗轮箱.exe
5-5减速器箱盖.exe	5-6滑动轴承座.exe	5-11传动器.exe
5-12机用虎钳.exe	5-13固定钳身.exe	5-14减速器.exe
5-15齿轮轴.exe	5-16箱座.exe	5-17从动轴.exe
5-18从动齿轮.exe	5-19嵌入闷盖.exe	5-20嵌入透盖.exe

图 3-11　课堂使用的电子三维模型

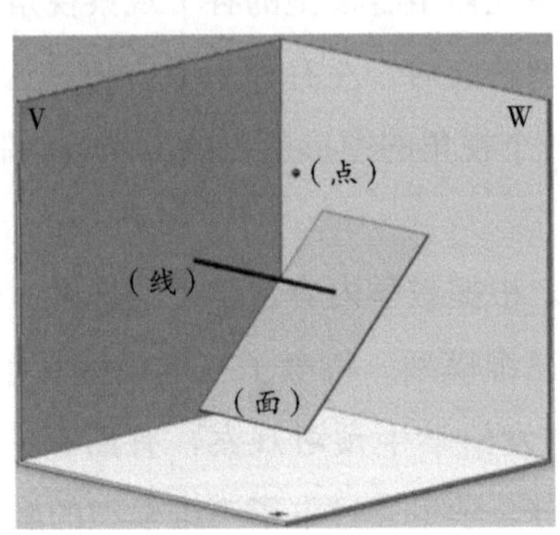

图 3-12　点、线、面空间位置示意图

将电子三维模型和例题、作业题相结合，能有效提高讲题效率，弥补语言描述的不足。如在截交线、相贯线的讲解中，通过模型，老师能更好地向学生展示特殊点、一般点的区别，并加深他们对平面和曲面上点的认识；在圆柱开槽、圆筒开槽的讲授中，通过对三维模型的动态切割，学生更加清晰地观察到圆柱、圆筒开槽后切割部分收缩的变化过程。

（二）理论与实践相融合的工程制图实训实践课程建设

三维 CAD 是数字化设计、制造和管理的基础，是现代产品创新的基本工具，更是影响我国自动化设计和制造业创新发展的共性关键技术。三维 CAD 技术使得产品设计和模型开发过程更加高效和精确。生产工艺规划可以利用 CAD 模型进行虚拟的成型、装配和制造仿真，以优化生产流程、减少生产成本和提高产品质量。三维 CAD 模型可以与其他数字化制造技术（如计算机数控机床）相结合，实现数字化制造。三维 CAD 模型可以用于产品的可视化和沟通，有助于企业更好地理解和评估产品。所以，三维数字化设计技术是新时代工程技术人员必须掌握的技术方法，它正在改变着工程设计人员的工作方式，改变着制造业的传统加工方法。三维 CAD 技术在增强产品创新开发能力方面也起到了巨大的推动作用。因此，工程制图实训实践课程在教学内容改革上改变了传统的二维绘图设计，将新技术和绘图设计结合起来，使学生了解“自下而上”（Bottom-up Design）和“自上而下”（Top-down Design）两种设计理念，这两种设计理念适用于不同的设计场景和需求，可以增强学生的实践应用能力和创新能力。

工程制图实训实践课程的改革结合企业对 CAD 和 CAM 的需求，将三维几何建模的思想与构形设计或创新设计能力的培养有效融合，三维设计能力培养是穿插在理论知识的教学过程中，丰富的产品案例（图 3-13）贯穿于整个教学过程中。工程制图实训实践课程根据工程中常见的零部件以及计算机三维设计的知识点和设计流程将知识体系进行重构并划分为 8 个项目（图 3-14），分别为草图绘制、支架建模、端盖建模、三通水管建模、手轮建模、台虎钳测绘、台虎钳零件建模、台虎钳三维装配。课程中的实践部分以实际企业产品为例，项目式驱动的教学方式使工程图学理论知识得到充分应用。工程制图技能训练还将台虎钳测绘、建模、三维装配紧密地连接起来，学生在进行完整的产品设计的同时，还能拓宽知识面，加深知识的应用，了解实际产品设计的流程以及设计技能和实际产品之间的联系，锻炼严谨细致的工作作风。

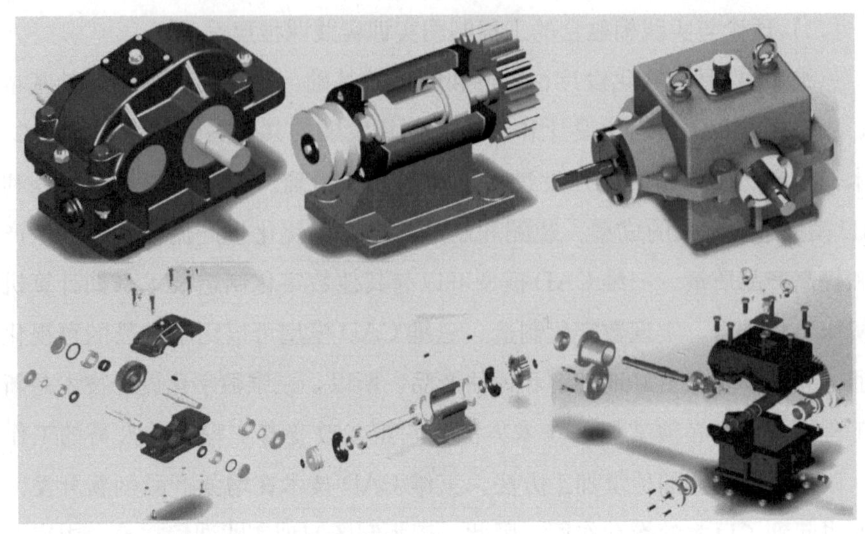
图 3-13 部分产品案例

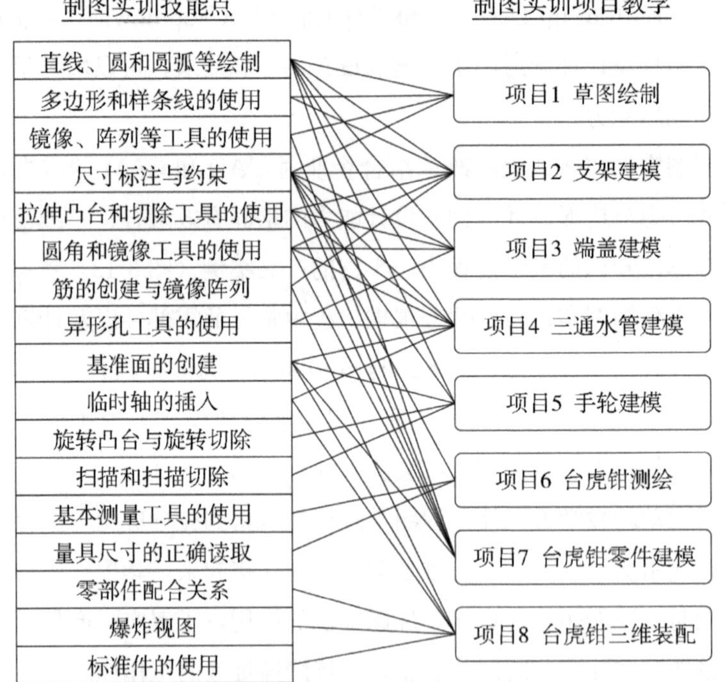

图 3-14 制图实训知识体系和项目之间的逻辑关系

工程制图实训实践课程通过分散实训的形式与理论课程相结合，注重学生自主学习能力和实际工作能力的协调发展。课程主要以三维设计为主，根据理论课程的教学进度进行三维设计的引导，通过三维设计来加深学生对理论知识的理解并增强学生读图和识图的能力，以此来弥补理论课时较少的不足。工程制图实训实践课程主要包括零件建模、零件图和装配体的设计等环节。将理论教学中的零件图和装配图的部分讲授内容移到实践课程中。例如，在零件图的学习过程中，学生可通过自己所建模型的特点来分析如何合理地运用零件的常用表达方法；在装配图的学习过程中，学生通过实践课程先建立装配体，然后再绘制装配图。学生只有在充分理解装配体各个零件的配合关系和作用时，才能加深对装配图的理解。工程图学和工程制图实训实践课程知识点的对应关系如表 3-1 所示。

表 3-1　工程图学和工程制图实训实践课程知识点的对应关系

类别	知识体系 1	知识体系 2	知识体系 3	知识体系 4	知识体系 5
理论课知识	点、线、面	基本体、组合体	零件图	装配图	常用标准件
实践课实践技能	平面草图绘制	零件建模、测绘	零件建模、测绘	装配体和爆炸图	标准件库的运用

在理论知识讲授的过程中，根据理论课程的知识体系和讲授进度开展相应的实践环节。在平面草图绘制的实践环节中，通过草图平面的旋转可以加深学生对点、线、面投影的真实性、积聚性、类似性的理解。在零件建模过程中，学生可以理解截交线和相贯线的形成规律与特点，并能充分理解点、线、面在基本体和组合体中的含义。建模过程会逐渐提升学生的三维空间思维能力，提高和加深他们读图、识图的能力。零件图的绘制则能使学生在建模过程中充分认识零件的形体特征，进一步理解常用表达方法在零件图中应用的规律。装配体和爆炸图的操作训练能使学生充分理解剖面线在装配图中的重要性，并且提升他们的装配体读图能力。对于非机械类专业的学生来说，三维软件中的标准件库能让他们形象地认识不同的标准件。因此，实践和理论相融合、同步进行

有助于提高学生的理解能力并锻炼他们的三维空间思维能力。

工程制图实训实践课程引入实际案例，由浅入深、由奠基到提升进行项目教学。项目建模部分包括支架建模、端盖建模、三通水管建模、手轮建模（图3-15），这些都是生产和日常中常见的零部件。学生对这些零部件有主观认识，这在教学过程中能加速学生三维空间思维能力的形成。在建模过程中，通过图纸和工程图不同部分的综合识读，能进一步强化学生对理论知识、绘图规范的认识，使其熟悉常用的工程图纸符号和标准，以及进行二维到三维的空间思维转换锻炼。台虎钳的测绘、建模和装配都是综合型的项目，可以锻炼学生的综合实践能力。测绘和建模的工作量较大，每个学生单独完成所有工作会非常辛苦。因此，综合考虑每一位学生的特长和优缺点，对其进行分组和任务分配，培养每位同学的团队合作意识和严谨细致的工作作风。在此过程中，教师的作用在于引导学生，帮助学生营造一个互助互利的健康学习环境。经过讨论、小组任务分配、协同合作，学生共同完成项目，这不仅有助于学生开拓性思维的形成与发展，更能促进学生理解知识并应用知识。

图3-15 (a) 支架 (b) 端盖 (c) 三通水管 (d) 手轮

图 3-16 为台虎钳及其组成，台虎钳是一种常见的机械工具，用于夹住和固定工件。台虎钳测绘项目是在测绘任务中，学生需将台虎钳各个零部件拆解，各小组根据零件数量和复杂程度分配各个组员进行测绘工作。

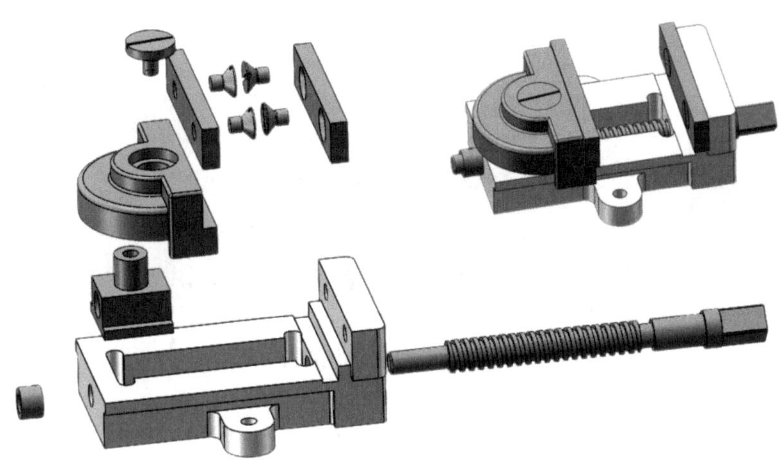

图 3-16　台虎钳及其组成

测绘过程涉及多种拆卸方法、测绘工具的使用，所以要将录制的工具使用微课视频（图 3-17）提前发给学生。

图 3-17　部分实践微课视频

测绘任务主要包括测量台虎钳各零部件的尺寸和记录其形状和特征（图 3-18），并绘制满足标准规范的相关工程图纸（图 3-19）。

图 3-18 台虎钳测绘中

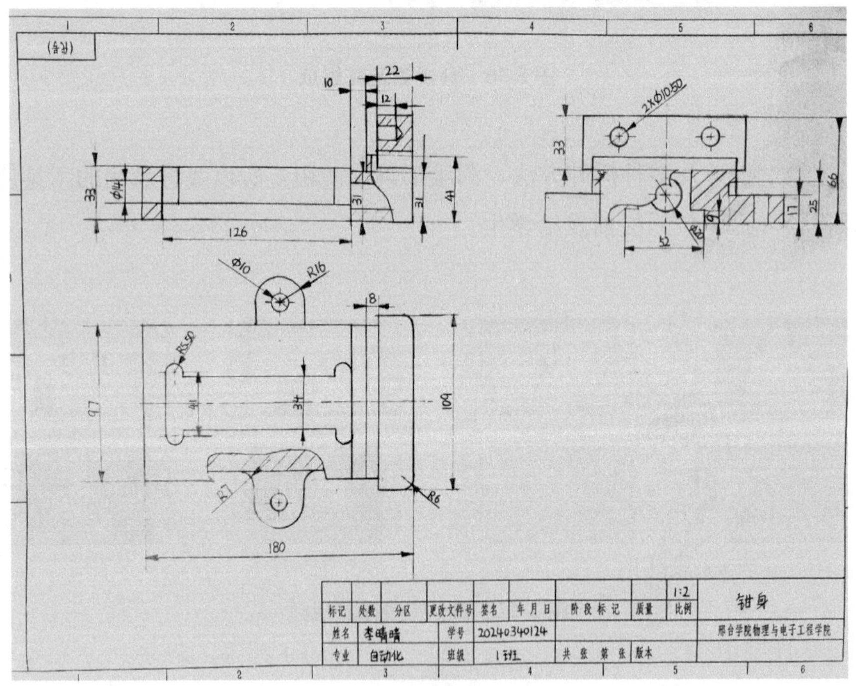

图 3-19 台虎钳测绘图纸

台虎钳零件建模任务是通过 Solidworks 三维建模软件，根据上个任务绘制的图纸中零部件的尺寸数据和形体特征来创建台虎钳各个部件的三维模型，包括创建钳身、滚动丝杠、非标螺栓、夹持面等各个组成部分。台虎钳装配任务主要是将各个三维零部件组装在一起，使其形成完整的工具。要确定装配顺序，正确安装各个零部件。在装配过程中，将零部件逐个放置在正确的位置，并将其对齐。使用软件中的约束功能，确保零部件的位置和相对关系符合设计要求，以确保零部件的配合与运动性良好。依照每个项目任务的特点，部分任务由学生集思广益共同完成，如工作原理的解读、装配体的装配等；部分任务由学生单独完成，如零件的建模、工程图的绘制等。对于台虎钳而言，滚动丝杠和活动钳身之间的装配是实现台虎钳由转动转变为平动的重要部分，在建模过程中需要用到螺旋线、扫描切除等命令，装配过程涉及非标准矩形螺纹的啮合约束问题，这些内容均是具有一定难度但学生又必须掌握的知识点。在装配过程中，标准件库（图 3-20）的使用能提高学生对标准件的认识。在完成任务的过程中，通过小组成员之间的交流、沟通、讨论，基础比较薄弱的同学在其他同学的带动和辅导下，可快速提高三维建模能力和空间思维能力。

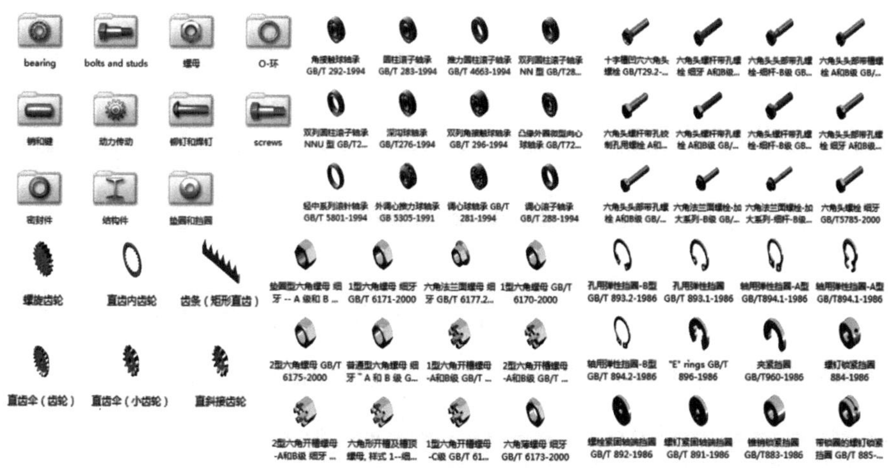

图 3-20　标准件库

项目式、小组化教学既避免了工程图学理论知识和工程实践脱节，加强了学生的感性认识和理论学习的积极性，又达到了学生之间取长补短的目的，锻炼了学生团结协作的实践工作能力。

通过生产见习和生产实习的形式，组织学生进入企业参观学习，使学生对所学内容有了更深的理解，为他们今后的实习和就业打下了基础，现已有学生凭着扎实的三维建模能力签约了专业实践基地的企业。实践教学贯穿德育、思政教育，结合实践内容对学生进行有关工厂生产规范、工作要求的教育，使学生牢固树立“安全第一，质量第一”的观念。介绍经典国家工程案例、国家级科技工作者等图学相关的内容，给学生树立良好的学习目标和学习榜样，培养学生良好的职业道德规范。此外，在项目教学中还邀请设计师传授设计经验，帮助学生深入掌握技能应用；师生还共同参加了 Solidworks 官方组织的建模技能培训（图 3-21）。

结业证书

闫朋涛 同志于 2022年1月20日 参加达索 SOLIDWORKS 平台-曲面设计专题课程培训，完成6学时课程学习，经考核合格，准予结业。

编号：PX-SW-202201034

北京众联亿诚科技有限公司

2022年1月23日

结业证书

闫朋涛 同志于 2022年7月14日 参加达索 SOLIDWORKS 平台-高级技巧课程培训，完成10学时课程学习，经考核合格，准予结业。

编号：PX-SW-202207022

北京众联亿诚科技有限公司

2022年7月15日

图 3-21 教师参与企业培训的结业证书

（三）结合自动化特点的电气工程绘图与设计实训实践课程建设

随着企业从信息化走向数字化，企业不仅需要提高效率，还希望通过数字化实现传统业务模式的改变，自动化制造类企业不仅关注设备的设计和制造，还开始重点关注机电一体化的数字设计。机电一体化设计是将机械和电气两个领域的技术融合，以实现更高效、更智能的产品设计。机电一体化的数字设计在提高设计效率的同时还可以减少成本和风险，并为制造和维护阶段提供支持。

当前，自动化专业的学生在校内会广泛地接触各种电力拖动、传感器、控制系统设计和编程等方面的知识，他们掌握的知识和能力越来越多，但距企业对自动化控制系统或机电一体化系统进行合理标准化设计的能力要求还有一段距离。因此，新开设的电气工程绘图与设计实训实践课程紧跟社会需求，将机电一体化的数字设计融合到制图的实践教学中，使课程内容与时俱进，紧跟行业前沿。

电气工程绘图与设计实训实践课程使学生掌握机电一体化的数字设计理念，了解现代智能自动化电气设计与传统 AutoCAD 设计的区别。本实践课程开设在第七学期，起到技能提升的承上启下的作用。此时，学生已经掌握了三维设计技能，并学过电力电子技术、电机与拖动、电气控制与 PLC 等专业课程，同时即将开展毕业设计。实践课程在工程图学、三维设计和专业课程的基础上，根据“面向工程、任务引领、项目驱动、突出能力培养”的原则进行实践教学内容的整合，并划分 7 个项目（图 3-22），分别为识读电气图、电气原理图设计、布线方框图设计、端子排图纸设计、电气项目组成、柜内布局图设计、电气三维设计。项目内容的设计符合学生的学习特点，遵循由浅入深、循序渐进的原则。

该实训项目不同于以往的电气 CAD 设计，在进行平面电气原理设计时，创新地将三维设计和电气设计相结合，每个电气符号都有对应的三维产品实体，如图 3-23 所示的过载继电器，根据电气原理创建出产品的三维模型（图 3-24），并制作出产品设计文件集，真正做到了机电一体化设计能力的培养，增强了自动化专业学生的设计能力，将工程图学知识和专业知识紧密结合，培养了学生的工程意识和工程素养。

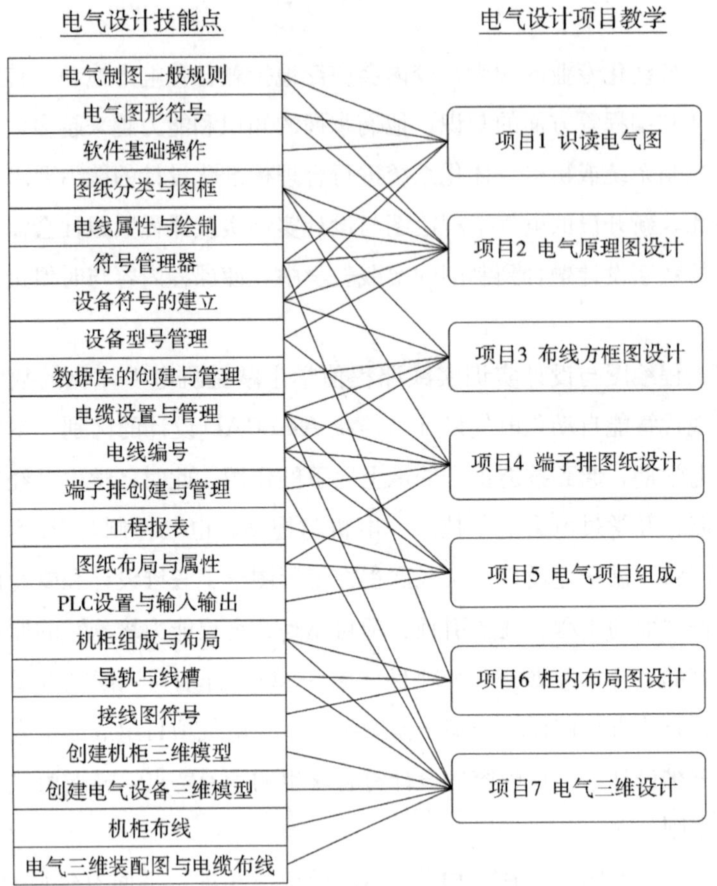

图 3-22 电气设计知识体系和项目之间的逻辑关系

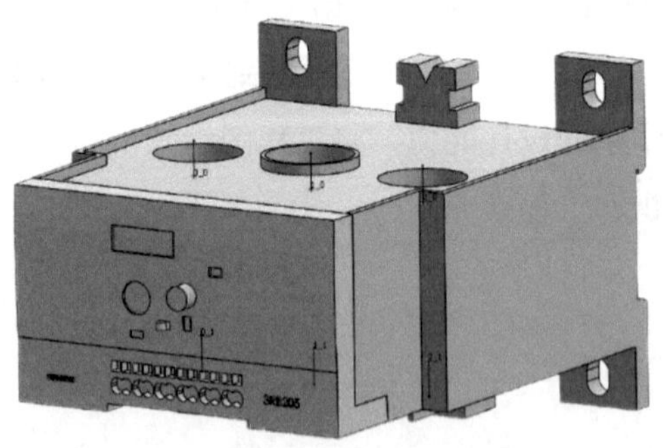

图 3-23 Siemens 过载继电器

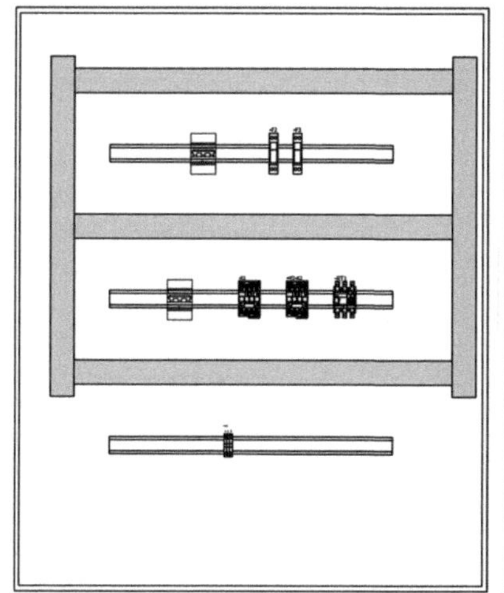
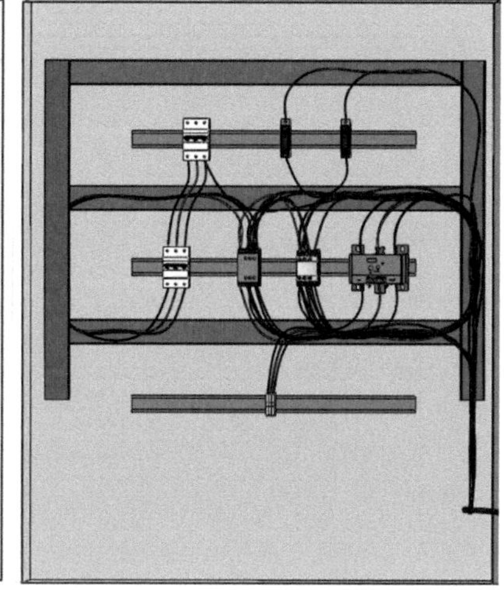

图 3-24　三维模型

在学生掌握了电气元器件使用方法、电气控制基础知识等的基础上，通过电气设计标准和几种典型的实例开展实践教学。实践课程选择学生比较熟悉的电子控制电路，如三相异步电动机正反转控制电路，开展由浅入深、由简单到复杂的机电一体化设计。实践课程采用“教、学、做一体化”教学，以学生为主体、以实践操作为主线进行任务实施。从电机原理图绘制（图 3-25），元器件建模，机柜 3D 布局、装配，3D 模拟布线（图 3-26）到柜外电缆布线都由学生操作，训练学生进行二维驱动三维设计的机电一体化设计。

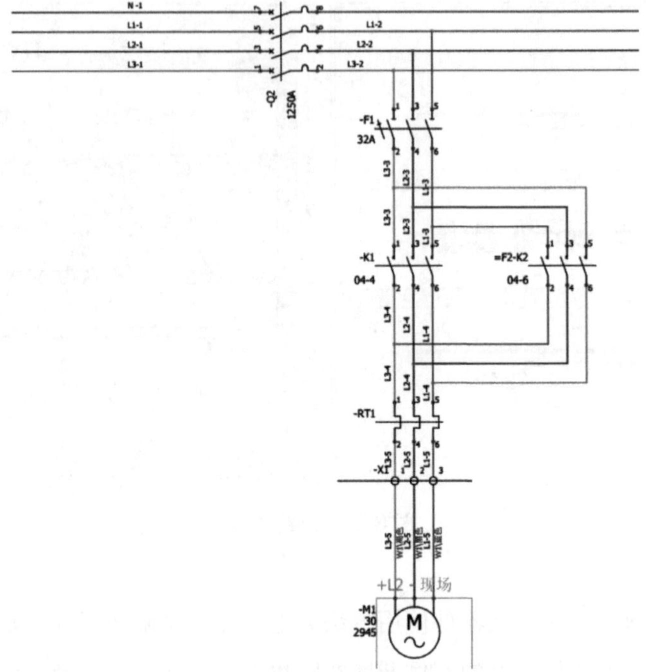

图 3-25　电机控制主回路原理图

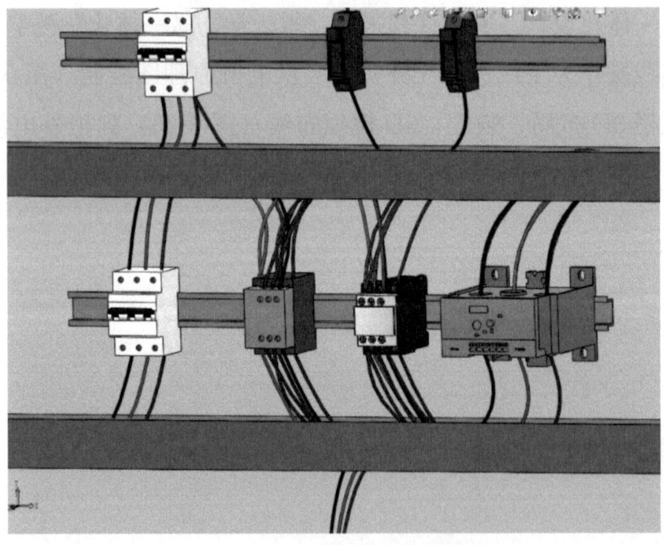

图 3-26　3D 模拟布线部分示意图

图 3-27 主回路和控制回路电线清单包含电线的接线情况，以及所需的电线长度。三维设备做得越精准，电气设计越能提高效率和节约成本。电线清单可以自动计算出精准的电线长度，避免实际接线中资源的浪费，生产部门可以利用这个数据来进行电线的预加工，缩短设备生产周期，降低企业设备成本。

N L1 L2 L3 (3)-3

源	目标	电线编号	截面积	长度（mm）	基准	线路样式
=F2+L1-K2:A2	F3:1	L1-12	-1	1232.44		N L1 L2 L3 (3)
=F2+L1-K2:22	K1:A1	L1-8	-1	1208.11		N L1 L2 L3 (3)
=F2+L1-K2:A1	K1:22	L1-11	-1	1208.37		N L1 L2 L3 (3)
=F2+L1-K2:14	S3:2	L1-10	-1	1898.82		N L1 L2 L3 (3)
=F1+L1-K1:21	K2:14	L1-10	-1	1242.84		N L1 L2 L3 (3)
=F1+L1-S2:2	K2:21	L1-7	-1	2851.95		N L1 L2 L3 (3)
=F1+L1-K1:14	S2:2	L1-7	-1	2669.8		N L1 L2 L3 (3)
=F1+L1-K1:A2	F2:1	L1-9	-1	1479.55		N L1 L2 L3 (3)
=F2+L1-K2:13	S3:1	L1-6	-1	2466.87		N L1 L2 L3 (3)
=F1+L1-S2:1	K2:13	L1-6	-1	2837.04		N L1 L2 L3 (3)
=F1+L1-S1:2	S2:1	L1-6	-1	236.48		N L1 L2 L3 (3)
=F1+L1-K1:13	S1:2	L1-6	-1	2753.23		N L1 L2 L3 (3)
=F1+L1-K1:6	RT1:5	L1-4	-1	1043.49		N L1 L2 L3 (3)
=F2+L1-K2:6	RT1:5	L1-4	-1	906.24		N L1 L2 L3 (3)
=F1+L1-K1:4	RT1:3	L2-4	-1	1096.95		N L1 L2 L3 (3)
=F2+L1-K2:4	RT1:3	L2-4	-1	925.11		N L1 L2 L3 (3)
=F1+L1-K1:2	RT1:1	L3-4	-1	1110.59		N L1 L2 L3 (3)
=F2+L1-K2:2	RT1:1	L3-4	-1	972.69		N L1 L2 L3 (3)
=F1+L1-X1-3	RT1:6	L1-5	-1	448.38		N L1 L2 L3 (3)
=F1+L1-X1-2	RT1:4	L2-5	-1	424.94		N L1 L2 L3 (3)
=F1+L1-X1-1	RT1:2	L3-5	-1	389.9		N L1 L2 L3 (3)
=F1+L1-F1:6	K1:5	L1-3	-1	1055.22		N L1 L2 L3 (3)
=F2+L1-K2:1	K1:5	L1-3	-1	309.12		N L1 L2 L3 (3)
=F1+L1-F1:4	K1:3	L2-3	-1	1017.64		N L1 L2 L3 (3)
=F2+L1-K2:3	K1:3	L2-3	-1	307.78		N L1 L2 L3 (3)
=F1+L1-F1:2	K1:1	L3-3	-1	1050.71		N L1 L2 L3 (3)
=F2+L1-K2:5	K1:1	L3-3	-1	303.09		N L1 L2 L3 (3)
=F1+L1-Q2:6	S1:1	L1-2	-1	3011.02		N L1 L2 L3 (3)
=F1+L1-F1:5	Q2:6	L1-2	-1	188.54		N L1 L2 L3 (3)
=F1+L1-F1:1	Q2:2	L3-2	-1	187.77		N L1 L2 L3 (3)
=F1+L1-F1:3	Q2:4	L2-2	-1	188.51		N L1 L2 L3 (3)
=F1+L1-F2:2	F3:2	N-2	-1	233.06		N L1 L2 L3 (3)
=F1+L1-Q2:8	F2:2	N-2	-1	0		N L1 L2 L3 (3)
				37256.2		

图 3-27　主回路和控制回路电线清单

图 3-28 展示了实践项目中最后的水池电机控制系统的机电一体化整体设

计。设计使学生了解了电气、机械、生产部分如何传递数据，并掌握了将它们联系起来的方法。通过实践的锻炼，学生能够独立绘制原理图，掌握简单的工程配置，建立标准项目管理概念，同时具备独立分析、思考和解决实际问题的能力。

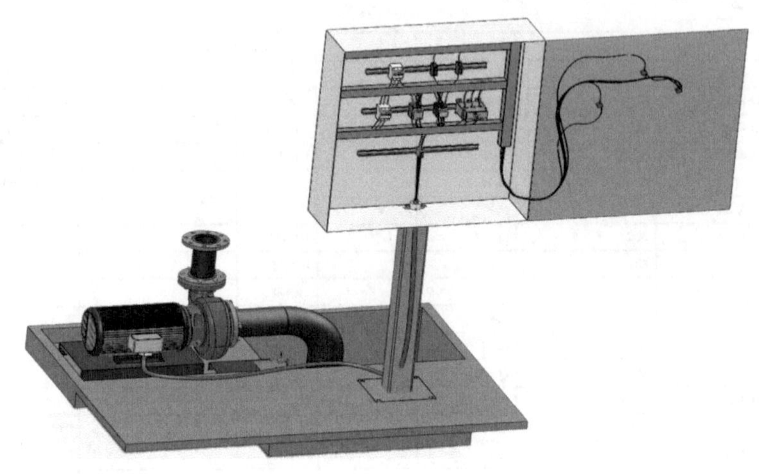

图 3-28　电机控制整体设计图

（四）赛教融合式一体化创新实践教学模式

坚持以应用为目标，采取任务引导式、项目案例式教学模式，充分发挥学生的主观能动性，通过引入本科科技竞赛，打破师生之间上“教”下“学”的关系，建立以“导”为主的平等研讨关系，实现学生能力的培养。例如，近 3 年有 20 余名学生在河北省高校制图与构型能力大赛、河北省高校三维设计大赛等省级赛事上获奖（图 3-29）。以竞赛为抓手，联合工程图学课、工程制图实训实践课进行以赛促教、赛教融合式教学模式的探索与实施，并且取得了一定的成果，培养了学生的实践能力，激发了学生的学习热情、拼搏精神、创新精神。

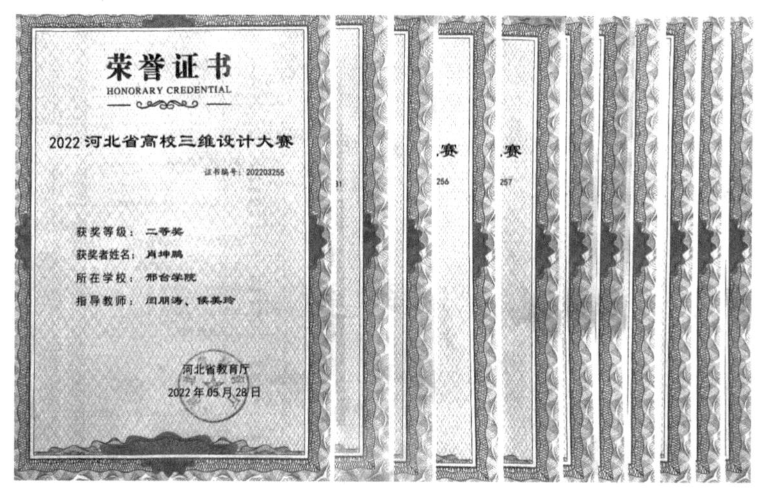

图 3-29　部分获奖证书

四、工程图学应用型改革的创新优势与持续改进方向

工程图学课程群是以“知识、能力、素质”为中心建立的理论知识、技能训练、专业能力训练层层递进的课程群，各课程知识点的关联如图 3-30 所示。工程图学课程群的建设改变了传统教学中课程结束即完成培养目标的现状，其中的课程分布在不同学期，将学生图学技能的培养贯穿于整个本科教育阶段，并结合专业特点，在不同的阶段与相应的专业课程相结合。工程图学课程群已经潜移默化地为学生后续课程的学习提供了助力，如在专业软件的学习、第二课堂活动、各类科技竞赛、机器人实训课程、毕业设计环节中，学生都会应用到相关的图学技能，从而反哺工程图学技术的应用。

在今后的课程建设优化中将进一步搜集企业生产实例，增加案例复杂度，激发学生的学习兴趣，提高对学生能力的要求，拔高学生解决复杂问题的能力，以及增强学生在未来就业和职业发展中的行业洞察力；进一步加快 CSWA/CSWP（助理工程师/专业工程师）认证考试建设，抓紧动员开展第一批学生认证考试，增强学生就业竞争力；争取在本校建设 CSWA/CSWP 认证考试中心，优先服务本校学生，辐射周边院校和企业，为从业者提供能力提升的渠道。

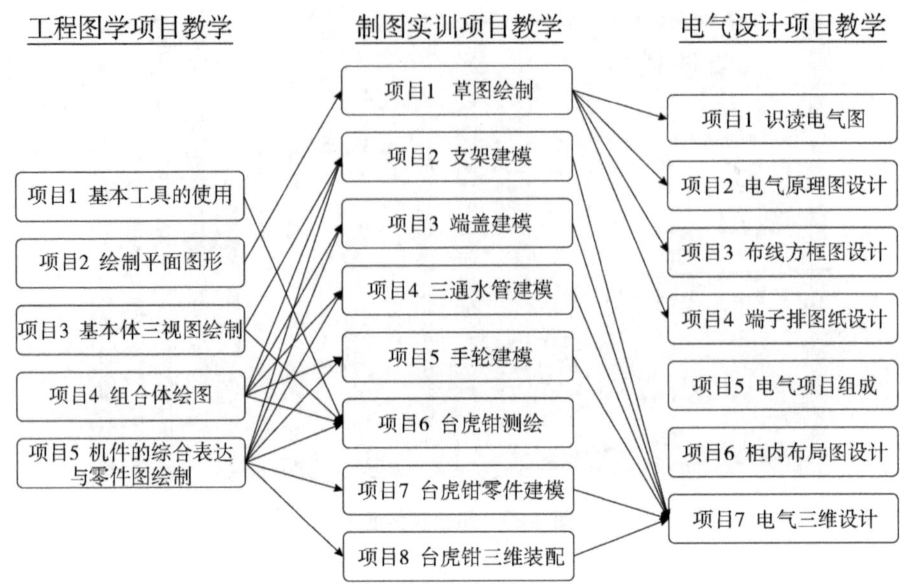

图 3-30 工程图学、制图实训和电气设计项目之间的知识技能逻辑关系

第三节 食品化学应用型课程改革的探索与实践

一、课程基本情况

食品化学是食品科学与工程专业的重要核心专业课之一，对专业人才知识体系构建和能力素质培养至关重要。目前，食品化学课程共设 40 课时，包括水分、蛋白质、碳水化合物、脂质、维生素、矿物质、风味物质等内容，选用的教材是阚建全主编、中国农业大学出版社出版的《食品化学》。学生通过学习该课程掌握食品基本成分的种类、结构、生理功能及其在食品加工、储藏中的物理、化学变化，为他们了解食品加工和储藏方面的新理论、新技术和新方法提供支撑，为他们学习后续的专业课程及从事食品专业相关工作打下坚实的基础。本课程对后续食品类的专业课的学习具有先导性，同时也是很多专业课

的理论基础。

食品化学课程的授课对象是食品科学与工程专业本科二年级以上的学生，这些学生已学习了无机化学、有机化学、生物化学等先修课程，建立了食品化学课程所需的基础知识体系，但学生的知识迁移能力有所欠缺，在学习中他们不能很好地将已有知识迁移至食品体系中。本科二年级学生思维活跃，对新知识接受快、记忆快，但对于复杂知识点往往通过死记硬背来学习，并未真正理解，难以做到学以致用，对于抽象问题的解决能力还需要进一步提升。此外，大二阶段是学生世界观、人生观、价值观形成的重要时期，学生在此时期形成的思想道德观、职业价值观对一生的影响尤为重要，所以这个阶段是塑造学生思想的关键时期，需要在专业课教学中加强对学生思想的引导。

另外，食品化学部分章节内容与食品专业其他课程交叉重叠，例如，其中的碳水化合物、蛋白质、脂质、酶等章节与有机化学、食品微生物学等课程存在交叉，维生素、矿物质章节与食品营养学有一定交叉，食品风味化学、色素与着色剂、食品添加剂章节与食品添加剂课程部分交叉，食品中的有害成分章节与食品安全与卫生学课程部分交叉。在教学过程中，如果授课教师对食品类专业相关课程的教学大纲缺乏系统领会和把握，那么必然造成教授内容与其他课程重复，课程教学效率降低。

在之前的教学模式下，学生对于食品化学的教学内容及实际应用都缺乏兴趣，课程总是达不到预期的教学效果。2021 年，该课程入选了邢台学院首批校级应用型课程，因此如何进行课程改革，如何体现它的应用性，如何和企业、行业对接，如何将基础理论知识和实践内容相结合，促进学生深度理解理论知识等问题尤为重要。基于以上问题，我们课程组对教学内容、课堂教学模式、教学方法等进行了改革，针对章节内容相关问题的提出、学生科研创新能力的培养方式进行了改进，在课程的教学改革中取得了一定的成绩。

二、课程性质及总体教学目标

食品化学是食品科学与工程一级学科的主干课程。如何根据新时代下学情分析和学生学习特点，体现立德树人思想和“学生中心、产出导向、持续改进”的教学理念是讲授这门课的关键。首先，要一切以学生发展为中心制定课程目标；其次，在相关知识日新月异而课时又被压缩的现实情况下，要通过课程创新来达成课程目标；最后，要与时俱进地建设在线课程资源，提高教学效率，辅助课程目标的达成。

食品化学课程的目标体系构建主要有3个依据：一是新工科背景下工程教育理念和模式，二是我校食品科学与工程专业培养目标，三是食品化学课程本身的特性和价值。

新工科工程人才培养目标是建立在CDIO工程教育联盟、ABET（美国工程技术认证委员会）、FEANI（欧洲工程师协会联盟）工程人才能力标准的基础上，结合新工科的学科特点而形成的，具体分为学科知识、学科交叉能力、工程技术设计与制造能力、批判性和创新性思维、团队合作能力、表达和沟通能力、终身学习能力、国际化能力、领导力和职业道德这几个方面。

从专业层面来看，食品科学与工程专业是多学科交叉融合的应用学科。其中，化学类知识体系、工程类知识体系和生物类知识体系与食品学科发展的关系最为密切。在新工科与新经济发展背景下，直面产业需求和技术前沿，培养具有专业特色的创新型人才，是支撑“中国制造2025”和创新驱动发展的需要。

从课程层面来看，食品化学课程承载着专业性教育目标，非常适合培养学生的工程思维和科学思维。除了帮助学生掌握食品化学相关知识这一传统目标，还需要结合现代理念，注重学生学科意识的强化，帮助学生建立学科知识体系，强化学生创新意识和实践能力，培育其职业精神，指引他们就业。因此，食品化学课程目标体系构建既需要从宏观角度结合新工科建设的人才培养目标，又需要从微观层面结合专业培养目标和课程的具体特点。

知识目标：掌握食品中主要成分的组成、结构、理化性质、安全性；食品在贮藏、加工过程中可能发生的化学和物理变化；食品成分的结构、性质和变化对食品质量和加工性能的影响，并为改善食品品质、开发新的食物资源、革新食品加工工艺和贮运技术、科学调理膳食结构、改进食品包装、加强食品质量控制及提高食品原料加工和综合利用水平奠定基础。

能力目标：掌握食品化学技术综合分析和解决问题的能力，从而在食品加工、保藏、新食品开发等领域较好地从事教学、研究、生产和管理方面的工作。

情感态度与价值观目标：具有绿色设计、绿色生产的理念，理解和识别食品从业人员在社会和环境可持续发展中应担当的职责；树立正确的价值观与就业观，增强社会责任感，运用课程思政的方法和理念培养学生的工程职业素养，使学生拥有正确的社会职业道德认知和广阔视野。

三、应用型课程改革的创新与实践

食品化学是我院食品科学与工程专业的专业基础课，该课程主要以化学为基础，集生物学、物理学、营养学、植物学等众多学科于一体，表现出较强的综合性和交叉性，涉及的学科重点且专业知识丰富。当前，食品化学理论知识点繁杂、理论性较强，这容易使学生缺乏学习兴趣，导致教学无法达到预期效果。在微观层面上，针对如何将这门课程从学科型转向应用型，从“重知识轻能力”“重讲授轻互动”“重结果轻应用”转向重点培养学生的应用能力、实践能力和创新能力，课程组构建了基于 PBL（Problem-based learning）-CDIO 理念的课程体系。

（一）重构课程内容体系

在教学过程中，课程组本着“以化学本质为特色、以食品应用为目标”的宗旨，制定了符合实际的“食品化学”教学大纲和教学内容，并将教学重点放在介绍食品成分的性质、变化、应用与安全性问题上，通过“保、删、增、合”等措施，进行了教学内容的整体优化，以食品营养成分化学、食品色香味化学、食品工艺中的化学、食品有害成分化学 4 大模块为教学线索来剖析教学内容中的难点，重构了课程内容体系和知识结构。由于与食品化学相关的新成果、新概念、新理论和新技术不断涌现，因而在教学中，课程组注重更新教材内容、补充研究前沿，及时加入本学科领域的新知识、新技术、新应用和新成果，以开阔学生视野，使学生了解学科前沿，有意识地培养学生的科学态度和科学精神，并激发学生的创新思维能力。

此外，食品化学课程内容与食品加工、食品保藏、食品安全等方面有密切的联系，只有在教学过程中坚持理论联系实际，才能适应工科学生的学习特点，使他们充分理解理论知识。整合后的食品化学有 4 个模块、10 个教学内容（表 3-2）。

表 3-2 课程内容的教学设计

教学模块	教学内容	课时	侧重点及主要教学设计
食品营养成分化学	水	5	重点讲水分活度与食品稳定性
	碳水化合物	6	略讲碳水化合物的结构，从多糖部分选出两种进行介绍
	蛋白质	6	略讲蛋白质的结构，重点讲蛋白质功能性质、加工变化
	脂类	6	重点讲脂肪氧化，使学生了解乳化剂，略讲类脂
	维生素和矿物质	4	重点讲维生素、矿物元素在食品加工、贮藏过程中的变化
食品色香味化学	食品色素	3	重点讲天然色素的内容
	食品风味物质	4	重点讲呈味机理和食品香气形成途径
食品工艺中的化学	酶	2	本章略讲，可以考虑作为学生的课堂讨论内容
	食品添加剂	2	侧重各种添加剂的结构及作用机理
食品有害成分化学	食品中的有害成分	2	本章略讲，可以考虑作为学生的课堂讨论内容

教师在与学生交流中发现一些课程的教学内容抽象、知识点相对难懂，因此在教学的过程中，要让学生感受到食品化学在生活中无处不在，引导学生使用食品化学中的知识来分析日常生活中的一些实例，将一些知识点具体形象化。如讲到蛋白质来源的时候，老师会介绍蛋、肉、奶中的蛋白质及相互差异，由浅入深地探索蛋白质在食用过程中的生物学变化。让学生使用课堂上学习的专业知识分析实际生活中的一些现象和问题，加深学生对专业知识的理解，提高学生的学习兴趣。

在授课过程中，适当加入对现今食品化学类研究进展的介绍，让学生对当今最前沿的科学动态有所了解。任课教师也会在一些重要的知识点上布置一些兴趣作业，学生可以下载自己感兴趣的研究内容，并以作业的形式上交或者形成总结性的学术研究成果。这种方式让学生了解现今食品化学学科前沿的研究成果的同时，也培养了学生对相关知识的兴趣。

（二）利用案例化教学激发学生学习兴趣，建立教学案例资源库

专业教师如何培养学生对学习的兴趣尤为关键，简单填鸭式地灌输专业知识只会造成事倍功半的效果。若教师能够从生产生活中找到显而易见的例子，用通俗易懂的语言去构建专业知识点，从而循循诱导学生从“不明白、不关心”的状态转为主动探索求知、寻找关键问题所在，那么学生对食品化学专业知识的热爱就会被激发。如“酶促褐变”这个知识点，它是指在有氧的条件下，酚酶催化酚类物质形成醌及其聚合物的反应过程。对于很多专业词汇，学生并不容易接受，也不明白它和自己的生活有什么关系，这时如果可以从“为什么很多果汁冷饮店一般不售卖鲜榨苹果汁”这个问题出发，诱导学生去回忆“自己买到或是见到的鲜榨苹果汁颜色不佳、风味不佳”的场景，那么就可以引出专业概念，再解释其原因，最后一起寻找美味且好看的苹果汁（酶促褐变的控制途径），将晦涩的概念转变为熟悉的场景，用问题激发学生对专业知识学习的兴趣。

食品化学是食品科学与工程专业的主干学科、基础学科，又是许多高校考研的必考科目之一，因而很有必要在课程学习过程中布置一些重要内容作为作业进行巩固练习。但是从之前的作业反馈来看，大部分学生的答题内容多半是对照书本不加思考地直接抄或者抄自网络搜索内容，未经过深入思考，几乎千篇一律。因此，课程组将作业改成了让学生根据关键知识点自己设置问题，问题的内容可以是自己在生活中观察到的现象，也可以是书本中不懂的内容。这个改变让学生自己先有一个思考的过程，或者是集体协商解决的过程，而老师可以根据学生的问题进行归纳总结，将其列入案例之中（图 3-31），在教授这些知识点的时候，对于学生不理解的问题一一讲解。学生在学习过程中是主动参与的，也会产生成功解决问题的成就感，而这种成就感会激发学生对食品化学乃至整个专业学习的浓厚兴趣。

图 3-31 课堂教学案例资源

食品化学的关键知识点总结起来并不多，但是许多知识点晦涩，看起来似乎并不重要，这样就会给很多学生一种错觉，但事实上生活中一种食品的品质往往有赖于课本中相关关键知识点的灵活运用，比如焙烤产品中的色香味与美拉德反应的温度关系、糖果的包装与糖的吸湿作用、美味的姜撞奶与蛋白质的等电点、焦糖瓜子与糖焦化反应之间的关系等。重要的知识点可以是固定的，但是具体案例可以根据生活中流行的东西进行更换，让学生在现实生活的应用中认识到知识点的重要性，还可以让他们举一反三。

（三）建立习题库，加强教与学的检测与反馈

做习题是学生学习过程中不可或缺的重要一环，是学生掌握知识、形成技能、发展能力的检测与反馈，是提高学生运用知识解决实际问题能力的有效工具。应用型教学必须有较高应用性的习题。在食品化学课程的教学中，根据本校学生的实际情况与培养目标，课程组编写了习题集，供学生课后使用。习题集一般都是经过课程组认真商讨，反复推敲，紧密结合多年教学实践、生产实践与考研内容精选而建立的，具有典型性、层次性、案例性和应用性。习题集

既包括基础知识的整理回顾，又包含素材广泛的案例分析以及不同学校的考研真题，强调生活性、多样性和应用性，让学生在练习的过程中获得解决问题的成就感。这样的习题集有较强的吸引力，与魅力课堂相呼应，可充分发挥激励的功能性，提高教与学的实际效果。

（四）实施混合式教学，增加课程内容的深度和广度

随着信息技术的发展，混合式教学打破了传统教学的时间和空间限制。混合式教学将在线资源与传统课堂有机融合，实现从以“教”为中心到以“学”为中心的转变，拓宽教学途径，以多种组织方式提高学生学习的主动性，引导学生积极思考，有效提升学习的深度和广度。

线上学习平台为超星学习通。课程利用线上优质课程资源，运用小组讨论、微课等教学方法，以学生为中心、教师引导为主，分小组学习，这样学生与教师之间的交流就更加方便。线上教学内容包括自建的食品化学微课资源、题库资源、作业资源、精品教材资源以及有利于拓宽学生视野的优秀文献共享资源、化学在食品领域应用的精彩故事等多个模块。其中，食品化学微课资源模块是根据不同章节内容、不同问题导向而录制的若干微视频，时长一般不超过 10 分钟。在每个模块的内容中，适当引入课程思政内容，引导学生树立正确的世界观、人生观和价值观。线上教学还设有答疑和讨论模块。线上答疑是授课教师根据学生提出的问题进行实时解答；讨论区是为教师和学生提供的一个开放式的互动区，在讨论区师生可以就食品化学课程每个模块的知识难点、生活中发现的有趣现象或问题、学习心得，甚至课程建设等发起或进行探讨。

线下教学包括课堂教授、实践训练、线下答疑等。我们根据食品化学课程内容的设计，改变传统的授课方式，以翻转课堂的形式开展教学。首先，课前教师提出问题，目的是让学生通过网络平台自学，在寻找问题答案的过程中完成预习。学生通过学习视频和课件、阅读教材、查阅文献、讨论等方式总结问题答案并在平台上提交。教师在课堂授课时，一方面要对每个部分进行概述性讲解，另一方面要根据学生回答中存在的模糊点和错误，并结合本节课的重点和难点进行分析和讲解。其次，课后教师要布置任务，其目的是进一步帮助学生巩固所学的知识。课后任务以学生互评为主、教师抽阅为辅。同时，老师针

对课后任务中存在的共性问题组织学生讨论并进行详细解答。

课前问题既要符合章节内容的特点，又要兼具趣味性。课后任务要注重知识的巩固和延伸，要集知识、应用、生活、趣味为一体，引导学生成为主导者，培养学生主动思考的能力。混合式教学激发了学生的专业志趣，提高了教与学的动力和效率，增加了课程的广度和深度。

（五）完善教学考核体系

在学校应用转型、新工科建设背景下，课程评价体系构建需要做到4个统一：基础考核与灵活考查相统一、标准化考核与开放式考核相统一、动态与静态考核相统一、个人考核与团队考核相统一。过程考核的核心就是要即时了解学生的学习情况并及时反馈，帮助学生改进和提高。学习过程考核实现了从“教内容”向“教方法”的转变，是授之以渔的重要方法之一。为此，根据食品化学课程的性质、教学目标及现有的教学资源，课程组逐步改革考核方式，多元化地调整食品化学课程考核体系，利用超星学习通平台设置多模块组合，增加学生的课堂参与度。平时成绩占比由30%调整为50%，期末卷面成绩由70%调整为50%，其中平时成绩包括课堂表现（25%）、章节测验（25%）、章节知识点视频学习（20%）、课后任务（30%）。根据学校教务处的出题要求，结合课程体系特点，期末考试的内容与形式更加灵活，主观题占比增大，理论与实践相结合的综合题增加。

课程考核方式向多样化转变，考核内容向综合能力转变，注重平时考核，将考核贯穿教与学的整个过程。全过程学业评价能够使学生在课堂上真听、真学、真领会，促使学生主动和独立思考问题，培养学生的批判性思维和问题意识，促进学生的个性化发展和创新能力的培养，使课程考核真正起到检验学生学习效果和教师教学水平的作用。

除此之外，通过课程目标达成度的评价分析持续改进课程质量。对于课程目标达成度低于0.7的学生，老师需要对其进行警示，并通过辅导、答疑等途径，对学生的学习、课程目标达成情况进行重新评估和考评，直至学生达到标准要求。另一方面，课程组会通过发放调查问卷、开展座谈交流等方式了解学生对课程目标达成情况的认可度，讨论同行专家对课程目标达成情况的评价与意见，及时总结经验并持续改进。

四、课程建设成效与持续改进方向

本课程的创新举措得到了学生的好评，更改后的教学内容结构完整，系统性、应用性强。在学校评价方面，教师和学生的评分显示他们对本课程的改革认可度高，课程负责人所获得的教学奖励是学校对本课程教学改革的肯定。在学习效果与表现方面，学生的理论知识与社会实践结合不紧密、理论脱离实际的问题都已解决，学生在学校创新创业挑战赛中获奖，这都是在导入社会实践之后所产生的效果与效益。

另外，在毕业设计（论文）环节中，毕业设计（论文）实际课题比例在70％以上，学生表现出了较强的独立工作能力和实践应用能力。教学改革实践表明，这种教学模式不仅促进了教师教学水平的不断提高，而且调动了学生主动学习的积极性，对食品专业应用型人才培养模式改革具有推动作用。在课程建设过程中遇到的很多问题，在今后的教学中会不断地完善。今后在课程建设方面，课程组会持续强调政策发展与学校办学的针对性，主动适应地方发展要求，为人才、职业岗位群的需要动态调整课程。在教学教法方面，坚持社会实践教学，适应学生的个性发展，开展“问题解决教学”“批判性思考教学”与“多元智能教学”方式。

第四节　食品微生物学应用型课程改革的探索与实践

一、课程基本情况

食品微生物学是食品科学与工程专业的专业核心课，被认定为邢台学院校级应用型课程、校级一流课程，在课程改革创新的过程中始终坚持“以学生为中心”“地方应用型人才培养”“新工科”视角，并取得了良好效果。

食品微生物学是面向食品科学与工程专业二年级学生开设的专业核心课程。通过学情调研了解到，学生在学习本课程时存在以下几大问题。

第一，学生专业基础知识存在差异。2015 年出台的新高考改革方案确定了“7 选 3”模式，经过新高考录取的我校食品科学与工程专业部分学生未选考生物、化学等课程，他们的专业基础存在差异，所以传统的整齐划一的教学方式无法满足学生的差异性与个性化需求。

第二，课程知识体系结构复杂、抽象。该课程开设于大二的第二学期，那时很多专业课还没有开设，学生对微生物缺乏基本认识，再加上微生物本身看不见、摸不到，教师需要花大量时间铺垫相关知识，授课难度增加。调研中学生普遍反映课程知识点琐碎晦涩，难以记忆。

第三，重知识轻能力，高阶思维难建立。在之前的课程教学中，教师更多关注的是知识本身，对于知识背后所反映的实际情况在教学中较少提及。学生反映“学的知识不会用”“在解决实际问题时无从下手”“与工程问题分析难结合”，学生理解知识、建构知识和解决问题的能力发展严重不足，教学方式难以有效地促进学生高阶思维的发展。

第四，知识满堂灌，学生学习内驱力不足。课程教学是针对全班同学，一般为了完成教学目标，基本上是满堂灌，与学生的互动较少。学生对知识缺乏探究欲望，内驱力不足，调动不起学习兴趣。

二、应用型课程改革的创新与实践

（一）创新思路

本课程改革以《关于引导部分地方普通本科高校向应用型转变的指导意见》《关于加快建设发展新工科实施卓越工程师教育培养计划 2.0 的意见》等文件精神为指导，以学生为中心，基于“四真三化”（“四真”即真实环境、真学、真做、掌握真本领；“三化”即工作任务课程化、教学任务工作化、工作过程系统化），从教学“痛点”问题出发，以高阶应用能力培养为目标，以三级矩阵（课程体系矩阵、门课矩阵、项目矩阵）为抓手，实施课程重建。

课程改革综合考虑国家教育标准、职业标准、社会需求和我校办学特色，明确我校食品科学与工程专业是培养符合国家食品产业、京津冀地区社会经济建设发展需求，在食品的生产、加工、流通及有关领域从事食品科学研究、技术开发、工程设计等方面工作的高素质应用型人才的目标。食品微生物学是食品科学与工程专业人才培养的落地课程，依据工程教育专业认证 12 条毕业要求进行反向的课程设计，明确了课程对专业毕业要求的支撑点，形成课程体系一级矩阵（表 3-3）。

表 3-3 食品科学与工程专业课程体系矩阵（一级矩阵）

课程	毕业要求 1			毕业要求 2			毕业要求 3			毕业要求 6	
	1-1	1-2	1-3	2-1	2-2	2-3	3-1	3-2	3-3	6-1	6-2
食品微生物学	*			*						*	

毕业要求 1-1：掌握食品科学与工程的基础知识和食品微生物学的理论知识。（强支撑）

毕业要求 2-1：能运用数学、自然科学和食品工程相关科学原理、技术理论与方法设计食品工程问题的解决方案、识别关键环节和参数并判断对错。（弱支撑）

毕业要求 6-1：熟悉国家对食品生产设计、质量安全、研究开发、知识产权等方面的技术标准体系、方针政策和法律法规，理解以上因素对食品工程活动的影响。（强支撑）

从学生的现实需求出发，将以上 3 点毕业要求细化到培养过程的各个层面，形成本门课的 3 个教学目标，见图 3-32。

课程实施项目式教学，将教学内容划分为 7 大项目，分别支撑了这门课的 3 个教学目标，形成这门课的二级矩阵（表 3-4）。

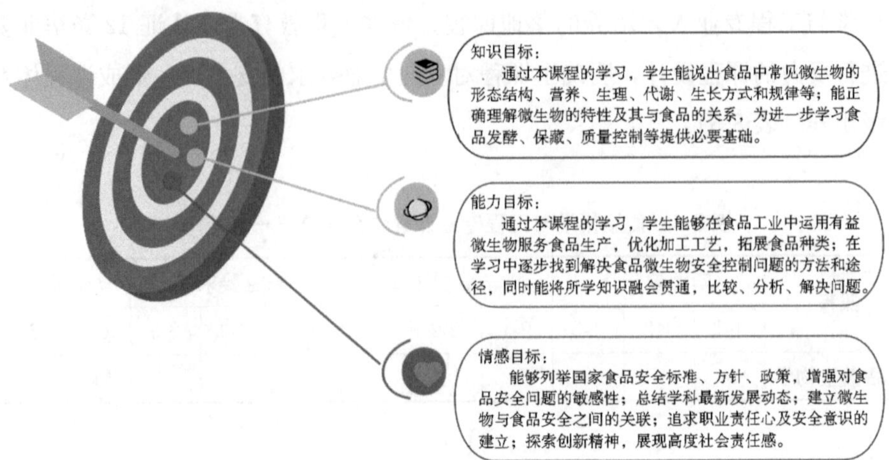

图 3-32　食品微生物学课程目标

表 3-4　食品微生物学门课矩阵（二级矩阵）

毕业要求	毕业要求 1-1：掌握食品科学与工程的基础知识和食品微生物学的理论知识	毕业要求 2-1：运用数学、自然科学和食品工程相关科学原理、技术理论与方法设计食品工程问题的解决方案、识别关键环节和参数并判断对错	毕业要求 6-1：熟悉国家对食品生产设计、质量安全、研究开发、知识产权等方面的技术标准体系、方针政策和法律法规，理解以上因素对食品工程活动的影响
教学目标	教学目标 1：能说出食品中常见微生物的形态结构、营养、生理、代谢、生长方式和规律等；能正确理解微生物的特性及其与食品的关系，为进一步学习食品发酵、保藏、质量控制等提供必要基础	教学目标 2：能够在食品工业中运用有益微生物服务食品生产，优化加工工艺，拓展食品种类；在学习中逐步找到解决食品微生物安全控制问题的方法和途径，同时能将所学知识融会贯通，比较、分析、解决问题	教学目标 3：能够列举国家食品安全标准、方针、政策，增强对食品安全问题的敏感性；总结学科最新发展动态；建立微生物与食品安全之间的关联；追求职业责任心及安全意识的建立，探索创新精神，展现高度社会责任感

续表

项目1：微生物的主要类群	＊课点1：微生物的概念、特性及其在生物分类中的地位 ＊课点3：微生物的主要类群 课点4：细菌的形态与结构 ＊课点5：细菌大繁殖和群体形态 ＊课点8：其他原核微生物的形态、结构及生理功能	＊课点6：食品中常见的细菌 ＊课点11：食品中常见的酵母菌 ＊课点14：食品中常见的霉菌	＊课点2：微生物学的发展史及食品微生物学研究的内容与任务 ＊课点7：放线菌的形态、结构及与人类的关系
项目2：微生物的营养与生长	＊课点16：微生物的营养与吸收	＊课点17：培养基 ＊课点18：微生物群体的生长规律	＊课点19：环境对微生物生长的影响
……	……	……	……
项目7：微生物与食品安全	＊课点38：污染食品的微生物来源及其途径	＊课点39：食品的细菌污染 ＊课点40：食品的酵母菌污染 ＊课点41：食品的霉菌污染 ＊课点42：微生物与食品腐败变质 ＊课点45：食物中毒	＊课点43：食品腐败变质的鉴定 ＊课点44：食品的防腐保藏 ＊课点46：细菌与食品安全 ＊课点47：真菌毒素与食品安全 ＊课点48：病毒与食品安全

课点是组成课程的最小单位，课改的本质就是对课点的重组。课程以项目为单位细分为48个课点、83个知识点、60个技能点、31个态度点，形成课程项目三级矩阵。课点分别对应不同的任务目标、学法、教法及学习产出测量。

课改的整个过程是课程体系到课程项目再到课点向下逐步分解、计划、组织、实施，课程评价反过来可以由课点回到项目、项目回到课程、课程回到课程体系，进而持续改进，知识点、技能点、态度点重组后形成课点，达成课程育人成效，保障育人质量，推进课程应用转型。整个过程强调以学生发展为中心、以学习活动为中心、以学生学习效果为中心。

1. 教学内容创新

食品微生物学为 48 课时，在满足国家教学质量标准的要求下，本次改革以“双基”（基本知识、基本技能）为主干对课程内容进行了重构和创新，以应用技术能力为内在逻辑主线，将教学内容由简到难一共分为 7 大项目（图 3-33）。将基础知识、基本技能作为学生探究的对象和使用的工具，通过真实的探究、创造、协作与问题解决，让学生产生自己的想象与理解，从而发展学生的核心素养，建立其高阶思维。课程思政贯穿其中，做到“夯基础、重能力、活项目”的课程内容组织模式。

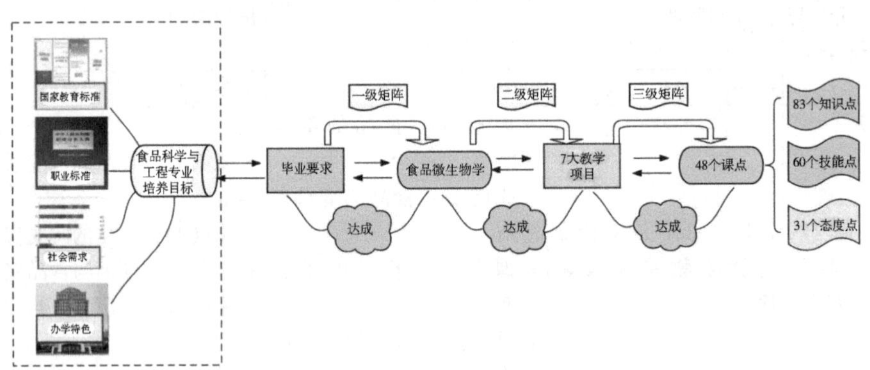

图 3-33　食品微生物学课程体系

在授课内容上围绕“思、产、科、创四融合”拓展课程的深度和广度（图 3-34）。注重课程思政，思政元素作为态度点贯穿于知识点和技能点中；坚持问题导向，把抽象的微生物问题形象化，和社会生产实际、职业岗位、新兴行业热点融合；紧跟新工科发展前沿，和学科科研成果融合，对前沿热点科学问题进行跟踪、分析和交流；和创新创业教育融合，强化学生的创新能力，提高教学的高阶性、创新性和挑战度。

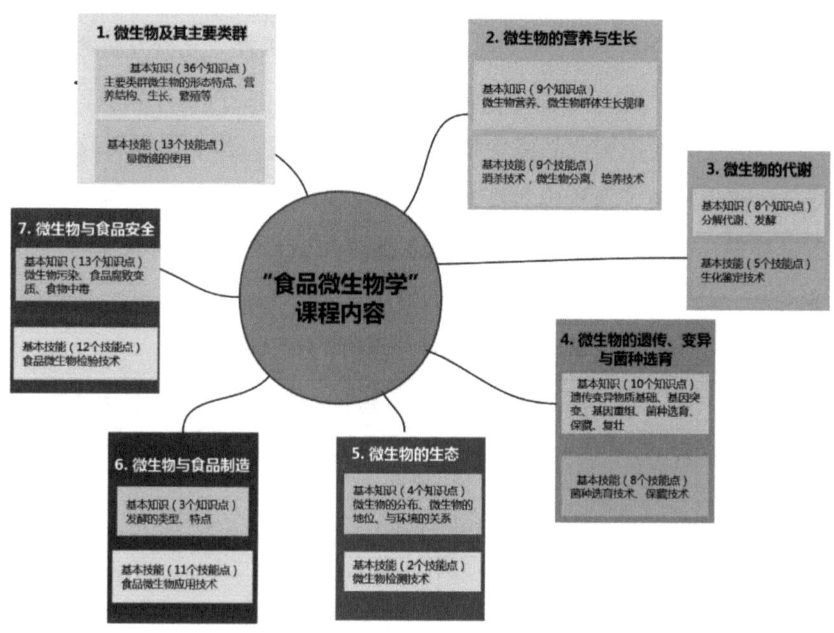

图 3-34 食品微生物学课程内容

2. 课程资源创新

（1）建立教学资源案例库

微生物看不见、摸不到，因此食品微生物学理论知识有的较为抽象，案例化教学可以促进知识技能的迁移，提高学生分析和解决问题的能力。课程组从学科发展史和社会、企业、国家标准等方向采集有关案例，有计划、分类别地建立教学案例库。案例来源主要分为 4 类：一是来源于微生物学发展史与前沿研究的案例；二是来源于日常生活的案例，如微生物与健康疾病、微生物与食品健康等；三是来源于社会与新闻热点的案例，例如微生物能源开发、新冠疫情暴发等；四是来源于食品企业与工作案例，如与邢台市食品药品检验所合作，从中选取的有关食品安全检验、食品安全控制、食品运输与销售、食品货架期测定、食品国家标准、品质管理等案例。

(2) 建立课程思政案例库

本课程在关注学科知识和技能、教学过程和方法外，充分发挥教学团队的集体智慧，形成育人合力，集中研讨，从学科基础、学科精神和学科情怀 3 个方面、9 个维度深度挖掘食品微生物学思政育人元素，建立课程思政案例库。

表 3-5 初步归纳了课程内容涉及的思政元素。依托校级一流课程、应用型课程项目建设，课程组尽量使课程思政不流于形式而是深入到课程内容中。

表 3-5　课程思政体系构建对应表

课程内容	对应知识点	思政教育内容	教育目标
微生物的发展史	认识微生物	显微镜之父——列文·虎克	理想信念、科学精神
	微生物的贡献	人类是如何战胜天花的?	文化自信
	微生物的危害	全球抗击新冠疫情	爱国主义、文化自信
微生物的主要类群	原核微生物	衣原体之父——汤飞凡	科学精神、家国情怀
	真核微生物	青霉素之父——亚历山大·弗莱明	理想信念、科学精神
	无细胞型微生物	新冠病毒	理想信念、科学精神
	传染与免疫	鼠疫斗士——伍连德	科学精神、家国情怀
微生物的营养与生长	微生物的营养	贾思勰与《齐民要术》	文化自信
	微生物的生长	微生物学奠基人——巴斯德	正确的人生观
微生物的代谢	微生物的代谢	一个基因一个酶假说	科学精神、批判思维
微生物的遗传与变异	生物遗传	基因编辑婴儿	科学伦理
	基因技术	占领转基因技术的制高点	家国情怀
	基因组	从基因组大小看谁是自然界的主宰	人文素养
微生物的生态	微生物与生态环境	绿水青山就是金山银山	人文素养

续表

课程内容	对应知识点	思政教育内容	教育目标
微生物与食品制造	微生物发酵	探索中华食醋文化	文化自信
食品的微生物污染、腐败变质与防控	微生物检测	校园食品安全	正确的生命观
	食品腐败	疫情防控下，冷链食品何去何从？	生命价值观
微生物与食品安全	食品安全	食品安全卫士——孟昭赫	科学精神、家国情怀

（3）创新实践项目库

食品微生物学是一门实践性较强的学科，在教学中增加实践教学项目可以引导学生主动去质疑、思考、讨论，提高学生的创新能力、实践能力和团队意识。课程借助我院成立的 2 个产业学院及 2 个省级、5 个市级科研平台实施科研创新项目联动、课内外导师创新联动。

我们和企业合作共同研讨，为学生精心挑选和设计了一些与理论知识相辅相成、实践应用背景较强、真实的创新实践项目。学生以 3—4 人为一小组开展合作探究式学习，让学生亲身体验，学以致用。小组任务的评价采取以生生互评为主、教师点评为辅的方式，突出学生的主体地位，促使学生开展有思考、有拓展、有合作的深度学习。选拔优秀学生组队参加全国大学生生命科学竞赛、创新创业大赛等，增强学生的成就感和荣誉感。

（4）开展在线课程资源和信息化建设

我们坚持“以学生为中心”，充分利用信息化技术，依托学习通平台，构建师生学习共同体，促进现代信息技术与教育教学的深度融合，并将学生的学习由“第一课堂”有效延伸到“第二课堂”，打造线上线下、课内课外一体化的混合式教学模式。线上教学充分利用中国大学 MOOC 课程资源，主要包括教学视频、教学课件等。

（二）课程实施过程

1. 真学、真做，构建“教、学、做”共同体

食品微生物学课程实施过程如图 3-35 所示。

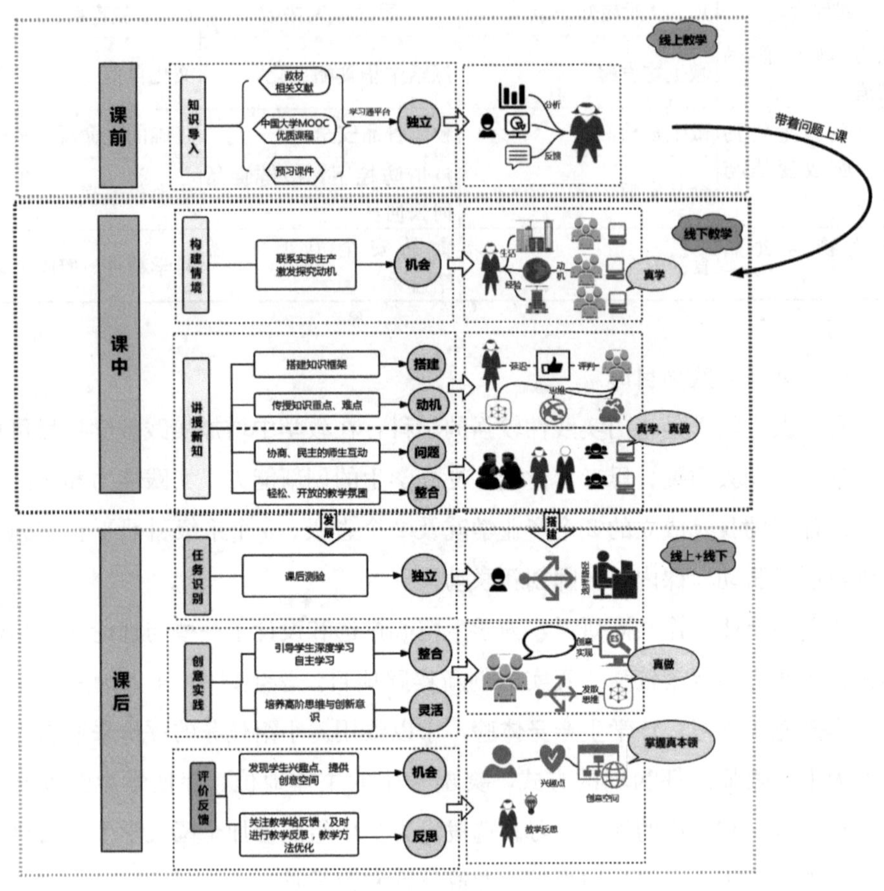

图 3-35　食品微生物学课程实施过程

课前，教师利用中国大学 MOOC 课程资源提前布置线上任务。学生带着任务和问题进行自主学习，教师通过分析课前学习数据实现精准教学。

课中，以教学项目、课点为载体开展师生双向交互研讨式教学。教师进行启发式讲授时，着重搭建教学理论知识框架，讲解理论知识的重点和难点。分组研讨时，教师采用案例式教学、知识拓展与研讨教学等方法传递新知识。将案例与食品微生物知识紧密结合，通过学生的主动探索启发其正确的价值思考和价值塑造（图 3-36）。

图 3-36　学生上课情况

课后，以拓展性的研讨题目为依托，让学生自由组队、分组探究，允许教师和学生、学生和学生进行双向互评，实现从“教师传统灌输式讲授”到“引导学生主动探究式学习”的转变，促进学生深度学习。通过真实案例、项目激发学生的创新意识，帮助他们建立高阶思维。利用学习通平台提供的教学数据分析学生的学习能力、教学目标达成度，关注教学反馈信息，进行教学反思及教学方法和教学模式的优化。

例如，在项目 6 微生物与食品制造中，让每个学习小组设计一种未来社会中能造福人类的微生物产品，围绕该产品的社会意义、经济价值、研究进展、生产工艺、发展前景等在课堂上开展学术报告竞赛，以此提高学生解决复杂问题的综合能力，培养其社会责任感。复习理论知识、查阅国内外最新研究进展、开展小组讨论、制作幻灯片、答辩等环节极大地锻炼了学生自主学习、文献检索、语言表达等能力。设计未来社会的微生物产品及质疑、汇报等环节，培养了学生深度分析、大胆质疑的高阶思维与表达能力，提高了课程的高阶性。

2. 掌握真本领，强化过程性考核

对课程实施后的学习效果进行评价，即了解学生是否掌握了真本领，以检验课点的完成情况，以学生的学习效果（学习产出）来评价教学效果。

第一，知识点、技能点线上、线下多元化评价。对于思想政治教育，考核并不是目的，让学生接受一定的价值观和方法论才是教学目标。在创新实践项目活动中，将态度点考核融入学生的整个学习过程。

第二，课程成绩评定由线上学习成绩（20%）、线下课堂表现成绩（30%）和线下期末考试成绩（50%）3 部分组成（图 3-37）。线上学习包括课点任务、测验、主题讨论；线下课堂表现包括课堂参与度、作业完成情况、实践项目情况、阶段性考核。期末考试以主观题为主，适当提高难度，引入行业产业热点与应用方面的试题，培养学生深入思考及分析和解决食品微生物学实际问题的能力与素质。

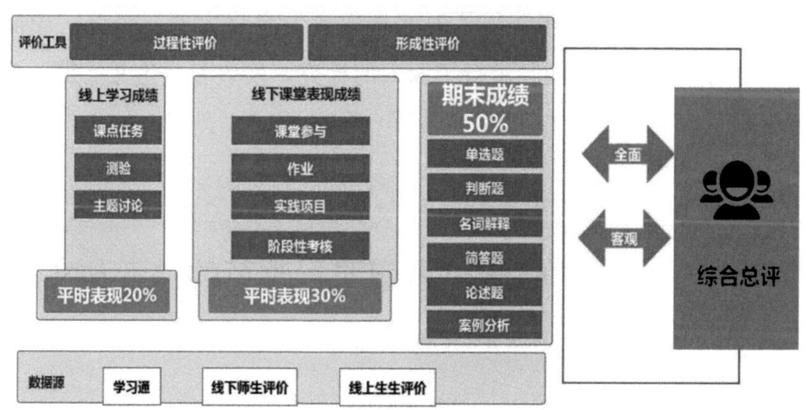

图 3-37　食品微生物学教学考评体系

三、课程建设成效

（一）学生的学习兴趣高、成绩优异、高阶能力有提升

“四真三化”三级矩阵课程开发、学习通混合式教学改革加强了师生互动，

改善了学生的学习习惯，学生从原来的不愿学、害怕学，变为喜欢学、愿意学。本课程教学得到了学生的高度认可和较高评价，在最近两学期的评教中都在 95 分以上。学生反映“食品微生物学课堂氛围十分轻松，上课方式很新奇、很有新鲜感”“很喜欢老师风趣多样的教学方式，加深了对知识的理解与掌握”。

采用过程化考核，实现了学生的有效管理，提升了学生的高阶学习能力，教学中引导学生进行探究，初步培养了学生解决工程问题的综合能力，学生成绩明显提升。近 3 年，学生参加各类创新创业项目逐渐增多，获得过河北省大学生创新创业大赛二等奖 2 项，全国大学生生命科学竞赛河北赛区三等奖 5 项，校级创新创业大赛三等奖 8 项、二等奖 4 项，完成河北省大学生创新创业训练项目 4 项。

（二）教师教学能力有所提升，课程建设成果丰硕

教师教学能力显著提升，教师教学竞赛成绩优异，师德师风建设成效显著，课程建设和教学团队建设成果丰硕。主讲教师多次获得教学质量优秀，2019、2020、2021 连续 3 年获得了河北省教育信息化大赛三等奖。团队教师围绕教学中的热点、难点问题进行了深入的探究，发表教改论文 7 篇，出版学术专著 3 部。

第五节　食品贮藏学应用型课程改革的探索与实践

一、食品贮藏学应用型课程建设的背景

应用型课程建设是当前教育教学改革的重要方向，旨在通过实际操作、案例分析、模拟演练等手段，培养学生的实践能力和创新思维，提升其就业竞争力和社会适应能力。应用型课程建设需要充分考虑学生的需求和行业的发展趋势，紧密结合教学实践和产业需求，注重知识与技能的融合及理论与实践的结合。同时，应用型课程建设还需要重视教学团队的建设和师资队伍专业素质的

提升，建立完善的教学体系和评价机制，以确保应用型课程建设的质量和效果。食品贮藏学作为食品科学领域的一门重要课程，主要研究食品的贮藏保鲜原理、方法和技术。食品贮藏学课程需要根据目前高校对课程建设的要求进行应用型建设改革与探索，其建设的主要背景如下。

（一）食品工业的快速发展

随着人们生活水平的提高，食品工业得到了快速发展，食品种类越来越多，生产规模也越来越大。与此同时，人们对食品品质和安全的要求也越来越高，这就需要贮藏保鲜技术来保证食品的品质和安全。

（二）贮藏技术的不断更新

随着科技的发展，贮藏技术也在不断更新换代，传统的贮藏方法已经无法满足现代人的需求，需要不断引入新的技术和方法，如新型保鲜剂、环保包装、生物贮藏保鲜技术等。

（三）食品安全问题突出

食品贮藏保鲜是保证食品安全的重要环节之一，而食品安全问题一直是社会关注的热点。因此，加强食品贮藏学课程建设可以提高学生对食品安全的认识和重视，提高食品行业的安全水平。

综上所述，食品贮藏学应用型课程建设旨在培养学生掌握食品贮藏保鲜的基本原理和方法，了解现代贮藏技术的最新发展，提高学生的实践操作能力和解决实际问题的能力，为食品行业的快速发展和食品安全保障提供人才支持。

二、食品贮藏学课程基本情况

（一）课程性质

食品贮藏学是食品科学与工程本科专业基础课。贮藏是联系食品原料与食品生产的桥梁，本课程内容具有较强的实用性。食品专业的学生将来会从事食品生产、质检、科研等工作，所以这门课程对他们来说至关重要。该课程以深入浅出、理论结合实际的方式重点介绍食品贮藏基础知识、常见的食品贮藏技术、鲜活及生鲜食品贮藏保鲜技术、加工食品贮藏技术以及现代食品贮藏新技术。课程开设于第五学期，共 24 课时、1.5 学分。

（二）课程内容

食品贮藏学课程内容包括食品贮藏保鲜基本理论、技术方法、不同食品的贮藏技术、食品流通中的保鲜技术和食品贮藏保鲜新技术，力求体现食品科学发展的特点。食品是日常生活中必备的生活物资，学生对其比较熟悉，对这门课程有一种天然的亲切感。但是天然食品和加工食品的种类繁多、特性各异，如何选择合适的贮藏方式来保证食品安全及产生最大的经济效益并不是那么简单的事，需要学生潜心学习。在教学中引入实际案例，提倡探索与讨论，强调以学生为中心，使其主体性得到充分尊重，学生始终主动思考、主动认知，真正成为学习的主体。培养学生自主学习的能力、解决实际问题的能力和从事有关科学研究工作的能力，为将来的实践教学与后续学习奠定基础，并为综合性生产实习的实施打下良好的基础。学生学会从专业角度对案例进行分析，增强社会责任感、创新精神和实践能力，并产生专业自豪感。

（三）课程教学目标

学生知晓食品贮藏学在食品科学与工程专业中所处的地位；能理解食品贮藏保鲜的原理；能认识和掌握常见的食品贮藏技术、鲜活及生鲜食品贮藏保鲜技术、加工食品贮藏技术；了解现代食品贮藏的趋势及新技术，具备专业理论知识与应用技术，能用所学的基本理论和知识解释一些生活及生产中食品品质变化及败坏的现象；具有较强的反思能力，养成认真、求实的学风；能够胜任食品及相关领域的科学研究、技术开发、生产管理、品质控制等方面的工作；具有创新意识，能综合运用食品科学理论和技术手段，具备解决食品贮藏问题的能力。

（四）教学资源

本课程的教学内容以教材、学习通课程资源、网络资源 3 种形式呈现。三者结合可以满足学生在课前预习、课堂学习、课后复习等不同阶段的学习需要。

1. 教材

课程选用的教材是郑永华主编的《食品贮藏保鲜》。教学参考资料为韩艳丽主编的《食品贮藏保鲜技术》。教材具有科学性、实践性、创新性：叙述确切、重点突出、通俗易懂；引入实例，侧重提高学生解决实际问题的能力；与当今研究热点相结合，具有一定的前瞻性。教材编写得比较全面、科学、先进。

2. 学习通课程资源

在学校的教学要求下，在教室上课的同时开启学习通线上直播。充分地把学习通教学软件利用起来，建立师生交流、生生交流的平台。例如，上课前把教学课件、相关的教学资料上传到学习通，每一名同学可以根据自己的时间进行查阅预习，快速和及时地获取学习资料，能够实现个性化学习；在课下小组合作完成作业后，及时把内容上传到学习通，方便其他同学查阅借鉴及交流，提高了学习效率。现代教育软件的使用实现了优质教学资源共享、交流讨论随时随地进行，突破了时间、空间的限制，易于激发学习者的兴趣，并为探索式、发现式学习创造条件。学生最终主动建构知识，实现获取知识、创新知识的理想目标。

3. 网络资源

为了能够充分利用海量网络资源辅助教学，让学生利用碎片化的时间深入学习专业知识，教师团队精心挑选了一些网络资源供同学们课余时间学习，公众号有食品工业科技等，网站有中国食品科技网等，视频网站有腾讯视频、学习强国等。网络资源配合其他形式的教学资源可以深化学生的专业知识，拓宽学生的专业视野，进一步促进学生专业素养和专业技能的提高。

三、食品贮藏学教学研究团队

食品贮藏学应用型课程改革教学队伍有博士 2 名（在课程建设期间有 1 名教师取得了博士学位）；有具备副高级职称的人员 1 名、中级职称的人员 1 名；有“70 后”2 名、“80 后”1 名、“90 后”1 名；有学院专任教师 2 名（均为“双师型”教师）、行业兼职教师 2 名。课程教学队伍专兼职结合，知识结构和年龄梯队结构合理，有利于课程建设和课程与应用的结合，也有利于对学生应用能力的培养。

食品科学与工程学院的专职教师石晓云参加了进修培训“第七届高校教师教学方法与能力提升暨打造混合式教学‘金课’工作坊”。郝长敏的教改课题

"以应用型人才培养为目标的教师教学改革研究与实践"获得了邢台学院教学成果三等奖。郝长敏教师长期任教食品科学与工程专业的理论与实践课程，多次与合作企业开展课程改革方面的交流，逐渐形成了食品科学与工程专业课程与应用的有机结合的教学模式。两位兼职教师李会巧、高增军具有丰富的食品行业经验。专兼职教师共同商讨新的课程教学标准，设计新的教学方案，开发多样化的教学资源。

对教学而言，要"两手抓"，一手抓理论知识传授，一手抓学生实践能力培养。于教师团队而言，要从自我做起，教师不仅要具有扎实的理论功底，还要具备丰富的实战经验，同时面对新形势、新环境，要持之以恒地不断钻研，努力实践，时刻准备着用"一眼泉的水"来供给学生"一碗水"，提高课堂实效。教师的继续培养非常重要，通过专业教学、师德师风建设、思政教学、实践锻炼等方式提高教师的专业水平和教学能力。邀请行业企业人员参与合作开发课程，推进学校与行业的紧密联系和合作。

四、食品贮藏学应用型课程改革的创新与实践

（一）课程内容知识体系重构

食品贮藏学课程要以项目为载体、应用为导向，贴近行业产业及应用进行知识体系重构。

1. 整体架构

第一，以食品贮藏为主线，介绍食品贮藏的基本原理、方法和技术，以及相关法律法规和标准。

第二，以不同类别的食品为项目，介绍不同类型食品的贮藏特点、技术要求和贮藏过程中食品的变化规律，让学生通过实际项目来掌握食品贮藏的基本知识和技能。

第三，设计贴近行业产业及应用的知识体系，将理论知识与实际应用相结合，让学生掌握食品贮藏的实际操作技能并了解行业前沿动态。

具体来说，课程内容主要包括以下几个方面。

第一，食品贮藏的基本原理，包括食品变质的原因、食品保鲜的方法等。

第二，食品贮藏保鲜的基本技术，包括低温、气调、化学保鲜技术。

第三，不同类型食品（如鲜活、生鲜、加工食品等）的贮藏特点和技术要求，食品贮藏过程中的变化规律、防变质的对策，还有相关的法律法规。

第四，食品流通中的保鲜，包括运输、销售等环节。

第五，食品贮藏的新方法和新技术，包括新型保鲜剂和基因工程贮藏保鲜技术。

2. 逻辑关系

课程内容的逻辑关系是按照食品贮藏的基本原理、不同类型食品的贮藏特点和技术、贮藏过程中食品的变化规律、食品贮藏的新技术和方法的顺序进行讲解，并融入相关的法律法规和标准。

总之，食品贮藏学课程设计要以项目为载体、应用为导向，贴近行业产业及应用，重构知识体系，让学生通过实际项目来掌握食品贮藏的基本知识和技能，同时注重理论知识和实际应用的结合，让学生掌握食品贮藏的实际操作技能并了解行业前沿动态。

（二）教学模式的设计与创新

1. 课程内容逐层递进

每一章的学习都是以提出问题为起点来进行知识点的讲授和实践，鼓励学生进行更多的思考，以此来提高学生学习的积极性和成就感。在专业理论教学方面以“够用、适用、实用”为目标，紧贴市场要求和技术标准。

2. 加强与社会需求的整合能力

因“需”施教，课程的讲解和考核采用合适的案例，注重学生独立思考、团队合作能力的培养。

3. 突破传统的授课思路

采用案例分析和小组讨论教学法，强调以学生为中心，对教学方法进行大胆尝试，由以教师授课为主转向以学生探索和讨论为主，切实做到引导和督促学生学习。

（三）食品贮藏学理论教学部分的主要成效及创新点

1. 注重补充前沿技术和成果

随着食品贮藏保鲜行业的快速发展，新的贮藏保鲜技术和方法不断被开发出来。教师在授课过程中需要广泛阅读，收集前沿技术和方法，并将相关内容补充到课堂中，以便使学生所掌握的知识满足当前社会与市场发展的需求，例如介绍纳米复合材料保鲜及壳聚糖等新型保鲜剂的开发和应用，以及基因工程贮藏保鲜技术和环保型生理保鲜剂的方法和原理。

2. 注重教学模式和方法的多样化

食品种类多，不同类别的食品在贮藏中变化差异大，所以该门课程具有知识体系繁杂的特点。因此，在教学过程中需要采用多种教学模式和方法，如课程调研（附件 1）、课程见习、案例分析、食品流通模拟、思维导图等。组织学生就食品贮藏的相关话题进行自由讨论，鼓励学生发表自己的看法和意见，通过讨论和交流，增进学生对食品贮藏知识的理解和掌握，提高教学效果。

（四）食品贮藏学实践教学部分的主要成效及创新点

1. 与行业企业共建实践教学基地

学校与相关企业合作建立实践教学基地，为学生提供实践场所和实习机会（附件 2）。通过合作，学生能够接触到实际的食品贮藏场景，掌握实际操作技能和应用知识。

2. 食品贮藏学实践案例教学

选取一些实际的食品贮藏案例（附件 3、附件 4），让学生进行分析和讨论（附件 5），理解食品贮藏的方法、技巧和注意事项，并提升学生的分析能力和解决问题的能力。小组合作的学习形式不但能够发挥每位同学的特长，也提高了学生的沟通能力，培养了他们的团队协作意识。

总的来说，食品贮藏学应用型课程注重与行业发展和实际应用的紧密联系，通过补充前沿技术和成果，以及采用多样化的教学模式和方法，提高学生的实践能力和综合素质，为他们未来的职业发展做好准备。

（五）融入思想政治教育

思想政治教育是培养大学生人文素质的重要途径，而课堂是开展思想政治教育的重要阵地。让思想政治教育进课堂，可以起到事半功倍的教育效果。思想政治教育是柔性的，对大学生进行思想政治教育应更多地关注他们的接受水平和承受能力，尽量避免强制灌输；否则，对于一些主体性很强的大学生来说，很容易引起他们的逆反心理。在进行思想政治教育时要讲究语言艺术，做到言之有情、言之有物，讲话具体明确，应根据施教对象的具体情况具体对待，避免搞“一刀切”，讲大话空话，这样才能有实际效果。

在食品贮藏学教学中，根据教学内容找到合适的切入点，把思想政治教育落到实处。根据本课程的特点，“粮食贮藏技术”可以很好地与“食为政首，粮安天下”这一主题契合，倡导“厉行节约，反对浪费”的社会风尚；通过学习河北柏乡国家粮食储备库的严格管理要求，体会该集体“宁流千滴汗，不坏一粒粮”的爱岗敬业精神；通过食品贮藏运输过程中发生的安全事件，培养学生的职业责任感及法律意识，帮助同学们形成正确的世界观、人生观、价值观，树立积极向上的人生目标。

五、食品贮藏学课程建设成效

围绕应用型本科学校人才培养目标，改进和创新专业教育理念，转变重理论、轻实践的教育观念，培养具有实践精神、专业思维、适应现代化要求的储备人才。

（一）食品贮藏学课程建设、课程改革和课程教学上的突破及独创性成果

第一，注重实践性和应用性。课程强调实践操作和应用知识的学习，学生需要通过调研、实践来掌握食品贮藏的基本知识和技能。同时，与行业企业合作，建立实践教学基地，为学生提供实践场所和实习机会。

第二，引入新的技术和理念。课程关注新型贮藏保鲜剂和可持续发展的理念，让学生了解最新的食品贮藏技术和环保保鲜知识。

第三，探索新的教学方法和手段。课程采用多种教学方法和手段，如案例分析、小组讨论、模拟实践等，提高教学的互动性和实践性。教学、考试评价等内容向解决实际问题方向倾斜。

（二）与行业企业共建课程及开展课程实践教学的有益做法

第一，与相关企业合作建立实践教学基地，为学生提供实践场所和实习机会。

第二，行业企业人员参与课程设计和教学，提供实践经验和行业最新动态。

第三，与企业合作开发教学资源，根据行业需求和市场变化及时更新课程内容。

（三）对同类课程建设的借鉴作用

第一，注重食品贮藏知识的实践性和应用性，加强与行业企业的合作，建立实践教学基地。

第二，关注国家对行业的支持，关注环保和可持续发展贮藏技术的应用。

第三，探索新的适合当代社会和大学生的教学方法和手段，提高教学的互动性和实践性。

总之，食品贮藏学课程建设、课程改革和课程教学上的突破及独创性成果，与行业企业共建课程及开展课程实践教学的有益做法，对同类课程建设具有积极的借鉴作用。

六、存在的问题与持续改进措施

食品贮藏学存在的问题和不足主要有以下几个方面。

第一，本课程以理论教学为主，实践教学部分相对薄弱，与实践应用的结合需要加强。

第二，教学方法和手段比较多样，虽进行了改进，但缺乏独创性。

第三，教学实践资源有限，学生参与实践的机会不多。

第四，教师队伍的实践能力和素质还有待提高。

为了解决这些问题，可以采取以下措施持续改进。

第一，加强与行业企业的合作，将实践教学基地用实用活，为学生提供更多的实践机会和实习岗位。

第二，探索新的教学方法和手段，以提高教学的互动性和实践性。

第三，拓展教学资源，增加学生参与实践的机会，如寻求仿真模拟实践资源，引进更多的实践设备等。

第四，加强教师队伍的培训和素质提升，提高教师的专业能力和教学水平。

总之，食品贮藏学教学存在一些问题和不足，但是通过持续改进措施，可以不断提高教学质量和效果，为学生提供更好的学习和实践环境。

七、教学效果与评价

（一）学生学习效果有所提升

课程改革后，学生学习的积极性和课堂活跃度有所提高。学生能够更好地掌握食品贮藏的基本知识和技能，愿意参与实际问题的分析和解决，对行业企业的实际需求有更深入的了解。总之，通过对食品贮藏学课程进行应用型课程改革和实践，增强了学生的实践操作能力和创新思维，提高了人才培养的质量，为学生的职业发展和创新创业提供了更好的支持和服务。

（二）产生效果的原因

课程改革后，食品贮藏学课程注重实践性和应用性，加强了与行业企业的合作，引入了新的技术和理念，探索了新的教学方法和手段，关注环保和可持续发展。这些措施使得课程更加贴近实际应用和职业发展需求，激发了学生的学习兴趣和动力，提高了学生的学习效果。

附件1　食品贮藏学课程暑期调研活动安排

××级食科全体同学：

大家好！还有两个星期就要开学了，石老师喊你们收心了！本学期开学咱们就要上食品贮藏学课程了，果蔬加工工艺学明年上半年开始学习。这两门课程都由我来教。

食品科学是应用性比较强的学科。应用型转型发展是邢台学院适应地方经济社会发展的现实需要。社会在不断地发展，教学也需要与时俱进，从而缩小学生培养和行业企业需求的差距。同学们作为重要的培养对象不能置身事外。这关乎你们自身专业素质、就业竞争力及服务地方社会能力的提升。

因此，布置一项暑期调研活动，具体要求如下。

方案一：联系并走访当地食品企业，了解企业现状，了解其对食品专业人才的需求情况，了解该企业对食品贮藏及加工专业知识和技能的需求。征得企业允许并拍照记录调研情况，写出调研报告。（遵守防疫要求，注意交通和参观安全）

方案二：查阅当地知名食品企业相关资料，了解企业现状，了解其对食品专业人才的需求情况，了解该企业对食品专业知识和技能的需求。写出调研报告。

方案三：查阅食品贮藏前沿动态，写一篇文献综述，注明参考文献。

根据实际情况，同学们可以选择上述任一方案。在条件允许的情况下，建议选择方案一。调研中可以多寻找与食品贮藏相关的内容。调研报告800—1500字，电子版即可。开学后，以班为单位收齐，放到一个文件夹里交给我。优秀的调研报告将在课程教学中与大家一起分享讨论。

教师：石晓云

年　月　日

附件 2　课程实践

图 3-38　课程见习

图 3-39　小麦仓储

图 3-40　参观粮食智能环境控制

图 3-41　加工与贮藏

附件 3　小麦贮藏案例教学（模板）

1. 介绍案例背景

介绍小麦贮藏的技术应用背景，包括小麦的贮藏特性、贮藏目的和意义等。

2. 分析案例问题

分析小麦贮藏过程中可能存在的问题，如虫害、霉变、发热等，以及这些问题对小麦品质和安全性的影响。

3. 讨论解决方案

针对问题讨论解决方案，包括热密闭贮藏法、低温贮藏法、自然缺氧贮藏法等方法，以及这些方法的原理、优点和注意事项等。

4. 课程见习或实践操作

在进行实际操作时，可以组织学生分组进行模拟演练，让学生亲身体验解决方案的实施过程，加深他们对解决方案的理解和掌握。

5. 总结评价

对演练过程进行总结评价，让学生互相交流学习，不断完善自己的解决方案，提高自己解决问题的能力。

小麦贮藏技术案例教学可以帮助学生深入理解小麦贮藏的技术应用，提高他们解决问题的能力，同时也可以为农业生产提供有价值的参考和借鉴。

附件 4　蔬菜腌制品贮藏案例教学（实例）

1. 案例背景

某蔬菜腌制品生产企业在贮藏过程中出现了产品质量下降的问题，导致客户投诉增加和市场占有率下降。

2. 问题分析

通过对贮藏过程的分析，发现存在以下问题：贮藏温度不达标，导致蔬菜腌制品变质；贮藏环境不卫生，存在细菌污染；贮藏时间过长，导致产品口感变差；原料质量不达标，产品品质受影响。

3. 解决方案

根据问题分析，制定以下解决方案：加强贮藏温度监控，确保温度符合标准；加强贮藏环境卫生管理，定期消毒；控制贮藏时间，确保产品口感和质量；加强原料质量检测，确保产品品质。

4. 实践操作

在企业内部实施以上解决方案，并对贮藏过程进行全面监控和检测，确保方案的有效实施。

5. 总结评价

对实践操作进行总结评价，分析方案的可行性和效果，不断完善解决方案，提高蔬菜腌制品的贮藏品质。

以上案例教学可以帮助学生深入了解蔬菜腌制品在贮藏过程中存在的问题，以及制定相应的解决方案和措施，提高产品质量和竞争力，同时也可以为学生提供实践操作的机会，加深学生对实际操作的理解和掌握。

附件 5 小组讨论交流

图 3-42 小组讨论

图 3-43 思维导图

图 3-44 课程活动

第四章　理学类专业课程改革的探索与实践

第一节　环境影响评价应用型课程改革的探索与实践

随着我国高等教育事业持续发展，专业结构调整力度加大，教育改革全面推进，如何对资源环境的专业课教学进行必要的改革成为资源环境专业教师应该思考的重要问题，国内许多著名大学都在开展相关的工作。环境影响评价课程是自然地理与资源环境专业一门重要的专业主干课，其内容涉及环境监测、环境管理、环境法学、环境经济学、清洁生产、水污染治理工程、大气污染治理工程等相关课程的诸多知识，具有很强的实践性和综合性。

我国的环境影响评价工程师制度使社会对环境影响评价人才的具体要求变得更加明确。同时，随着环境影响评价工作的进一步开展，对环境影响评价优秀人才的社会需求也有所增长，这将给自然地理与资源环境专业的毕业生提供广阔的就业市场。获取环评工作职业资格，对于学生毕业后开展环保工作具有重要意义，但也对培养方法与规范提出了更高的要求。《关于引导部分地方普通本科高校向应用型转变的指导意见》（教发〔2015〕7 号）指出，地方普通本科高校的人才培养应坚持需求导向，深化产教融合，加强一线技术技能人才培养，这就要求推动高等教育的教学改革，进而提高学生的专业基础知识和专业素养，并增强毕业生就业后的工作能力，这给环境影响评价课程体系建设提出了更高的要求。基于此，本课程建设以应用型转型为切入点，以能力培养为目标，探讨自然地理与资源环境专业的环境影响评价课程教学改革问题。应用型专业课程的建设对于促进教学方式的改进、提高教学质量具有重要意义。

一、环境影响评价课程基本情况

目前，原有的环境影响评价课程内容不能很好地满足环境影响评价工作和社会行业发展的实际要求。因此，针对自然地理与资源环境专业环境影响评价教学中存在的问题，按照注册环境影响评价工程师的基本专业要求和就业单位的用人需求，需要对环境影响评价课程进行教学改革。在应用型本科培养模式下，构建环境影响评价课程教学创新体系、培养应用型人才不仅能够增强学生的学习兴趣，而且将提高学生在未来实际项目中开展环境影响评价工作的素质和能力，为环境专业应用型人才的培养奠定基础，对于改善未来环境专业毕业生的就业状况也有着积极的意义。

二、课程性质与总体教学目标

（一）课程性质

环境影响评价是自然地理与资源环境专业的主干核心课程之一，是理论和实践联系非常紧密的一门课程，也是支撑环境可持续发展、践行“两山”理念的重要课程。本课程基于环境影响评价的基本理论，旨在通过评价人类经济活动和发展对环境的影响以及环境变化和人类社会行为间的价值关系，为人类社会行为的判断、调整和选择提供科学依据。

（二）总体教学目标和任务

通过本课程的学习，学生能深刻理解环境影响与环境影响评价的基础概念，准确认知环境影响评价制度的管理体系与规章、作用、管理程序与特点，全面领会环境影响评价的综合性与复杂性、项目环评的环境可行性论证要点和环境风险评价技术要求，牢固掌握环境现状调查与评价、工程分析与规划分析、环境影响预测与评价等环境影响评价技术方法，经过一定的实践，能基本胜任环境影响评价工作；除了培养学生的专业技能外，还培养学生良好的职业道德和职业素养。

三、应用型课程改革的创新与实践

(一) 课程改革目标

本课程的改革目标就是探索在环境影响评价课程教学中，如何培养学生运用专业知识分析和解决实际问题的技能；探讨在应用型人才培养模式下环境影响评价课程教学改革的内容、方法和成效，提出在基于OBE理念的应用型人才培养模式中环境影响评价课程的教学改革方向；并能把研究成果加以汇总和推广，进一步优化课程设置、改进教学方法，实现课程改革的理论价值和战略价值。

(二) 课程改革内容

本课程改革以课堂教学和实践教学为主要操作平台，着力探讨在应用型人才培养模式下环境影响评价课程教学改革与实践问题，强调在进行课堂理论教学的同时，把握案例分析和实际项目教学的应用。课程改革旨在通过多方面交叉的定量、定性研究，为建立环境影响评价课程教学新模式、提高教学质量、培养应用型人才提供技术支持。具体改革内容如下。

1. 探索环境影响评价教材内容的新格局体系，突出时效性和先进性

针对实际情况，选择适合的教材。如有必要还要补充教材中涉及少或不深的内容，从“教教材”转变为“用教材教”，达到因材施教的目的。

2. 研究教学方式改革，提倡主动学习

传统的教学方式以教师讲授为主，这种教学方式的弊端就是学生被动接受，学生的创造能力和实践能力差。现代教学改革的重点就是要变被动学习为主动学习，多采用启发式、讨论式、案例式和项目式等教学方法。针对环境影响评价这门课程的特点，教师采取多样化教学，使学生积极、主动地参与学习，让学生主动地从“学”扩展到对“教”的参与，营造师生间、学生间多向互动的课堂氛围。探索课堂与课外相结合的案例教学，加深了学生对所学理论知识的理解，使学生能够结合实际应用快速消化理解课堂所学知识，提高分析、解决问题的能力。

3. 改变考核方式，紧密结合实际，与环境影响评价工程师考试相结合

环境影响评价课程实践性强，学生采取死记硬背的方法得到的分数不能真

正反映每个学生对所学知识的掌握情况。探索改变这种状况的方法与手段，突出课程实践，弱化考试成绩，在课程实践环节中进行环境影响评价工作的实际角色模拟，提高学生的实践能力。

4. 探索课程体系与实践内容的结合

结合校企合作实训平台和野外实习，将地理实践活动和合作企业的实际项目融入学生的日常学习。对理论授课体系进行改革，在保证大纲规定的知识点都讲到的基础上，改变传统的单纯重视理论体系的教学模式，尝试将环境影响评价课程理论体系与实际工作相结合，有计划地培养学生综合知识的应用能力，让学生更加直接地体会实际项目的环境影响评价工作。

（三）课程改革的实施方法

本课程改革坚持实践第一的原则，采用理论教学研究与案例、项目实证分析并举，定性分析与定量计算练习相结合的方法。

1. 文献研究法

国内外有关环境影响评价应用型课程教学改革与实践的研究涉及的方面日益增多。基于不同的角度，不同学者阐述了不尽相同的观点，课程组通过对国内外相关研究文献资料的查阅、搜集，梳理分析了近 5 年来的代表性观点，初步形成了自然地理与资源环境专业环境影响评价应用型课程教学改革与实践的理论框架，为进一步深入建设课程奠定基础。

2. 实地调查法

在课程的实践教学过程中，选择附近的建设项目，指导学生列出环境现状调查清单，有代表性地进行实地踏勘和走访，详细了解所评价的建设项目的工程概况和周围的环境状况，掌握第一手资料，为后续的工程分析、现状评价和环境影响预测奠定翔实的基础。

3. 培训学习法

在理论和实践教学研究的基础上，课程组成员参加了生态环境部环境工程评估中心举办的环境影响评价基础能力培训和 Ai 尚研修-科研技术服务平台的大气、地下水、生态和遥感解译等方面的技能培训，提升了自己的专业技术能力，可以为环境影响评价应用型课程的教学改革与实践提供新的思路。

4. 归纳分析法

课程组在采纳行业技术人员建议的基础上总结出教学改革方案，并应用于课堂讲授的过程中，多方面穿插案例分析和习题练习，课堂以外以实际建设项目的分析和评价为主，指导学生撰写环境影响评价报告表，并及时梳理汇总。课程组撰写研究报告，形成教改成果。

(四) 课程改革的主要成果

1. 明确课程教学目标

邢台学院自然地理与资源环境专业的培养目标是，培养德智体美劳全面发展，掌握自然地理与资源环境基础理论、基本知识和基本技能，具备创新意识与实践能力、数据采集与分析能力、资源开发与管理能力、环境监测与规划能力，能够在资源调查与开发、环境检测与评价、环境质量管理等领域从事相关工作的具有较强实践能力的高质量应用型人才。在培养目标基础上细化毕业要求，其中毕业要求 2.4 提出要让学生掌握环境保护、环境影响评价、环境管理、环境遥感、环境监测、生态环境评价、水资源利用与管理、全球变化、土地评价管理等相关学科知识。为实现培养目标、满足毕业要求，本课程目前选用的教材主要为《环境影响评价》（李淑芹、孟宪林主编，化学工业出版社，2021 年第 3 版)，同时推荐环境影响评价工程师考试的 4 本教材《环境影响评价相关法律法规》《环境影响评价技术导则与标准》《环境影响评价技术方法》和《环境影响评价案例分析》作为辅助教材。

2. 重构课程教学内容

OBE 教学理念的教学方式以学生为中心，以培养学生实际能力为导向，突出课程的应用性和实践性。本课程改革以教材为基础对课程内容进行重构，将工作任务转化为课程教学内容。在实际工作中，环境影响评价的主要特征污染物涉及大气污染、水污染、土壤污染、噪声污染、固体废物污染等方面，因此按照学生接受的难易程度，将这些污染物类型作为不同的教学项目分别安排在环境影响评价课程中。对于每个项目，教师均会教授该类污染物的特点及类型、现场调查方法、工程分析，以及环境质量现状评价、环境影响预测与预防措施，并对学生任务作业的每一步进行分析，最后进行环评文件编制成果的汇报及评价。同时，根据社会经济和科技发展的新形势、新政策和前沿技术成果及时更新教学内容，对课程任务项目及时优化和调整，保持课程内容的时效性和先进性。

3. 创新实践教学方法

作为应用性很强的环评课程，以实际项目驱动教学，有效激发学生学习热情，使他们更深入地理解环评工作的程序和方法，帮助学生抓住环评要点，并培养学生文字组织、图表编制和软件使用等综合能力。因此，企业课程负责人在其主持编制的环评项目中选择 3 至 4 类项目进行修编，形成适合自然地理与资源环境专业本科教学的实践项目案例汇编。

在课程授课前，以项目的形式给学生下达任务，在学生了解任务和自学理论知识的基础上，教师对重难点概念、理论和技术方法等知识点进行解释和说明，让学生理解其原理和内涵；然后以项目任务案例为载体，给学生详细分析环境影响评价文件编制过程，重点分析工艺流程，对难点部分进行详细演示，在学生掌握项目实施的整个过程之后，接下来以类似的环评编制任务为例，让学生分组独立完成；最后，教师将同学生一起对环评文件编制内容的完整性、工程分析的准确度和环保措施的合理性逐一进行分析、阐释，同时进行客观总结并给出成绩（表 4-1）。整个教学过程是开放的，对易混淆的问题和复杂的工艺流程随时进行开放讨论，促进学生对问题的客观认识，以帮助他们进行环境影响评价文件的科学编制。

表 4-1 课程实践教学部分企业实际项目的教学方法与教学组织

项目	步骤	教学方法与教学组织
橡胶制品生产项目环评文件编制	项目任务	任务下达
	知识储备	学生自学＋理论讲授
	实例讲解	案例分析＋学生练习
	项目环评	课下调查＋课上展示及评价
	成果展示及评价	学生展示＋多方评价

续表

项目	步骤	教学方法与教学组织
房地产开发项目环评文件编制	项目任务	任务下达
	知识储备	学生自学＋理论讲授
	实例讲解	案例分析＋学生练习
	项目环评	课下调查＋课上展示及评价
	成果展示及评价	学生展示＋多方评价
铁选矿工程或加油站项目环评文件编制	项目任务	任务下达
	知识储备	学生自学＋理论讲授
	实例讲解	案例分析＋学生练习
	项目环评	课下调查＋课上展示及评价
	成果展示及评价	学生展示＋多方评价

4. 加强课程工程实训

环境影响评价工程实训课程的训练可综合提升学生的专业实践技能，是加强学校与社会沟通与联系的重要纽带，可为学生创造良好的就业机遇。针对目前环评课程工程实训存在的问题，可安排一些校园环境现状调查的工程实训实践项目，如分组制定校园大气、水、噪声环境监测方案和监测项目等，并在此基础上对环境现状做出评价并提出相应的对策措施。

在环境影响评价实践教学过程中，课程组安排了校园环境噪声现状监测与评价项目，目的是训练学生独立完成一项模拟或实际环境监测任务的能力；使学生学会环境监测方案的制定，根据监测任务确定监测项目及监测方法，合理布设采样点，学会采样监测，并训练学生科学地处理监测数据的能力，提高他们对项目监测结果的综合分析和评价能力，使他们学会环境监测与评价报告的编制；同时也培养了学生的实践动手能力、综合分析与处理问题的能力以及团结协作的精神。

5. 丰富课程教学资源

随着现代教育理念和教育技术的不断融合，课程资源建设已经成为课程改革的重要内容。课程资源建设的原则是具有针对性，课程案例来源于实践。在课程中融合现代教育技术有助于提高学生学习的积极性及实现课程目标。

环境影响评价课程依托超星学习通网络平台，建设网课视频、环评案例库、课程习题库以及在线交流空间。课前，教师将教学课件、环评标准与导则、项目任务资源、课程学习目标及要求等放置于网络平台，学生可以提前预习。

同时，学校和合作企业共建实验室和实训平台。以往课程中的案例一般来自相关参考书或者往年环评工程师考试题，均为假设题目，不利于学生联系实际，真正融入职场。教学改革后，橡胶制品生产项目、房地产开发项目、铁选矿工程项目和加油站项目均来源于合作企业的实际环评项目，让学生更加直接地感受到行业一线对编制文件的要求，与行业职场实际工作真正接轨。

6. 建立多维度考核评价体系

改变传统的评价模式，将单一的闭卷考试考核模式转变为知识应用和综合能力提升的培养考核模式，从过去期末考试的终结性评价模式改变为过程性的考核。综合性、多元化的过程评价更加重视学生对知识的理解性掌握和实践应用能力的培养。过程性评价可以随时了解学生的实际学习情况进而评价课堂教学效果，以便及时调整教学方式和内容。课程考核包括课程过程性考核（作业、课堂学习表现）、任务完成情况（小组任务完成情况、个人任务完成情况）、项目成果（包括学生、教师等多方面的共同评价）、环境影响评价文件和实验报告。

7. 融入课程思政元素

环境影响评价课程主要涉及环境影响评价相关的概念、环境影响评价制度和标准、环境影响评价的方法等理论知识及环境影响评价的程序和案例分析等内容。

本课程涉及的环境保护领域较广泛，在课程思政建设过程中贯彻“绿水青山就是金山银山”的发展理念，立足“五位一体”的生态文明战略，同时结合思政教学案例，使课程思政教育深入融入教学。结合绿色优势，从“生态文明建设”“以人为本”“绿色发展”“美丽中国建设体系”等环境保护发展主题自上而下地挖掘思政元素，贯穿课程教学全过程。其思政案例包括生态文明建设是环境影响评价的重要基石、“以人为本”的环境法治观、生态文明制度体系重要组成之环境影响评价制度、流域水环境保护的历史责任等。在教学方法方面，通过讲解、讨论、翻转课堂等多种教学形式将思政元素融入课堂教学中，有效提高学生对思政融入的接受度。

四、课程建设成效与持续改进方向

（一）课程建设成效

经过一年多的课程教学改革与建设，环境影响评价课程的实践成效已凸显出来，课程建设取得了较好的成果。

1. 学生上课积极性增加，课堂效果较好

课程教学模式改革以后，课程从呆板的说教转化为理论与实践紧密结合，使学生能够在环评项目分析过程中将理论知识融会贯通，提高了他们对知识的理解和认知能力，学生认为教学内容具有启发性、实践性、实用性，与未来就业的关联性较强，他们的学习兴趣提升了，学习效果好转。这一点可以从学生上课的出勤率及课堂作业完成情况定量反映出来，教学改革以后，学生上课的出勤率几乎达到 100％，课后作业能够 100％独立完成，作业正确率在 98％以上。

2. 学生的学习效果大幅提升

课程授课结果最终反映在学生知识掌握的程度上，最直接的量化工具就是该课程的考试成绩，我们对 2020 级自然地理与资源环境专业的学生考试成绩进行了统计，结果表明 90 分以上 3 人，占全班人数的 9.7％，80 分以上 21 人，良好率达到 68％，2020 级的成绩较 2019 级的有明显上升。

3. 95％以上的同学认为较好地实现了课程目标

课程结束后，通过问卷调查、学生座谈等方式了解教学改革的实际效果，学生们对环境影响评价课程的教学较满意。62.0％的学生认为完全实现了课程目标，33.0％的学生认为较好地实现了课程目标。从学生的课程总结和体会中可以看到，环境影响评价课程的应用型教学改革很大程度上调动了学生学习的积极性，使之对环境影响评价工作理解得更加通透，对理论知识的把握也更加牢固。通过实际项目驱动教学，学生们基本能胜任环境影响评价的实际工作。

（二）课程建设存在的主要问题及持续改进方向

1. 存在的问题

（1）学生综合分析能力仍有待进一步提高

通过对 2022—2023 年第二学期的期末考试试卷答题情况进行分析发现，在将注册环评工程师职业资格考试的原题改编成我们的期末考试试题后，尽管在设计试卷时考虑到学生水平与真正环评工程师水平有差距，题目难度已经有所降低，但仍有相当一部分学生不能完整回答：一是污染物排放量的计算题目，学生不能结合实际情况分析问题；二是部分选择题，实质内容和书本知识点一样，只是表述方式改变了，学生就回答错误。以上现象表明学生的知识灵活应用能力还有待进一步提高，案例分析、污染源源强核算等解决实际问题的能力有待加强；同时，考试结果也提醒课程组教师，如何进一步改进授课方式和课程体系，使其适应应用型人才培养目标仍是今后教学改革的重点。

（2）考察教学改革效果的评价指标体系还需要进一步健全

在课程改革过程中，我们使用了学生成绩优秀率、择业取向作为考察教学改革效果的定量评价指标体系，由于时间周期短，这些指标尚不能全面、客观地反映教学效果，如何建立一个考察教学改革效果的定量评价指标体系是今后教学改革研究的重点。

2. 持续改进方向

（1）进一步改进授课方式和课程体系

在今后教学改革中，要进一步建立基于问题式教学的新授课模式，进一步加强启发式、讨论式、案例分析式教学方法，彻底改变传统授课方式中以教师为主的讲授模式，适当采取分组授课的模式，每组 4—5 人，通过小组之间的讨论机制激发学生学习的主动性和积极性，让学生在学到更多理论知识的同时，能够融会贯通、举一反三、活学活用，为他们将来从事环境影响评价工作打下坚实基础。

在课程体系上，进一步凝练知识点，加强课程体系的实践性，紧密结合当前环境影响评价的新标准、新导则，对知识体系进行及时更新。同时，尽量选取与现实接近的典型环境影响评价案例作为课堂授课案例，对合作企业的实际环评项目及时更新，进一步提高课程的实践性，激发学生的学习兴趣。

(2) 深化考核方式和考核体系改革

考核是对学生知识掌握程度的一个测评，截至目前，环境影响评价理论课考试仍采用闭卷方式对课程的重要理论知识进行测试。考虑到环评课程的特点和要求，理论课的考试可突破传统的模式，改为开卷形式，考试期间学生可以携带教材、标准以及其他相关材料，以减轻学生机械强化记忆的负担，培养学生应用所学知识分析问题和解决问题的能力。

在考核内容设置方面，要做到“两个深化”：一是继续深化客观题的科学性、实用性、职业性，加大采用注册环评工程师考试真题的力度，为学生将来入职后参加环评工程师考试做好铺垫；二是继续加大案例分析题目的考核力度，提高案例分析题目所占比例。通过案例分析来全面考核学生对环境影响评价课程各知识点系统、全面掌握的程度。

第二节　遥感数字图像处理应用型课程改革的探索与实践

卫星遥感技术是当今时代一项蓬勃发展、应用广泛的高新技术。近几年，我国已跻身于世界遥感科技的前列。随着《国家民用空间基础设施中长期发展规划（2015—2025 年）》等政策的实施和中国高分辨率对地观测系统（高分专项）等重大战略性工程的实施，国家对遥感领域的应用型人才需求越来越迫切。遥感数字图像处理课程是随着计算机技术的发展而建立起来的新兴交叉学科，遥感数字图像处理技术作为采集地球数据及变化信息的重要手段，已成为国土普查、生态环境监测、地理国情监测、资源调查、防灾减灾、智慧城市建设和军事服务等各方面的重要研究手段。与此同时，我国各高校针对遥感科学的教育也在加强，遥感专业素养成为测绘信息类专业技术人员必备的基本素质。然而，新形势下通过传统教学模式培养的遥感技术人才已不能满足社会的需求，应用型本科院校遥感课程亟需教学改革，全面提高学生的综合应用能力，使学生成为满足时代发展需要的技能型人才。

一、课程基本情况

遥感数字图像处理是地理信息科学专业的专业核心课程，是以理论联系实践为主、注重实践操作的一门课程。课程强调遥感数字图像处理的基本技术和算法，重点是光学遥感数字图像的处理。本课程要求学生掌握遥感数字图像处理的基本概念、基本原理、图像获取和存储、表示和度量、显示和拉伸、图像校正、图像变换、图像滤波、图像分割、图像分类和信息提取等内容。经过上机实践训练，加强学生对遥感数字图像处理基本原理和基本方法的理解和运用，培养他们遥感数字图像处理的基本技能，使他们掌握遥感图像处理的基本流程，为将来从事遥感在资源、环境、生态、地理、空间信息等领域的研究和工作奠定基础。

二、课程性质及总体教学目标

遥感数字图像处理是地理信息科学专业的专业必修课，为了契合学校应用型大学办学定位和专业人才培养要求，课程组确定了该课程的知识、能力、价值 3 个维度的教学目标。

知识目标：学生能够复述遥感数字图像处理的基本概念和基本原理，描述并应用遥感数字图像的显示、拉伸、校正、图像变换、图像滤波、图像分割、遥感图像的计算机分类和遥感信息提取的原理与方法，根据图像特点选择处理方法。

能力目标：学生能够熟练利用相关软件实现遥感数字图像的处理、分类和信息提取；能够灵活运用各种图像处理方法，完成基本遥感数字图像处理流程；获得自学能力、逻辑思维能力、动手能力和综合应用能力。

价值目标：学生具备独立完成遥感图像处理的能力；知道相关工程项目的流程，遵守相关规定；能够针对具体图像特点选择解决问题的方法；具备良好的计算机实践习惯、实事求是的科学态度和严谨细致的工作作风，具有应用专业知识服务国家发展的意识和社会责任感。

三、应用型课程改革的创新与实践

(一) 模块化、分层次的课程教学内容体系建设

结合现代遥感行业新技术，以行业需求、学生毕业需求为导向，以遥感数据的采集、存储、处理、分析与应用为主线，以遥感专题信息提取为核心，编排遥感课程的教学内容。将本课程的理论和实验内容进行模块化设计，使理论与实践教学模块实现有效“互动”（图 4-1），以保证理论对实践的支撑，并通过实践加深学生对理论知识的消化和理解，在此基础上进一步实现学生实践能力和素养的提升。

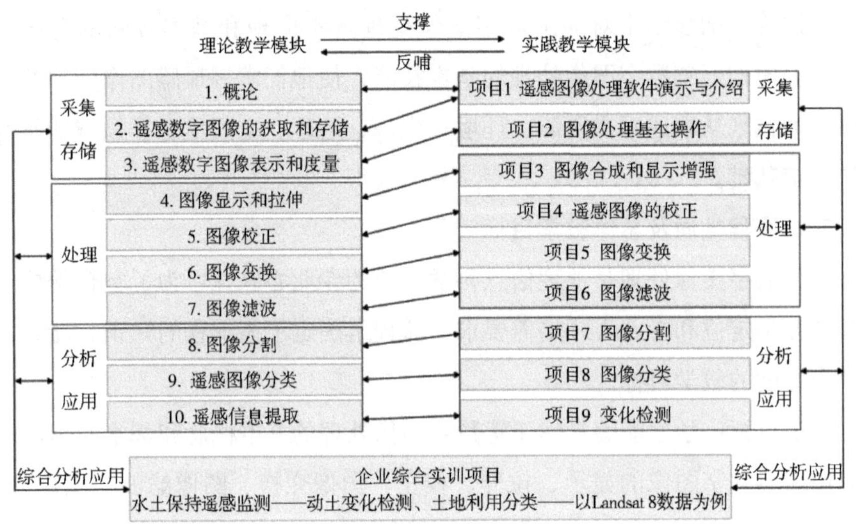

图 4-1 理论与实践教学模块“互动”关系图

教学模块的设置根据学生学习阶段、课时安排、专业特色延伸等可以灵活变化，这给授课内容带来较大的机动性和针对性。同时，教学模块还可分为基本知识体系与应用型拓展专题内容，每个专题中设置基本内容和扩展内容，形成模块化、分层次的课程体系。应用型拓展专题主要从专业定位、实践能力培养的维度出发，将遥感的基础知识、思维方法、技术体系融入专业应用中，强化“遥感+”的教学思想。为了更好地培养学生的应用能力，让实践教学更深

入化、细致化，该课程增加了16个实践教学课时，现在是理论32课时、实践48课时，共计80课时。

（二）校企合作，与航天宏图推进协同育人

目前，学校已与航天宏图信息技术股份有限公司合作申请并获批教育部产学合作协同育人项目“基于PIE支持的‘遥感地学分析’等遥感类课程应用型教学改革研究”，此项目以遥感数字图像处理等课程为主，基于OBE教育理念，根据社会需求和遥感的新领域与新动态及时调整和优化课程体系。航天宏图信息技术股份有限公司与我校紧密合作，通过“PIE进课堂”协助我校进行遥感类实践和实习课程的设计与教学，以产促学，实现校园与社会实践无缝对接，加强学生的综合应用能力和创新能力的培养。将遥感产业和技术最新进展、行业对人才的最新要求引入教学过程，不断更新教学内容，拓宽学生视野。目前，学校已聘请航天宏图信息技术股份有限公司工程师担任课程实践导师，共同修订教学大纲、制定教学方案。

所有实验项目均同时使用航天宏图信息技术股份有限公司自主研发的遥感软件PIE-Basic、PIE-SIAS和国外遥感软件ENVI，提高了学生应用国产数据和软件的能力，培养其国产化意识，同时对比分析国内软件与国外软件的功能差异，帮助完善国产软件功能。利用PIE软件完成的实验项目均由航天宏图信息技术股份有限公司提供实验数据和解决方案，帮助学生快速掌握企业项目流程。实训过程由航天宏图信息技术股份有限公司工程师全程指导，实训项目与企业实际需求对接，融入前沿技术和行业规范，全面提升学生解决实际问题的能力，实现校企协同育人。

（三）通过“层次化+项目化”教学锻炼学生的应用能力和创新能力

遥感类课程应用实践性较强，需要学生了解理论并能够熟练地运用主流RS/GIS软件来解决实际问题。本课程以遥感数据的采集、存储、处理、分析与应用为主线，共设计了5个层次的实践项目，引导学生逐步掌握项目流程，锻炼学生的综合应用能力和创新能力。

第一层次为软件入门操作。通过实验项目“遥感图像处理软件演示与介绍”“图像处理基本操作”，学生可以掌握国产遥感软件PIE-Basic、PIE-SIAS

和国外遥感软件 ENVI 的主要功能和正确的操作方法，学会遥感数据的采集与存储方法，以便更好地完成后期图像处理工作。

第二层次为软件基础操作。通过实验项目“图像合成和显示增强”“遥感图像的校正”“图像变换”和“图像滤波”，学生熟练掌握各种图像合成和显示增强、图像校正的方法，学会针对不同类型遥感数据特征进行分析处理，为后期的遥感图像分析与应用打下基础。

第三层次为软件综合操作。通过实验项目“图像分割”“图像分类”“变化检测”，学生能够根据图像的特征，综合使用不同的方法分割出地物对象，能够选择合适的分类方法进行遥感图像分类，从遥感数据中提取有用信息，提高分析与解决实际问题的能力。

第四层次为企业综合项目实训。航天宏图信息技术股份有限公司的工程师带领学生完成两个综合项目“水土保持遥感监测——动土变化检测”“土地利用分类——以 Landsat 8 数据为例”。学生通过实训进一步掌握企业项目流程，将所学理论知识与实践能力融会贯通，建立完整的知识体系结构，其综合应用能力得到进一步提升。

第五层次为创新开放型项目。学生自发组成学习分析小组，自主选择研究课题，或者结合老师的研究课题或老师指定的项目进行研究分析。学生在组内进行任务分工和合作，自主查阅文献和材料，收集与整理数据，交流讨论确定技术路线，攻克技术难点并拟定实施方案，然后进行数据处理与分析，编写项目报告，制作演示文档，进行项目汇报，最后教师与合作企业的工程师共同对项目进行打分和点评。此种教学方式可以引导学生积极地参与项目的设计、调研、执行、总结等各个环节，让学生更好地掌握实验方法和流程，还可以巩固和拓展课堂内容，充分调动学生的积极性，培养学生团队协作精神，提高学生应用理论知识解决实际问题的能力。

各层次实践项目见表 4-2。

表 4-2　实践项目表

实践层次	课程内容	实践性质	课时安排
第一层次	实验项目 1　遥感图像处理软件演示与介绍 实验项目 2　图像处理基本操作	入门操作 入门操作	4 4
第二层次	实验项目 3　图像合成和显示增强 实验项目 4　遥感图像的校正 实验项目 5　图像变换 实验项目 6　图像滤波	基础操作 基础操作 基础操作 基础操作	6 6 6 4
第三层次	实验项目 7　图像分割 实验项目 8　图像分类 实验项目 9　变化检测	综合操作 综合操作 综合操作	4 6 2
第四层次	水土保持遥感监测——动土变化检测 土地利用分类——以 Landsat 8 数据为例	企业综合实训项目 企业综合实训项目	6
第五层次	学生自主选题、项目汇报	创新开放型项目	1 周

（四）实施线上、线下混合式教学，拓展学生学习空间

借助超星泛雅等平台进行线上、线下结合教学，完善遥感系列线上课堂，引导学生主动学习，培养学生自学能力。课前，结合学生特点，通过线上平台学习通发布学习任务、预习资料、课前自测题以及遥感学习所需的多个学习论坛、学习博客、数据下载地址等网站资源，帮助学生更好地进行自主学习。通过 QQ 群、百度网盘发布实验数据，帮助学生做好课前的实验准备工作。教师利用学习通平台统计学生预习时长和课前自测情况，掌握学生预习程度，适时调整课堂讲授的重点和难点，做到有的放矢。学生的课前预习时长和自测得分通过平台记入平时成绩，以此提高学生自主学习的积极性和课堂学习效率。课中，老师通过动画演示、图片展示分析、案例讲解等方式讲授知识，同时训练学生的科学思维能力。通过学习通平台穿插课堂答题、小组讨论等教学活动，引导学生主动思考，活跃课堂气氛，提高学生学习的积极性。在多媒体教学过程中，将原理、计算步骤等进行分解，通过动画逐条动态展示，图文并茂，便于学生理解记忆。老师借助学习通平台展示优秀作业，和学生共同分析易错

点，让同学们及时查漏补缺、巩固提升。课后，老师通过学习通平台布置课后思考题、讨论题、章节测试题，发布拓展阅读资料。讨论板块可以收集学生在自学过程中遇到的问题，鼓励学生积极提问，师生共同探讨，同时通过话题讨论提升学生学习的积极性，锻炼学生独立思考的能力。引导学生阅读遥感类文章、遥感影像使用管理规定等资料，以拓展学生的知识面、锻炼其自学能力。定期发布在线前沿学术会议链接，帮助学生了解科技前沿动态，提升学生的职业认同感、职业素养。课后，老师充分利用学习通的留言箱、QQ、腾讯会议等方式与学生进行沟通，答疑解惑，督促学生完成学习任务。通过师生间的大量交流，增强教与学的互动性，形成教学相长的良性教学氛围。在实践环节方面，为了方便学生自主学习和课后复习巩固，课程组将实践课的软件操作过程、遥感数据处理方法录制成视频并发布在线上教学平台，供学生自主学习，线上视频可以让学生随时随地回顾学习，既满足了学生多样化的学习需求，又有效拓展了学习空间。老师通过检查课前预习时长、课上表现、课后作业与实验、项目完成质量来检查学习效果，并不断反思，形成课前、课中、课后、实践过程中学习与评价的闭环。

（五）多种教学方法综合运用，培养学生的4种学习能力

课程组改革教学方法，采用多媒体讲授、直观演示、提问式、分组讨论式、案例式、项目式、翻转课堂等多种教学方法激发学生学习兴趣。教学过程中注重培养学生的4种学习能力：自主学习能力、体验探究能力、合作学习能力、总结反思能力。

1. 多种教学方法

（1）多媒体讲授法

讲授过程中注意将多媒体教学、动画演示和板演有效结合。理论部分全程采用多媒体技术教学，尽量做到每张幻灯片中都有配套的图片展示过程，在授课过程中穿插大量的动画演示内容，帮助学生更好地理解图像处理原理、方法与步骤，便于他们理解记忆。

（2）直观演示法

将软件操作方法录制成视频，学生通过线上平台自主学习；针对学生在学

习过程中遇到的问题进行现场指导。

（3）提问式教学

遥感数字图像处理是集方法和应用为一体的特色课程，教学过程中需要强化策略意识，可以采用提问式教学方式。教师在课上给定一个问题，要求学生在课堂上思考，之后进行提问以检查学生对问题的理解情况。这种方式能有效活跃课堂的学习气氛，增加学生的实践机会，提高其自信心，将学生的被动学习转变为主动学习。

（4）分组讨论式教学

遥感数字图像处理课程强调遥感技术的综合应用，在教学形式设计中应给予学生充分的自主学习、自主归纳总结的空间。如在理论课结束后，让学生以小组形式查阅中英文文献资料，明确拟解决的科学问题，运用课上所学知识独立完成，最后各组制作演示文档，进行讲解与讨论。

（5）案例式教学

应用型课程改革的最终落脚点在应用上，加强理论和应用的本末贯通，避免两个环节脱节，即在理论教学中使学生真正清楚实现某个目的要做什么，而在案例教学中要让学生真正理解这么做是为了什么。

（6）项目式教学

学生自发组成学习分析小组，自主选择研究课题，或者结合老师的研究课题或老师指定的项目进行研究分析。学生在组内进行任务分工和合作，自主查阅文献和材料，收集与整理数据，交流讨论确定技术路线，攻克技术难点并拟定实施方案，然后进行数据处理与分析，编写项目报告，制作演示文档，进行项目汇报。最后，教师与合作企业的工程师共同对项目进行打分和点评。此种教学方式可以引导学生积极地参与项目的设计、调研、执行、总结等各个环节，让学生更好地掌握实验方法和流程，还可以巩固和拓展课堂内容，充分调动学生的积极性，培养学生团队协作精神，提高学生应用理论知识解决实际问题的能力和创新能力。

（7）翻转课堂

学生在课前或课后线上观看教师的讲解视频，自主学习课程内容，并记录下学习过程中遇到的问题。教师不再占用课堂时间来讲授知识，而是在课堂上让他们以小组为单位，分组讨论每个同学提出的问题，课堂变成了老师与学生之间和学生与学生之间互动的场所，在这里可以答疑解惑、合作探究、完成教学等，从而达到更好的教育效果。

2.4 种学习能力

（1）自主学习能力

课前通过线上平台发布学习内容，让学生自主预习；通过线上平台发布与各章节对应的学习资源，拓展学生自主学习空间；通过线上平台发布软件操作视频，引导学生自主学习，老师在课上针对学生实践操作中出现的问题进行指导。教师从传授者变为引导者，重视学生的学习权，使“教学”向“学习”转换，把学生变成自己教育自己的主体。

（2）体验探究能力

在实践教学环节，通过任务驱动学生进行体验探究。老师布置图像处理任务，学生解决实际问题。学生在实际操作时遇到困难，相互探讨，合作探究，实现“做中学”。在探究遇到阻碍时，老师有针对性地指导，实现“做中教”。这种方式使稍弱的同学得到了及时指导，使较强的学生巩固了所学的知识，增添了成就感，实现了理论与实践的有效结合，提高了学生的应用能力。

（3）合作学习能力

适当布置课后思考题，让同学们分组自由讨论、合作探究，培养他们的合作学习能力。

（4）总结反思能力

理论课程和实践教学过程中都会适当穿插思考题，同学们可以通过实验环节验证各种图像处理理论，找到解决问题的方法。通过观察、分析、讨论等课堂活动，老师与学生一起寻找解决问题的方法，培养学生的分析能力和主动思考问题的能力。课堂讲授过程中，让学生注意及时总结各章节在整个课程中的地位和作用，培养学生的总结反思能力。

（六）充分挖掘思政元素，增强爱国情怀

课程概述介绍了国产遥感数字图像处理软件 PIE 的发展历程、我国遥感数字图像处理技术的发展情况、其在经济社会发展和军事领域的作用，增强文化自信，引导学生正确认识我国的科技实力，增强爱国情怀，培养学生的学习兴趣，端正他们的学习态度。

“遥感数字图像的获取和存储”“遥感数字图像的表示和度量”为基础知识部分，主要介绍遥感数字图像获取的科学原理，讲授不同空间分辨率、时间分辨率的遥感图像在各个领域的应用，让学生知道要根据实际问题选择合适的遥感数据，要实事求是、求真务实；讲授遥感数据产品的级别，强调科研数据的保密性，让学生清楚地知道职业道德规范。让学生了解处理图像时不仅要考虑单个波段图像的统计特征，还要考虑波段之间的联系性，要用联系的观点看待问题，培养学生的科学思维能力。

在“图像显示和拉伸”教学中强调数据的重要性，用真实、客观、准确的数据说话，要求学生坚持实事求是的态度，用科学的方法分析数据、展示数据，培养学生实事求是的科学精神。

在“图像校正”教学中引入测绘地理信息行业相关标准和技术要求，使学生理解空间信息技术在研究和应用中所遵守的相关法律、法规、行业规范等，增强学生的标准意识、保密意识、法律意识、安全意识。

在“图像变换”“图像滤波”教学中以服务国家、地区发展战略为导向，结合生态环境安全、耕地保护和人类福祉等国家需求，讲授运用图像变换和增强等相关方法识别耕地、林地、建设用地等专题信息，划定生态安全边界，培养学生的动手能力、创新精神，增强学生的专业认同感。

在“图像分割”“遥感图像分类”“遥感信息提取”教学中，通过多期遥感图像的土地利用、土地覆被划分，实时观看我国特定区域的耕地、城市、林地等地表时空变化，培养学生的团队合作能力和爱国主义情怀。通过对比分析各种分类方法、遥感信息提取方法的优缺点，让学生学会具体问题具体分析，培养学生精益求精、求真务实的精神。

在课程中讲述遥感图像处理技术在生态环境、自然环境、地理环境和地质环境等方面的研究成果、应用现状和存在的瓶颈，使学生了解未来遥感技术的发展空间和职业导向，引导学生利用遥感技术为我国生态文明和社会经济建设服务，增强学生的专业道路自信和爱国主义情怀，调动学生学习遥感技术和开展遥感研究的积极性，帮助学生树立正确的世界观、人生观和价值观。

（七）以赛促学，以赛促教

以创新创业为导向，鼓励学生参加创新创业训练、大学生专业技能大赛等，以赛促学，激发学生创新活力、动力与能力，指导学生参与校企合作项目，提高其实践能力。任课教师指导学生参加如“华航杯”高分卫星美丽河北遥感影像大赛、“科工杯”美丽河北高分卫星遥感创新大赛、“航天宏图 & 华为云杯”PIE 系统开发大赛、SuperMap 杯全国高校 GIS 大赛等各类竞赛。学生在竞赛中不仅深化了自己的专业知识，增强了自己的创造性思维，锻炼了团队协作能力，而且取得了相应的资格证书，为将来就业创造了有利条件。教师通过指导学生参加各类比赛，提升了自身的教学与科研能力，积累了丰富的大赛指导经验，实现了以赛促学、以赛促教、教学相长。

（八）多种考核方式相结合，注重过程性考核，通过线上平台实时反馈

课程组细化考核指标，将思政评价融入平时考核和期末考核中。通过注重过程的多种评价方法引导学生知识、能力全面发展，提高其学习兴趣。所有的过程考核都实时记录在线上平台学习通中，学生可以实时查看平时成绩，动态调整学习状态，及时查漏补缺。

理论课程的考核方式分为过程考核和期末考核。其中过程考核包括作业、章节测验、课堂互动、讨论、线上资源利用等；考勤采用扣分制，缺勤一次扣 10 分；期末考核采用闭卷考试的方式。

理论课程总成绩构成为过程考核成绩（50%）＋期末考核成绩（50%）。

理论课程的过程考核成绩构成为作业（25%）＋章节测验（25%）＋课堂互动（20%）＋讨论（10%）＋线上资源利用（10%）＋阅读（10%）。

理论课程的过程考核评分标准见表 4-3。

表 4-3　理论课程的过程考核评分标准

过程考核方式	评分标准				
	90－100 分	80－89 分	70－79 分	60－69 分	0－59 分
	优	良	中	及格	不及格
作业（25%）	能够正确回答问题，有较好的见解，条理清楚，书写工整	能够较好地回答问题，有一定的见解，条理较清楚，书写基本工整	基本能够回答问题，有一定的见解，条理基本清楚，书写基本工整	能够回答部分问题，条理基本清楚，书写尚可	回答问题错误率超过 50%，缺乏条理，书写潦草
章节测验（25%）	90 分以上	80—89 分	70—79 分	60—69 分	60 分以下
课程互动（20%）	参与次数与正确率均在 90%以上	参与次数与正确率均为 80%—89%	参与次数与正确率均为 70%—79%	参与次数与正确率均为 60%—69%	参与次数与正确率均在 60%以下
讨论（10%）	参加次数在 90%以上	参加次数为 80%—89%	参加次数为 70%—79%	参加次数为 60%—69%	参加次数在 60%以下
线上资源利用（10%）	完成度在 90%以上	完成度为 80%—89%	完成度为 70%—79%	完成度为 60%—69%	完成度在 60%以下
阅读（10%）	完成度在 90%以上	完成度为 80%—89%	完成度为 70%—79%	完成度为 60%—69%	完成度在 60%以下

实践课程考核方式分为过程考核、综合考核和项目汇报。其中过程考核包括课堂互动、章节测验、实验报告、讨论、线上资源利用、阅读。

实践课程总成绩构成为过程考核成绩（50%）＋综合考核成绩（30%）＋项目汇报成绩（20%）。

实践课程的过程考核成绩构成为课堂互动（15%）＋章节测验（20%）＋实验报告（30%）＋讨论（15%）＋线上资源利用（10%）＋阅读（10%）。

实践课程的过程考核评分标准见表 4-4。

表 4-4 实践课程的过程考核评分标准

过程考核方式	评分标准				
	90－100 分	80－89 分	70－79 分	60－69 分	0－59 分
	优	良	中	及格	不及格
课堂互动（15%）	能够认真完成实验，与小组成员有效配合，效率较高，数据质量高	能够较认真地完成实验，与小组成员互相配合，数据较好	能够完成实验，与小组成员可以配合，数据合格	能够参与完成部分实验，与小组成员有一定配合，数据质量需要提高	无法完成实验，与小组成员没有配合，效率低，数据质量差
章节测验（20%）	90 分以上	80—89 分	70—79 分	60—69 分	60 分以下
实验报告（30%）	格式正确，图文混排，条理清楚，书写工整，学习体会深刻	格式比较正确，图文混排，条理较清楚，书写基本工整，学习体会较多	格式基本正确，有图片和文字说明，条理基本清楚，书写基本工整，有学习体会	格式尚可，有图片和文字说明，条理尚可，书写尚可，无学习体会	格式不对，图片和文字不全，缺乏条理，书写潦草，无学习体会
讨论（15%）	参加线上与线下讨论次数在 90%以上	参加线上与线下讨论次数在 80%—89%	参加线上与线下讨论次数在 70%—79%	参加线上与线下讨论次数在 60%—69%	参加线上与线下讨论次数在 60%以下
线上资源利用（10%）	线上音视频利用率在 90%以上	线上音视频利用率为 80%—89%	线上音视频利用率为 70%—79%	线上音视频利用率为 60%—69%	线上音视频利用率在 60%以下
阅读（10%）	完成度在 90%以上	完成度为 80%—89%	完成度为 70%—79%	完成度为 60%—69%	完成度在 60%以下

四、课程建设成效与持续改进方向

通过近几个学期的应用实践，该课程改革取得了较为明显的效果，具体表现如下。

第一，通过课堂表现看，学生学习的积极性明显提高、兴趣浓厚、态度端正，学生未出现旷课现象，课堂抬头率高，互动积极，作业质量与完成度明显提高，学生软件操作能力、解决实际问题的应用能力明显提高。

第二，教学评价反映了学生更认可目前的教学方式与考核方式。课堂教学氛围活跃，不再死气沉沉，学生的学习兴趣明显增强。根据学校进行的学生满意度调查问卷，课程评价结果的平均分为 9.96 分。问卷共 10 道题，每题 10

分，每题的评价结果取样本的平均值。表 4-5 为具体题目和得分情况。

表 4-5 学生满意度调查问卷和得分

题目	得分
1. 我认为该课程很有意义，我在课程中所学的对今后会有很大帮助，值得推荐	9.87 分
2. 我认为该课程具有一定的挑战性，我必须主动努力学习才能达到要求	9.87 分
3. 通过该课程学习，我理解并掌握了重要的基础知识，同时获得了较完善的课程框架与知识结构体系	9.94 分
4. 通过该课程的学习，我懂得了如何将所学知识灵活运用	9.94 分
5. 我认为该课程教师言行举止得当，公平公正，关爱学生，教学过程中传播优秀文化和正能量，能够引导我用正确的世界观、人生观和价值观来看待事情、处理问题	10 分
6. 我认为该课程教师的教学安排清晰合理，讲授思路清楚，重点难点突出，教师教导有方	10 分
7. 我认为该课程教师在教学过程中不断启发学生，和学生开展互动，善于运用案例、情景模拟、问题研讨等方法激发我的学习兴趣，调动我的学习积极性	10 分
8. 我认为该课程教师能够运用信息化教学手段丰富课堂教学，并为我提供以及引导我自主寻找学习资源（教材、课件、阅读材料、网络辅助资源等），对我的学习帮助很大	10 分
9. 我认为该课程具有多样化的考核方式（如课程报告、随堂测验、阶段性考试等），可以很好地引导我努力学习	10 分
10. 我认为该课程教师能够针对我的学习情况给予及时且有价值的建议，解决我学习过程中的疑问和困惑，改进我的学习方法	9.94 分

第三，从考试成绩来看，通过建立综合考核方案，学生的理论、实践综合成绩均有所提高，考试中不存在不及格的情况，知识、能力、价值目标的达成值均有明显提高。教学改革后，通过地理信息科学专业 3 个年级的平均综合成绩和目标达成值的对比来评价教学效果。2019 级沿用传统教学及考核方式，2020、2021 级为教学改革实施年级。图 4-2 为理论与实践平均综合成绩变化图，教学改革后学生的理论平均综合成绩、实践平均综合成绩有所提升。

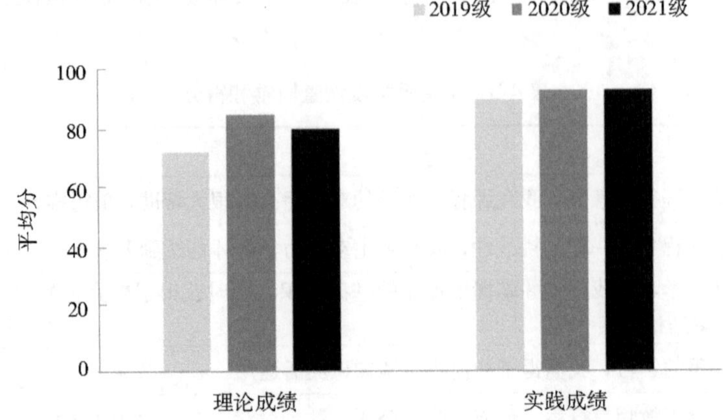

图 4-2 2019、2020、2021 级理论与实践平均综合成绩变化图

图 4-3 为理论综合成绩分布图，教学改革后 2020、2021 级 90 分以上学生的比例明显升高，80 分以下学生的比例明显下降。2020 级 90—100 分数段的学生所占比例较教改前提高了 8.4%，80—89、70—79、60—69 分数段的学生所占比例较教改前分别降低了 1.7%、4.3%和 2.5%。2021 级 90—100 分数段的学生所占比例较教改前提高了 20.8%，80—89、70—79、60—69 分数段的学生所占比例较教改前分别降低了 10.8%、7.5%和 2.5%。

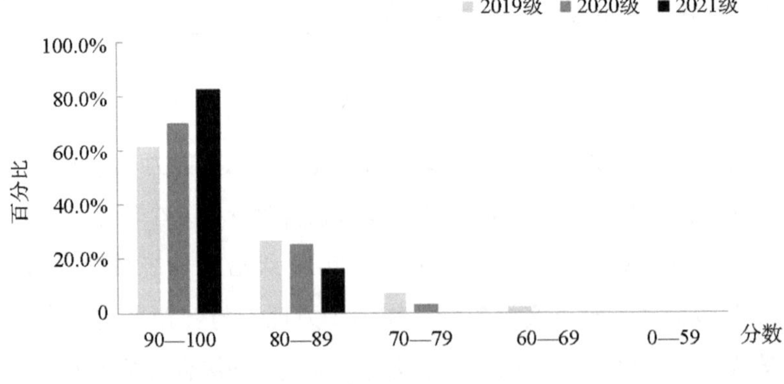

图 4-3 理论综合成绩分布图

图 4-4 为实践综合成绩分布图，教学改革后 2020、2021 级 80 分以上学生的比例明显升高，80 分以下学生的比例明显下降。2020 级 90—100、80—89 分数段的学生所占比例较教改前分别提高了 40.8％和 7.5％，70—79、60—69、0—59 分数段的学生所占比例较教改前分别降低了 13.3％、27.5％和 7.5％。2021 级 90—100、80—89 分数段的学生所占比例较教改前分别提高了 8.6％和 16.4％，70—79、60—69、0—59 分数段的学生所占比例较教改前分别降低了 1.1％、16.4％和 7.5％。

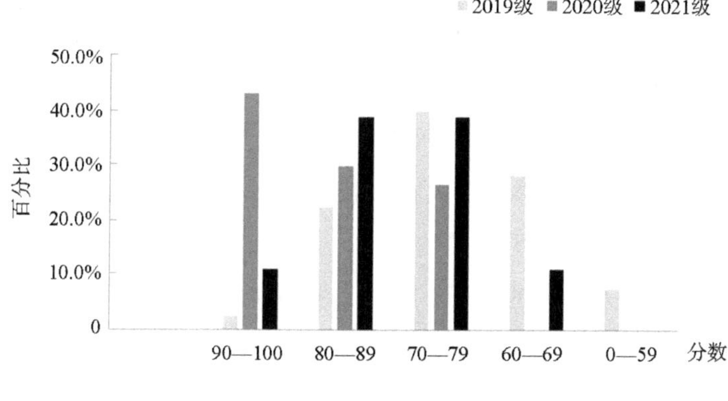

图 4-4　实践综合成绩分布图

图 4-5 为课程目标达成值分布图，教学改革后知识目标、能力目标、价值目标的达成值均有明显提高。

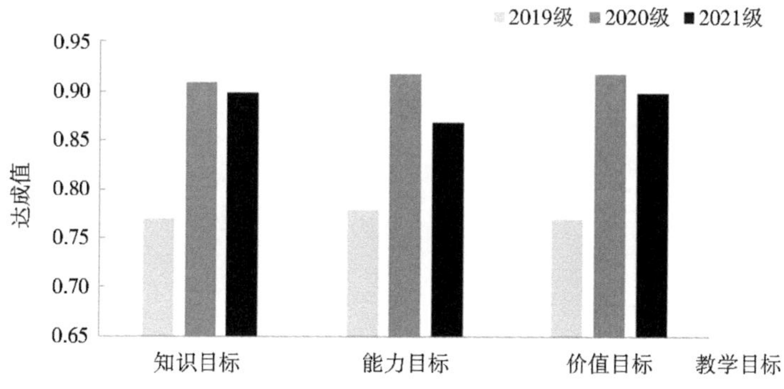

图 4-5　课程目标达成值分布图

第四，通过应用型改革，学生能掌握从图像获取、图像处理、信息提取到行业应用的一整套应用流程，提高了动手操作能力。实践过程中，学生的团队协作能力不断提升、责任心不断增强、应用能力不断提高，其表现出较好的职业素养，他们的自主学习能力、创新能力也得以提升。教学改革后，利用遥感技术进行应用问题研究的2022届、2023届地理信息科学专业本科生毕业论文有36篇，占总毕业论文的47.4%。课改班级的学生积极参与各类竞赛，自2021年教改以来，有21名学生在SuperMap杯全国高校GIS大赛中获奖，5名学生在“华航杯”高分卫星美丽河北遥感影像大赛中获奖，3名学生参与完成河北省“‘智能一体化’幼苗培育供应系统”大学生创新创业计划项目，3名学生在“航天宏图&华为云杯”PIE系统开发大赛中获奖，1名学生在“科工杯”美丽河北高分卫星遥感创新大赛中获奖，见表4-6。教学改革后已有19名毕业生从事与遥感技术应用相关的工作，占该专业毕业生总数的25%，其综合应用能力得到用人单位的认可。同时，授课教师本人也分别获得了2021年第六届全国高校青年教师GIS讲课竞赛一等奖、2021年邢台学院首届教师创新大赛三等奖、2022年邢台学院首届课程思政教学竞赛一等奖、2023年河北省首届课程思政教学竞赛二等奖等奖项，还被评为2021年度创先争优先进个人、2022—2023学年教师教学质量优秀。教师通过指导学生参加各类比赛提升了自身的教学与科研能力，积累了丰富的大赛指导经验，实现了以赛促学、以赛促教、教学相长，完成了教师与学生的共同提升。

表 4-6 学生竞赛获奖情况一览表

序号	竞赛名称	获奖学生姓名	获奖等级	级别	年份
1	第十九届 SuperMap 杯高校 GIS 大赛	宋思雨、赵梦凡、马少聪、孟洁、闫玉青、程路彪、贾林奇、王荣、段秀鹏	优胜奖	国家级	2021
2	“华航杯”高分卫星美丽河北遥感影像大赛	赵梦凡	二等奖	省级	2022
3	“华航杯”高分卫星美丽河北遥感影像大赛	韩冰哲	三等奖	省级	2022
4	“华航杯”高分卫星美丽河北遥感影像大赛	宋思雨、马少聪、杨梦迪	优秀奖	省级	2022
5	第二十届 SuperMap 杯全国高校 GIS 大赛	何慧童、刘佳林、米硕、於鑫莹	优胜奖	国家级	2022
6	第二十届 SuperMap 杯全国高校 GIS 大赛	李浩然、陈怡梦、栗红玲、潘秀丽、唐文宇、高宇航、周雪、武博洋	鼓励奖	国家级	2022
7	第五届“航天宏图 & 华为云杯”PIE 系统开发大赛	李首航、蹇强、李家兴	优胜奖	国家级	2022
8	“科工杯”美丽河北高分卫星遥感创新大赛	周雪	优秀奖	省级	2023

应用型课程改革是一个持续改进的过程，遥感数字图像处理应用型课程改革虽然取得了一些成效，但也存在着一些问题。首先，根据学习通平台提供的教学数据和目标达成值分析，学生对“硬性要求”的教学内容掌握度较好、参与度高，课程能够完成学生知识学习和基本能力的培养；对于“有深度”的教学内容，在教师的启发和引导下，多数同学能够达到“蹦一蹦”就理解和掌握知识，课程能够完成学生的技能培养；但是对于延伸拓展的“深层次、创新性”教学目标，还有待进一步加强。其次，虽然课程教学质量，学生的应用能力、自主学习能力、创新能力等得到有效提升，但学校与企业之间协同育人的具体形式和实现途径仍需不断探索，并且需要合理的政策、方针及评价机制来保障。虽然课程组聘请了企业工程师担任实践指导教师，但是他们并没有学校

官方的聘书，因此无法形成长期稳定的合作关系，这不利于校企合作的长期深入开展。

在今后的教学过程中，需要继续加强与企业之间的沟通合作，探索更加有效的教学方法、评价机制，充分利用数字化手段，在课程内容和教材中融合更多和更高质量的遥感科技成果，使课程教学质量，学生综合应用能力、创新能力得到不断提升。

第三节　酶工程应用型课程改革的探索与实践

一、课程基本情况

酶工程是生物技术专业的 4 大支柱课程之一，是酶学、微生物学与工程学相互交叉渗透发展而成的新的技术学科。目前，酶在医药、食品、轻工、化工、能源、环保等领域发挥着重要作用。全球酶制剂行业的市场以每年 10% 的速度高速增长，因此该行业对应用型人才的需求也大量增加。做好酶工程课程的教学工作、培养适合时代发展需要的酶工程领域的人才是酶工程课程教学的重要任务。

传统的酶工程课程教学与应用型人才培养有不相适应之处，主要表现为教学内容繁多，授课安排不够合理，知识体系内在逻辑关系混乱，理论教学与生产需求严重脱节，教学方法、手段单一，开设的实验课程应用性不强，且多为验证性试验，不成体系，考核方式循规蹈矩，等等。目前，国内外很多大学都正在对酶工程这门课程进行教学改革以解决本门课程目前存在的问题，以适应应用型人才培养的目标。

二、课程性质及总体教学目标

酶工程是生物技术专业的学科基础课程、必修课，共 48 学时，其中理论 32 课时、实验 16 课时，2.5 学分；第三学期开设，先修课程为有机化学、生物化学、微生物学。课程考核方式分为过程考核（平时考核）和课终考核（期末考核)。过程考核(平时考核)的内容包括课堂表现、课后作业等;课终考核(期末考核)采用闭卷考试的方式进行。课程总成绩为过程成绩(平时成绩)×30%+课终成绩(期末成绩)×70%。过程成绩(平时成绩)评定包含课堂表现(15 分,包括课堂讨论交流、回答问题、听课态度等)和课后作业(15 分,包括学生完成作业布置计划表中作业的情况)。教学参考书选用林影主编、高等教育出版社出版的《酶工程技术与原理》(第三版)。

酶工程是随着酶学研究的发展而发展起来的,特别是酶的应用推广使酶学和工程学相互渗透结合、发展而成的一门新的技术科学,是酶学、微生物学的基本原理与化学工程相结合而产生的交叉科学技术。通过本课程的学习,学生应达到以下主要目标:掌握酶生物合成及其调节过程、微生物酶的发酵生产与控制及酶的提取分离与纯化技术;掌握酶分子修饰、酶的固定化等内容,了解酶的剂型与复配;掌握酶反应器的类型与特点、酶的非水相催化等应用方式;了解酶在食品领域、饲料行业、医药行业、纺织行业、化工、环保等领域的应用。

三、应用型课程改革的创新与实践

酶工程课程是生物技术专业重要的专业基础课之一,涉及化学与化工、生物化学、分子酶学、微生物工程等学科领域,课程知识模块多,内容庞杂,学生学习起来难度较大。我校自 2008 级生物技术专业开始开设该课程以来,建立起了以生物酶工程为核心的酶工程教学体系,随着我校应用型转型和应用型人才培养目标的确定,课程体系及教学模式需要重建和创新,本章从教学内容、教学方法以及实践教学方面进行了思考和改善。

(一)构建教学体系

我校酶工程课程的理论课共 32 个课时,这就要求教师“精实”理论教学。“精”即根据生物技术专业人才培养目标和酶工程课程教学大纲要求,精简课程内容,以酶的生产、改性与应用为主线,突出重点,增加自学内容,发挥学生学习的主观能动性;“实”即强调课堂教学突出实效,强化酶工程课程的核心知识理论体系,同时加强学生解决实际问题的能力,突出知识理论在实际生产中的应用。

1. 精选教学内容

酶工程课程的授课内容要结合我校的专业培养目标和生物技术产业的人才需求，以应用为导向，以酶工程核心知识体系为骨架。当前我校正在向应用型转型，生物技术专业作为应用技术人才培养专业，是我校应用转型的有力抓手。我校生物技术专业毕业生主要从事酶制剂的研发和生产、抗生素的生产管理、中成药的生产加工、药品销售服务等领域的工作。这些岗位要求涉及酶工程在实际生产服务中的应用，如产酶微生物的筛选优化、酶的分离纯化和制剂、酶的修饰改性、酶的定向进化、酶反应器的应用等知识模块，这些知识模块被选为酶工程教学的重点内容。此外，利用思倍特生物科技有限公司、河北国金药业有限责任公司等实践基地的实践教学活动，让学生直观感受所学知识在实践中的应用。

2. 突出专业特点

我校生物技术专业面向生产一线，注重专业综合素质培养，是我校的特色专业。酶工程教学内容要充分体现生命科学和工程学的学科特点，综合考虑专业课程体系，其他课程已经涉及的内容可以不作为课堂讲授的内容，留给学生课下自学，例如生物化学课程中所包含的酶的特性、酶促反应动力学、酶抑制剂等内容，分子生物学课程中酶的生物合成及基因表达调控，微生物课程中的微生物培养及发酵动力学等内容。对于酶工程知识体系的核心内容，比如产酶微生物的筛选及优化、酶蛋白的分离与纯化、酶分子的修饰技术、酶制剂与配型、酶反应器的种类及选择等要重点讲解，并强调这些理论知识在实际生产中的应用。对于酶工程领域的科技前沿知识，比如抗体酶的制备及应用、酶基因高通量筛选技术、新型酶的分子设计等内容进行介绍，以扩展学生的知识面，开拓他们的眼界。这样在酶工程课程体系的基础上突出了专业特色，有利于提高学生的专业素养。

3. 及时更新教学内容

生物技术产业作为 21 世纪的朝阳产业发展迅猛，其基础理论和应用日新月异。酶工程领域每年都会有许多新技术、新成果出现，这就要求授课内容及时补充和更新。课程的专任教师一定要身在科研一线，及时获取酶工程领域在实际生产和行业发展中的科研需求和前沿信息，这样教师就可以及时更新教学内容，使学生所学的知识技能能够符合行业发展需求，做到学以致用。在本课程的开设过程中及时补充增加了分子酶学的最新知识，将与酶学有关的酶基因克隆与修饰、酶蛋白的重组表达及纯化的内容进行及时更新。

4. 制订课程教学计划

根据大纲要求，本课程突出专业特点，面向酶工程行业实际生产需求，按照酶的生物合成、酶的改性和酶的应用 3 个模块制订如表 4-7 所示的课程教学计划。

表 4-7　课程教学计划

章目	课程内容	课时
第一章　绪论	1.1　酶的基本概念及由来 1.2　酶的分类与命名 1.3　酶活力测定 1.4　酶工程发展概况与前景	2
第二章　酶的生物合成及其调节	2.1　RNA 的生物合成 2.2　蛋白质的生物合成 2.3　酶生物合成的调节 2.4　酶基因异源表达过程与方法	2
第三章　微生物酶的发酵、生产与控制	3.1　了解酶的生产菌株 3.2　掌握微生物的生长营养与产酶培养基 3.3　掌握微生物发酵及产酶控制 3.4　掌握酶发酵动力学 3.5　熟悉微生物产酶的方式	4
第四章　酶的提取与分离、纯化	4.1　层析分离 4.2　离心 4.3　膜分离 4.4　电泳分离 4.5　过滤与膜分离	8
第五章　酶反应器	5.1　酶反应器的特点与类型 5.2　酶反应器的设计与选型 5.3　酶反应器的操作 5.4　酶反应器的发展前景	2

续表

章目	课程内容	课时
第六章　酶分子修饰	6.1　酶分子的物理修饰 6.2　酶分子的化学修饰 6.3　酶分子的基因修饰	4
第七章　酶的固定化	7.1　酶的固定化方法 7.2　固定化酶的特性 7.3　了解固定化技术的应用	3
第八章　酶的非水相催化	8.1　酶非水相催化的研究历程 8.2　水和非水介质对酶催化反应的影响 8.3　非水介质中酶催化的特性 8.4　非水介质中酶催化的条件及控制	4
第九章　酶的剂型与复配	9.1　酶的剂型 9.2　酶的复配及加工技术	1
第十章　酶的应用	10.1　酶在食品领域、医药行业、饲料行业的应用 10.2　酶在纺织、造纸、化工、环保等领域的应用	2
合计		32

(二) 改进教学方法

教学方法是教学的重要组成内容，直接关系到学生学习的实际效果。本课程以建构主义学习理论为指导，以充分发挥学生的主观能动性为着力点，结合酶工程课程知识体系，选用问题探究法、案例教学法、自主学习法等教学方法，充分体现学生在学习中的主体作用，增加学生的学习积极性。

1. 问题探究法

课堂教学成功的关键在于将学生从“填鸭式”的被动局面中解脱出来，使其回到自然宽松的认知过程中去，课程在帮助学生体味认知世界的快乐的同时，有效培养学生的独立思考能力，切实做到“授人以渔”。我们在授课时努力创造积极活跃而不脱离主线的课堂气氛和学习环境，最大限度调动学生参与教学全过程的积极性，建立以学生为主体的互动式课堂教学模式。根据课程知识内容，梳理出核心知识点，设计出能够引领章节重点内容的问题，然后以解决问题为主线引导学生积极思考，学生在探索的过程中建构知识，这样有利于改变学生上课被动听讲的局面，能够激发学生的好奇心和求知欲。例如，在抗体酶教学过程中，首先提出“能否将抗体改造成像酶那样具有催化活性的分子呢?”这样的核心问题，再引导学生去分析酶与抗体的性质与特征，找出差别，讨论抗体酶的制备，最后引导学生完成抗体酶知识点的构建。

2. 案例教学法

以往的教学过程中教师只注重理论部分的分析而忽略了学生是否能在实际中应用这一知识，而酶工程是一门与生产实践密切联系的应用学科，为此教师在教学过程中把方法、原理、分析与实例结合起来。教师在讲述时把生产、生活中与酶的生产与应用有关的实例引入课堂并剖析，丰富学生的感性认识，然后设疑，引导学生思考并将相应的原理概括出来，使学生在轻松的气氛中接受基本知识。采用生产和生活实例教学给学生提供了一个理论联系实际的平台，不仅加强了学生对知识的理解，而且提高了他们对知识的应用分析能力。例如学生可以清楚地说出盐析沉淀的原理，而对如何使用盐析法沉淀酶以及在何种硫酸铵饱和度下沉淀析出、在发生沉淀时又如何提高沉淀的分辨率等实际问题，学生却不知如何解决。在此基础上，教师提出共生沉淀现象，并通过盐析公式说明盐析的分类及两种方法的异同点，在对这两种方法的比较分析过程中使学生自然理解如何提高盐析沉淀的分辨率。教材中比较枯燥的内容，如非水介质中酶促反应等，教师可以选择几篇研究非水酶的文章，沿着作者的研究思路逐步深入，以设问、反问的方式使学生注意非水酶的性质。引用一些相关内容的研究论文来进行教学，实践证明教学效果较好。这样既可以使单调的知识教学不再枯燥乏味，增加学习的生动性和直观性，也使学生在学习过程中能够很好地把理论知识和实际应用相结合。例如在学习微生物产酶知识点时，教师就结合学生在思倍特生物科技有限公司的实习内容——以枯草芽孢杆菌生产淀粉酶为案例进行授课，以产品生产为主线，从产酶菌株优化与保存、菌种的活化与扩培、发酵工艺条件的控制、酶制剂的干燥等方面逐步展开，由于知识的直观性加强，学生对知识的理解和掌握好了很多。

3. 自主学习法

根据课程知识体系和大纲要求，在教学中选择部分知识点或章节作为学生自主学习的内容。教师明确学习要求，给予学生差异化指导，通过书面作业、电子问卷等方式检测学生的学习效果。当学生自学其他课程中的相关内容时，明确要求学生了解这些内容在酶工程知识体系中的作用与特点，比如在自学酶的特性、酶的生物合成及基因表达调控、微生物培养及发酵动力学时，给学生强调这些知识在生产中的应用。

4. 利用现代教学手段

本课程采用多媒体教学手段，增加授课的生动性，便于学生对抽象知识的理解，提高学生的学习兴趣，同时采用线上、线下混合教学模式，便于学生的自学和师生之间的沟通。

(三) 强化产学研实践课教学

本课程的合作企业邢台思倍特生物科技有限公司是邢台学院的实习就业基地。公司位于邢台市开发区，占地 130 余亩，年生产能力为 30，000 标吨微生态制剂及 2000 吨酶制剂产品。公司由原邢台酶制剂厂及原新欣翔宇公司的生产和技术骨干组建，拥有几十年酶制剂产品生产经验及多项微生态核心技术成果，技术水平在国内、国际处于领先地位。公司现主要生产 2709 碱性蛋白酶和 1398 中性蛋白酶等酶制剂产品，同时生产微生物饲料添加剂枯草芽孢杆菌和地衣芽孢杆菌等微生态制剂。自 2011 年起，公司承担了我院生物技术专业的课程见习、实习等教学活动，校企关系良好。本课程增设了酶工程综合实验，强化学生的实践能力和创新能力，同时通过学生的生产见习、实习，将公司实际生产中存在的问题引入课程的科研教学中，以实践实习为桥梁实现产学研深度融合，在实践教学中培养学生的实操能力和解决实际问题的能力。

1. 优化实践教学设置

以生物技术产业实际生产为依据，改变传统的缺乏连贯性的酶工程实验。借助生物技术人才培养方案中的生物技术综合大实验，以酶的生产为主线设定实践内容。实践内容包含产酶微生物的分离与鉴定、产酶微生物的发酵条件优化、酶制剂的分离与纯化、酶的固定化技术等项目。实践内容涵盖了酶制剂生产的关键步骤，使学生充分了解和掌握了酶制剂生产的基础理论和技能，满足了该行业的人才要求。实践教学的内容连贯系统，能够充分培养学生的科研素养和实验技能，为学生将来的专业发展打下良好的基础。

2. 改革实践教学方式，培养学生创新能力

学生除了要具有扎实的理论基础外，还要有较强的实践操作能力。酶工程是一门生产和应用紧密结合的课程，作为实践教学形式的实践课教学环节必不可少。实践课教学是理论与实践结合的纽带，是培养学生专业应用技术和操作技能的途径。酶工程又是一门技术应用性很强的学科，因此在实践教学中更应注重培养学生分析与解决问题的能力、综合能力以及一定的技术创新能力。为此，我们在狠抓基本实验技能训练的基础上，减少可能对学生知识探索性以及学习兴趣产生不利影响的验证性实验，加大机能性、综合性与探索性实验内容，适当开设设计性实验，以培养学生的独立工作能力。让学生参考实验指导书自己设计实验方案，教师帮助分析这些方法的合理性和实用性，然后由学生自己从实验准备开始独立完成整个实验。以学生为主、教师为辅的实践教学可以逐步培养学生的独立工作能力。以往的实践课程内容大都是验证性实验，过程简单，结果预期性非常强，往往以教师讲授为主，学生没有积极性和主动性，只是机械地模仿完成实验内容，学生的实操能力和创新思维能力不能得到提高。为此，教师采用小组教学法，学生在教师的指导下查阅实验资料、设计实验方案，然后进行实验，实验结束后学生讨论并总结实验结果。这种实践课程更加侧重教师对学生的启发引导，充分体现学生学习的主体性，能更好地激发学生的学习兴趣，培养学生的动手能力和创新能力。

3. 丰富实践形式，鼓励学生参与教师的科研活动

鼓励学生积极参与各种实践活动，充分发挥学校科研对教学的支撑作用。学校的科研平台是学生在校期间最好的专业实践场所，教师应围绕应用型人才培养目标选择科研项目并吸纳学生参与，通过助研培养学生运用所学专业理论知识解决实际问题的能力。这种积极吸纳学生参与教师科研课题的方式，取得了良好的效果。

4. 设计实验内容

按照大纲要求，课堂实验瞄准酶工程核心技术，设计了蛋白质分子量测定、真菌酯酶同工酶分析 2 个综合实验，具体内容见表 4-8。

表 4-8 实验内容

实验名称	知识能力内容
实验一：SDS-PAGE法测定蛋白质分子量（8课时）	SDS-聚丙烯酰胺凝胶电泳（SDS-PAGE）是对蛋白质进行量化、比较及特性鉴定的一种经济、快速而且可重复的方法。SDS是十二烷基硫酸钠的简称，它是一种阴离子表面活性剂，加入电泳系统中能使蛋白质的氢键和疏水键打开，并结合到蛋白质分子上，使各种蛋白质-SDS复合物都带上相同密度的负电荷，其数量远远超过了蛋白质分子原有的电荷量，从而掩盖了不同种类蛋白质间原有的电荷差别。这样就使电泳迁移率只取决于分子大小这一因素，于是根据标准蛋白质分子量的对数和迁移率所做的标准曲线，可求得未知物的分子量。 不连续电泳之所以有很高的分辨率是因为有3种效应，即浓缩效应、电荷效应和分子筛效应。
实验二：酯酶同工酶的分析（8课时）	催化相同反应而结构和理化性质不同的酶的分子类型称为同工酶。同工酶概念的提出揭示了不同生物、同一生物不同器官和不同组织起源的酶可作用于同一底物，催化相同的反应，但在其他性质方面可以不尽相同。亚单位结构学说是研究同工酶理论并对作用机理阐述得较为透彻的学说之一。该学说认为同工酶是由不同亚基按不同方式结合而成的，如已经证明乳酸脱氢酶（LDH）是由A、B两个亚基按不同比例结合成的四聚体，所以有5种同工酶：LDH_1（A_4）、LDH_2（A_3B_1）、LDH_3（A_2B_2）、LDH_4（A_1B_3）、LDH_5（B_4）。由不同基因引起的同工酶存在于同一物种的所有个体中，而由等位基因引起的同工酶以一定比率存在于同一族中。 非变性聚丙烯酰胺凝胶电泳（Native-PAGE）是在不加入SDS乙醇等变性剂的情况下，对保持活性的蛋白质进行聚丙烯酰胺凝胶电泳。未加SDS的天然聚丙烯酰胺凝胶电泳可以使生物大分子在电泳过程中保持其天然的形状和电荷，它们的分离是基于其电泳迁移率的不同和凝胶的分子筛作用，可以利用其分析生物体酯酶同工酶。

5. 充分利用校外课程实践

在生物技术专业见习、实习中设置淀粉酶制剂实践案例，包括产酶菌种的活化与保存、种子菌液的培养、产酶菌的扩大培养、产酶菌发酵工艺的控制及优化、酶液的干燥等内容，强化学生的实操体验，实现理论与实践的结合。

（四）完善考核方式

课程考核是对学生掌握知识情况的考查，也是教师教学水平的体现。由于学生学习的最终效果只能通过成绩来反映，所以考核的标准往往对学生的学习和教师的教学有指导意义。卷面考试作为传统考核方式，由于客观性较强、公平性较好而成为大部分课程考核方式的首选，但是对知识应用能力的考查很难达到能力培养的目的。因此，我们在考核时采取多种形式相结合的方式，加强了平时的考核。考核中平时成绩占20%、实验成绩占20%、期末考试成绩占60%。平时成绩包括课堂作业的成绩和专题讨论的成绩：课堂作业主要是布置一些灵活性较强的思考题，考查学生对课堂知识的掌握情况，锻炼其独立思考的能力；专题讨论的内容主要围绕当前酶工程领域的热点话题展开，让学生分组进行、合作完成，观察学生合作、交流、学习的能力，允许学生在一定范围内自行选题，主要考查学生归纳总结和应用知识分析、解决问题的能力。期末考试主要检验学生对课程知识体系框架的掌握和理解，以课程论文的形式进行，内容限定，题目自拟，参考文献不能少于10篇。实践证明，这种考核方式有利于培养学生独立思考和解决问题的能力，激发了学生学习本门课程的主动性和积极性，提高了学生的文字综合能力和表达能力。

四、课程建设成效与持续改进方向

（一）师生评价良好

酶工程自开始探索应用转型以来，在学院组织的听评课中获得了好评，同时在每学期举办的学生座谈会上也得到了参会学生的高度认可。本课程立项后，每学年至少组织2次学院听评课和2次学生座谈会，依据听评课的专家和座谈会的学生的评价意见进行教学方法改进和调整，并将听评课结果和学生评价的结果作为评价教学效果的重要依据，最后的评价结果显示本课程的教学效果达到了教师评价良好以上、学生好评率95%以上的水平。课程建设期间，学生主动融入实际生产，接受企业的指导和培训，通过学校和企业共同努力，学生的理论知识和实践能力得到双提升。让用人企业对学生表现进行评分，设定“优秀”“良好”“合格”“不合格”4个等次，将学生的实习成绩作为课程教学效果的社会认可度评价依据，评分结果显示学生合格率达到95%以上，其中80%以上的学生得分在良好以上。

（二）课程理念与教学模式更新

课程组立足酶工程产业，以应用为导向，根据实际生产和企业岗位技术需求开展教学工作，进而做到站在校外看教学、校企联合做教学；建立课堂“进车间”的教学模式，选择酶的生物法生产等内容在生产车间进行教学，采取由企业兼职教师主讲、学校教师参与的教学模式；实施案例教学，酶工程是生物技术专业的应用转型课程，所以将授课内容与实际生产紧密联系，创建教学案例，开展项目探究式教学。酶工程课程将对生物技术专业相关课程的应用型转型起到示范引领作用，同时推动生物技术专业及其他理工专业的应用转型建设和发展。

（三）课程的持续改进

本课程改进的方向是进一步增加课程的实践环节，创设教学案例，使得课程的能力训练效果得到提高，学生的技能可以更好地贴合企业的需求。通过深入进行企业和行业调研，积极争取与企业深度合作，让企业融入课程建设中，促进学生实践能力和课程教学效果的提高。

第五章　思政类专业课程改革的探索与实践

第一节　思想道德与法治应用型课程改革的探索与实践

高校思想政治理论课承担着系统的大学生马克思主义理论教育的任务，是巩固马克思主义在高校意识形态领域指导地位、坚持社会主义办学方向的重要阵地，是全面贯彻党的教育方针、落实立德树人根本任务的主干渠道和核心课程，高校思想政治理论课涉及培养什么样的人、如何培养人以及为谁培养人的问题，关系到高校主流意识形态话语权的实现问题。中共中央办公厅、国务院办公厅印发的《关于深化新时代学校思想政治理论课改革创新的若干意见》明确提出，应当“坚持问题导向和目标导向相结合，注重推动思政课建设内涵式发展，全面提升学生思想政治理论素养，实现知、情、意、行的统一”。

一、课程性质及定位

思想道德与法治课是高校思想政治理论课的主干课程之一，是大学生的一门公共必修课，是以习近平新时代中国特色社会主义思想为指导，将中国特色社会主义建设的创新实践、创新理论融入教学体系之中，是一门融思想性、政治性、科学性、理论性、实践性于一体的思想政治理论课程。本课程以思想教育和法治教育为主题，以社会主义核心价值观为主线，从当代大学生面临和关心的实际问题出发，通过理论学习和实践体验，帮助新时代大学生形成崇高的理想信念，弘扬伟大的爱国主义精神，确立正确的人生观和价值观，牢固树立社会主义荣辱观，培养良好的思想道德素质和法治素养，进一步提高分辨是非、善恶、美丑和加强自我修养的能力，引导青年大学生在政治认同、家国情怀、道德修养、法治意识、文化素养等方面全方位提升自我；引导学生坚定“四个自信”，认识中华民族波澜壮阔的复兴进程，认清自己所肩负的重任，增强拼搏、担当和奉献的自觉意识，为逐渐成为德智体美劳全面发展的社会主义事业的合格建设者和可靠接班人，打下扎实的思想道德和法治基础。

应用型本科院校是以培养应用型人才为主，以培养本科生为主，以教学为主，以面向地方、行业、企业为主的普通高等学校。应用型本科院校是办学定位，不是国家专门另设的一类办学层次，所以在思想政治教育课程设置上，它和普通本科院校无论在教材、培养目的以及课程节数等方面的要求是一致的，按照教育部有关规定，思想道德与法治课必须使用全国统编教材，应用型课程思想道德与法治的教学目标是帮助大学生树立正确的思想观、政治观、道德观、法律观，从能力上培养引导学生提高思想认识，掌握科学地分析和解决问题的方法，形成正确认识社会、正确实践的思维方式，解决大学生在成长成才过程中遇到的实际问题，培养良好的思想道德素养和法律素养，将大学生培养成为有理想、有道德、有文化、有纪律的社会主义事业的合格建设者和接班人。由此，提升思想道德与法治课堂教学实效、夯实育人阵地对于应用型课程建设具有重要的现实意义。

二、课堂教学效果的调查与分析

随着新媒体时代的到来，互联网功能越发强大，手机 App 软件的普及使得微博、微信、博客成为大学生日常交往、观点表达、价值体现、习惯养成的重要载体，他们用手机操作取代了传统的书信往来，用空间动态取代了传统日记，用网络语言取代了传统语言，虚拟网络塑造了大学生的思维、生活方式，同时也给高校思想政治理论课的教学工作带来了挑战。教学团队对邢台学院 2021 级大学生的思想道德与法治课堂教学效果进行了调查，对教学中存在的问题进行了总结分析，从而通过课程改革的创新与实践提升思想道德与法治课的理论性、亲和力、感召力，促进课堂教学提质增效，全面提升学生的思想政治理论素养。

调查采用问卷与访谈相结合的方法，问卷由20个问题构成，主要围绕大学生对思想道德与法治课的认知度、关注度和认同度展开。问卷调查以邢台学院本科生为主体，将经济学、法学、教育学、文学、历史学、理学、工学、艺术学8个学科门类作为抽样框，从各大门类中分别抽取1个院系，再按照所在院系的性别比从2021级大学生中抽取28人，共224人构成了本次调查的样本。本次调查实际发放问卷224份，回收216份，有效问卷201份，有效回收率为89.73%。全部问卷资料编码后用SPSS软件进行统计分析。调研团队为了获得更加具体、深入的资料，通过偶遇抽样方式获得18个受访者样本，并对这些样本进行了面对面的深入访谈，进一步了解大学生对思想道德与法治课程及教学的看法和感受。调查结果如下。

（一）教学内容枯燥，学生获得感不强

调查结果显示，有37.7%的学生选择对思想道德与法治课“相当有兴趣”和“比较有兴趣”，62.2%的大学生选择对思想道德与法治课“兴趣较小”和“不感兴趣”；在问及原因时，有69.2%的大学生认为思想道德与法治课程“内容枯燥，无实际用途”，37.6%的大学生认为“理论性强，抽象，不易理解”（表5-1）。笔者经进一步访谈了解到，大学生们普遍反映：“学的时候感觉思想道德与法治课内容比较空泛，离生活有点儿远，学着没什么意思，快到考试时背背知识点，背的时候很辛苦，考完之后忘得快。”由此可见，思想道德与法治课教学工作没有充分考虑到要与大学生喜爱的形式结合起来，主流意识形态和大学生的价值观并未产生共振。

表5-1　对课程不感兴趣的原因

题目	原因（可多选）	比例（%）
你对思想道德与法治课不感兴趣的原因	理论性强，抽象，不易理解	37.6
	内容枯燥，无实际用途	69.2
	和中学所学内容有重复的地方	28.4
	其他	6.2

（二）教学方法单一，学生代入感不强

目前，思想道德与法治课的讲课方式通常以教师讲授为主，调查结果显示，39.7%的大学生认为“思想道德与法治课教学方法比较有或很有吸引力”，60.3%的大学生认为“思想政治理论课教学方法对其吸引力较小或没有吸引力”。吸引力强调的是内在动力，是学生自身的积极主动性。结合访谈资料得知，在思想道德与法治课中学生参与度不高，老师在讲台上卖力地讲，而学生在听课过程中有的昏昏欲睡，有的做其他科作业，有的甚至玩手机（表 5-2）。由此可见，大学生在思想道德与法治课堂中是一种“打卡心态”，处于被动地位，并没有真正发挥在课堂中的主体地位。

表 5-2 课堂表现情况

题目	回答	比例（%）
你在思想道德与法治课堂中的表现	积极听讲，认真思考	31.4
	听讲，偶尔走思	28.0
	偶尔听讲，做其他科作业或者看闲书	20.5
	不听讲，应付查考勤	20.1

（三）实践教学流于形式，学生参与度不足

思想道德与法治课的目的不仅在于给大学生讲授一些基本的政治理论知识和方法，更在于把知识和方法内化为自己的思想后身体力行，树立正确的世界观、人生观和价值观，培养政治信仰，提升大学生的社会责任感，所以实践教学是思想道德与法治课的重要环节。但据调查结果显示，思想道德与法治课实践教学形式基本就是布置社会调查作业与课后推荐书目阅读，52.6%的大学生是“因为平时成绩才去完成思想道德与法治课实践作业”，据访谈得知有的大学生根本就没有参与实践活动，即使参与了实践活动的一些大学生，也是为了应付老师的作业而已。由此可见，相当一部分大学生对目前实行的实践教学形式并不感兴趣，参与态度不积极（表 5-3）。

表 5-3　实践活动参与情况

题目	回答	比例（%）
你对思想道德与法治课社会实践活动的参与情况	经常参与	45.6
	偶尔参与	39.5
	从不参与	14.8

三、应用型课程改革的探索与实践

（一）第一课堂：引入参与互动机制，打造开放课堂

在课堂上正确处理教师主导性和学生主体性的关系，充分发挥学生的主观能动性，让学生主动地学，在参与中思考、选择，进而获得正确的思想道德和法治观念与知识。

第一阶段“课前准备”，课前教师布置小任务，例如观看电影、视频，或者推荐书目、案例，引导学生预习课堂内容，激发学生对授课内容的兴趣。

第二阶段“提出问题”，引导学生提出与课堂教学内容相关的生活问题，努力还原出产生理论的现实情境，将教材理论内容与现实连接，使学生思考生活。

第三阶段“讨论案例”，教师将反映本章理论内容的来自生活的典型案例展示出来，先由学生充分讨论、自由发表意见，然后由教师总结归纳、分析和评价。

第四阶段“课后练习”，课后作业是由学生独立分析案例，作业形式多样化，包括小论文、头脑风暴、PPT 展示等。

以 2021 年版教材第六章“学习法治思想，提升法治素养”为例。上课前，教师根据课程要求查找、搜集相关案例，拟定学生课堂讨论的具体要求。学生阅读案例后，首先根据之前掌握的理论查阅资料、自行分析，通过梳理案例中出现的法律知识点得出自己的结论；再进行小组讨论，在组内分享观点。在课堂上，教师完善案例的背景资料，学生在总结小组观点的基础上与其他小组展开热烈讨论，让各组的观点产生激烈的碰撞。课后，学生再对课堂上展示的观点进行总结分析，并记录讨论过程与讨论结果。

（二）第二课堂：挖掘校本素材，拓宽课程教学内容

在课程教学过程中，充分挖掘校本资源“丰富第二课堂”，进行“户外的课堂”。学生由思想道德与法治一线教师带队，授课地点由室内延伸至校园，教师讲述特色的校园文化，如品鉴题刻、解读校史与校训、诠释办学理念，带领学生身临其境，通过教师对丰富校园文化的讲解、剖析，学生切实地感知学校的人文环境。此方法寓理论于实践，将书本内容用生动活泼的话语展示出来，增强感染力和亲和力，并将抽象的理论具体化，更好地提高授课内容的针对性和实效性，引导学生自主、积极地参与学习。

（三）第三课堂：进行社会实践，拓展教学空间

一方面，课程结合本地红色资源适时开拓校外基地，组织学生赴实践基地进行交流学习，深化学生对理论的认识，通过有深度、有温度的实践教学，搭建起书本联系社会的渠道，构筑理论连接实践的桥梁，发挥实践教学基地辅助课堂理论教学的积极作用。另一方面，根据相关教学内容的需要，组织大学生深入社会开展社会调研、志愿服务和公益活动，引导不同专业的大学生深入实际，感知社会，利用自身专业特长服务社会，在解决社会问题的过程中体会社会需求与自身价值，培养家国情怀与人文精神。通过社会实践更好地发挥课程的育人作用，增强学生的参与感和体验感，将课程内容与社会实践紧密结合起来。寓教于实践活动不仅能够激发学生的兴趣，还能在很大程度上推动学生对思想道德与法治课的认同，使学生自觉将爱国情、乡土情转化为强国志、报国行，争做新时代的先锋。具体实践课程安排见表 5-4。

表 5-4　实践课程安排

实践课题	实践目的与内容	实践要求
“青春正能量”随手拍	通过“寻找校园最美笑脸”“记录感动一瞬间”“再现爱心公益”等主题拍摄活动，传播正能量，展现当代大学生自信乐观、向上向善的良好精神状态，丰富大学生活，让大学生发现身边的真善美，树立正确的人生价值观	选择主题、拍摄照片、制作 PPT

续表

实践课题	实践目的与内容	实践要求
参观实践教学基地	充分发掘邢台市本土特色和历史文化，通过参观考察促进书本知识和生活经验的深度融合，激发学生对邢台的浓厚兴趣和感情，使他们积极汲取邢台历史文化精华，学习和传承优秀文化基因。通过参观邢台学院校史馆，探寻过去，汲取智慧，发现未来继续前行的力量。通过参观郭守敬纪念馆，开阔眼界，感受古代科学家刻苦钻研的研究精神和爱国主义情怀，弘扬民族创新精神，传承历史文化遗产，培养民族自豪感和文化自信。通过参观邢台博物馆，直观了解邢台历史，感受邢台地方文化的博大精深，弘扬燕赵文化和中华文明	从校史馆、郭守敬纪念馆、邢台博物馆中选取一处认真参观考察，撰写一篇参观心得体会或感悟，插入现场参观照片
演讲：邢台学院在我心中	通过撰写文章和演讲，正确理解人生价值实现的条件和途径，对学校和祖国有更加深刻的认识，正确处理国家、学校、家庭、自己的关系，对自己的爱国主义情感进行挖掘	主题鲜明、结构完整、层次清楚、内容丰富、感情饱满、语言流利、姿态大方
“我的校园我做主”校园道德状况调查	通过对校园内的道德状况的调查，认识到我们校园中的正能量以及存在的不良道德状况，充分发扬邢台学院人的主人翁意识，对正能量进行宣传和发扬，对不良道德状况提出整改或纠正措施。帮助每一个大学生继承和弘扬优良道德品质，形成良好的校园道德风尚	收集校园内好人好事等正能量行为以及不良行为，对正能量进行宣传发扬，对不良道德状况提出整改或纠正措施，形成调查报告

四、课程建设成效与持续改进方向

（一）课程建设成效

1. 课程建设以“学生为本”的教学理念，提升了学生学习的主动性

课堂教学内容紧跟社会发展潮流，融入时代元素，紧密贴近学生需求，有效发挥思政教育作用；以学生为主体，根据学生的群体特点，围绕学生、关注学生、贴近生活、贴近现实，合理地回应学生的诉求，让大学生成为教学方案的设计者、过程的参与者、教育的评估者。教师将现代教学技术运用到思想道德与法治课堂教学中，利用随机点名、抢答、投票、发弹幕、调查问卷、点

赞、课堂讨论等线上、线下结合的方式增加课堂互动，活跃课堂气氛；利用多媒体教学创造轻松的教学环境，灵活展示教学内容，比如通过课程课件的演示、文字的综合应用、图片、动画、短视频、电影等加强学习体验，增强教学效果。现代信息技术的运用优化了课堂教学，让抽象知识直观化、形象化，有效激发了“00后”大学生的深度思考，使其产生了情感上的共鸣和精神上的共振，进而使课堂教学生动有趣，在提高教学效率的同时活跃了课堂氛围，激发了学生的学习兴趣，让课堂活跃起来。

2. 实施成果导向的教学，关注学生的参与度和获得感

根据学生预期达到的最终学习成果反向设计课程，在课堂中根据教学目标创设教学情境，关注学生困惑的问题，采用演讲、辩论、小组分享、角色扮演、专题研讨等形式，让学生在故事中、实践中、演讲中、视频中、图片中感受知识的不同呈现方式，激发学生思考，使学生成为教学活动的互动者而不是单向的接受者，在互动中建构“存在感”，在参与中体现“价值感”，在表达中争取“获得感”，并通过有深度、有温度的实践教学，搭建书本联系社会的渠道，构筑理论连接实践的桥梁，增强实践教学基地辅助课堂理论教学的积极作用，进而，在教学过程中激发学生的学习兴趣，增强课程的针对性和学生的获得感，最终实现教学目标。

3. 采用多维灵活的学习评价，形成系统性的教学质量持续改进闭环

思想道德与法治课改革聚焦学生，以学生收获学习成果为终极指向，确保建设举措符合大学生思想素质、政治素养和道德修养提升的需要；聚焦成果，明晰政治认同、家国情怀、道德修养、法治意识、文化修养等培养目标的核心要素，反向设计实施路径；聚焦问题，遵循“肯定—否定—否定之否定”的事物发展客观规律，结合学生外化行为评价反馈，并密切联系党的新思想、新观点、新论断，以此审视并持续改进培养目标、培养方案、课程设计、教学实施等，推进思政课的内涵式发展，全面提升学生思想政治理论素养。

本课程的考核方式分为学习过程考核与期末考核两大部分。学习过程考核又可以细分为线上考核部分和线下考核部分，线上考核部分可借助在线教学平台对学生观看视频资料、随堂单元测验、参与课堂讨论等情况进行评测，线下

考核针对出勤率、参与课堂讨论与回答问题的情况等进行考核。此外，根据应用型本科专业要求的注重学生实际操作能力的培养，在课外实践环节多下功夫，加大这一环节成绩比重，从而有效提高学生对本课程的关注程度，使课堂学习与课外实践有机结合。

（二）持续改进方向

1. 进一步整合优化教学内容，继续将教材体系转化为符合教学实际的课程教学体系

教师要在教材的基础上形成规范的教学大纲，既不脱离教材又不照本宣科，根据自己的授课风格和学生的特点，实现教材体系向课程教学体系的转化。第一，在教学实践中将系统讲授和专题教学结合起来，按教材内容顺序，围绕各章节的教学目的与要求，联系社会发展实际以及学生的思想实际，选择各章节的重点、难点、疑点、热点问题，高度概括并精心设计若干专题。第二，在教学中教师广泛搜集各种材料和事例，分析实际问题，让学生真正感受到言之有据、学有所用。在进行事例论证的时候，尽量就地取材，或者选择具有较强典型性的事例，把理论与学生实际生活紧密联系在一起，从而产生较强的说服力。

2. 借助新媒体技术，进一步创新教学手段

新时代背景下，任课教师需积极主动研究和利用各种网络新媒体平台，熟练运用网络新媒体技术，与时俱进地提升教学技术水平，激发“00后”大学生学习课程的兴趣。

第一，新媒体平台中大量的信息为思想道德与法治课体验式教学提供了丰富的资料来源。教师在第一时间找到最新案例，及时更新课堂教学资源，让学生利用课余时间阅读或观看平台中的相关内容，在课堂上引导学生对所读或所看的内容进行思考和研究，这种教学方式既提高了教学效率，又加深了学生体验知识的效果。

第二，尝试用微信公众号或微信群推送学生最关心或最困惑的内容，让学生把理论知识运用到现实中，鼓励学生创作内容生动、积极向上的微电影、微视频等，记录他们观察、思考、总结的过程。

3. 进一步完善课程考核机制，实施多元化评价方式

思想政治理论课程重在帮助学生塑造健康品格、陶冶情操、树立基础法律意识，所以对这门课程的考核需要设计综合全面的考核机制，进而对每个学生进行客观公正的评价。课程考核体系的顶层设计可以调动大学生上课的积极性，真正实现“学有所得、学有所获、学有所用”的目标。

课程的考核首先要注重课堂教学管理方式的升级优化，其次是对教学内容进行完善，教学质量的检测范围和管理制度的范围应该不断拓展，对教师群体的考核是要定期组织“大学生喜爱的教师”评选活动，使之成为教师自我能力展示的平台，再次要将学生的获得感视为评价导向的因素之一。在实践过程中不断进行课程反思，并对存在于思政课评价标准和教学发展定位之间的契合点进行分析和梳理，要提倡“持续改进”原则以实现教学目标。

第二节　政治学应用型课程改革的探索与实践

政治学作为思想政治教育专业的核心课程，旨在培养学生科学的政治价值观和正确的政治方向，帮助学生运用马克思主义观察、认识社会现象，提高分析和解决学习与工作中遇到的实际问题的能力，对于推进中国特色社会主义政治理论与实践发展、国家治理体系和治理能力现代化建设具有重要意义。在传统的教学中，教学模式固化，教学内容比较抽象，教学方法简单，教师只注重课堂理论知识的讲授，忽略了学生实际动手能力的培养。为了适应新时代发展需求，高等教育必须解放思想，向应用型转型。面对新形势、新任务，结合新师范建设，在习近平新时代中国特色社会主义思想指导下进行政治学课程的应用型改革势在必行。

一、课程基本情况

政治学是本科专业教学质量国家标准规定的思想政治教育专业的主干学科，英文名称为 Political，共 48 课时、3 学分，在第五学期开设，其先修课程

为马克思主义哲学、法学概论等。

政治学课程主要介绍了中西方国家的政治理念、政治制度、政治体制。通过本课程学习，学生能够树立科学的政治观和价值观，掌握马克思主义观察和认识社会政治现象的方法论，提高分析问题和解决问题的实际能力。

二、课程性质与教学目标

（一）课程性质

政治学是思想政治教育专业的基础课，是培养学生毕业后从事思想政治教育教学和其他工作的基础理论课程。

（二）教学目标

通过本课程的学习，学生达到以下目标。

第一，坚持马克思主义在意识形态领域的指导地位，认同中国特色社会主义制度的强大优势，坚定“四个自信”，成为马克思主义理论的传播者和践行者。

第二，树立坚定的社会责任感和团队合作精神，做到人文底蕴深厚、爱岗敬业、为人师表、教书育人。

第三，能够阐释马克思主义政治学的基础知识和基本理论，能够运用马克思主义政治学的基本观点和方法解决社会现实中的政治问题。

第四，能够描述中学思想政治学科的课程标准，具备良好的中学思想政治课教学技能。

三、应用型课程改革的创新与实践

（一）课程改革理念

1. 坚持马克思主义的指导地位

马克思主义是解释世界、改造世界的理论武器，马克思主义政治学为我们认识政治现象提供了全新的概念。西方的政治理论是西方资本主义国家政治发展的总结，有其历史背景。我国的社会主义本质决定了我们的政治学可以吸收人类文明发展的成果，但更要立足于中国特色社会主义初级阶段的国情，坚持马克思主义政治学的指导思想，将习近平新时代中国特色社会主义思想贯彻课程教学的始终。要将马克思主义政治学的基本理论与中国特色社会主义民主政治的理论与实践结合起来、与中华民族传统文化中具有现实意义的政治思想结合起来，毫不动摇地坚持中国化时代化的马克思主义政治学科学理论，“弘扬马克思主义政治学的科学精神、创新精神，推进马克思主义政治学在当代中国的新发展”。

2. 调整课程教学目标

政治学课程的现实性、价值性特征决定了课程教学不能是机械地传授基础理论知识，不是将基础理论知识简单地移植、复制，而是立足时代发展及未来职业素养的需求，让学生在学习基础理论知识中发展自己明辨是非和创新发展的能力。因此，课程教学目标应该改变过去简单传授知识的规定性，调整为在教授知识的同时，培养学生不断增强发现问题、分析问题、解决问题的能力，增强批判思维、创新发展的能力。

3. 重构课程知识体系

根据形势的变化，依据社会和学生发展的需求，重新构建合理的政治学课程知识体系势在必行。一是厘清政治学原理的范畴及各原理的逻辑联系。“范畴对于人们观念的建立与分析客观事物的逻辑思路具有重要影响，是对各类事物相互关系的概括，对于人们认识客观对象的本质规律起到了重要作用。无论哪种课程或学科的教学实施过程都需要先构建起适合自身特点的范畴体系，通过构建自身的范畴体系提高本课程的教学效率，促进整体学科理论的进步，使该课程在教学过程中不断成熟。”二是将抽象问题还原到社会生活。理论来源于社会生活，抽象的政治理论同样来源于生活，是从社会生活中概括总结形成的。因此，将抽象的政治学理论还原到社会生活、结合当前的社会现实，对于学生理解政治学原理以及当前的政策设定将会大有裨益。

4. 创新课程教学方法

单纯的课堂讲授难以实现理论的入脑、入心，教学效果难以实现，因此教学过程中要创新教学方法和教学手段。一是引入案例教学。政治学课程具有很强的理论性，抽象难懂，使学生感到枯燥、厌烦。为了提高学生的学习兴趣，适当引入案例，特别是时政案例、重大时政新闻等，学生能够将抽象的原理与现实的时事结合起来，既掌握了知识，又提高了分析问题的能力。二是适度扩大学生参与的范围。利用经典事例开展情景模拟教学，通过角色扮演、情景代入等，使学生与角色产生共鸣，增强切身体验。依据课程内容开展小组讨论，通过讨论加深理解。结合未来职业需求组织试讲，在收集资料、精心备课的基础上，让学生试讲一些易于理解的中学重点知识，教师、学生点评，这样既促进了学生对知识的理解，又提高了他们的讲课技能。

（二）课程改革的实践

2021 年 11—12 月，思想政治教育专业的教师一起到邢台市 12 个县的 14 所中学进行了基础教育调研。调研主题是中学政治课教师的教学难点、专业知识水平、专业技能需求等。

调研结果显示，教学难点主要在国体、政体、改革开放、法治中国、国际关系等方面，教师讲得很吃力，讲不透彻，学生听得一头雾水。在专业知识水平上，教师关于习近平新时代中国特色社会主义思想及最新的国家政策的知识储备不足，教师的现有知识与当前形势发展需要不匹配。专业技能方面，教师的基础理论讲授与社会现实结合不足，其运用所讲理论解决社会现实问题的能力不够。

1. 教学内容与时俱进

（1）完善课程教学目标

思政课是学校教育中的重要课程，是培养学生思想道德素质的重要途径。习近平总书记在学校思想政治理论课教师座谈会上的讲话中强调“办好思想政治理论课关键在教师，关键在发挥教师的积极性、主动性、创造性”。作为培养未来教师的我们，除了传授专业知识以外，还要引导学生树立正确的政治观、价值观，还要培养学生分析问题、解决实际问题的能力。为此，课程组完善了教学目标，确定了坚持马克思主义在意识形态领域的指导地位，使学生达到以下目标：能够认同中国特色社会主义制度的强大优势，坚定“四个自信”，成为马克思主义理论的传播者和践行者；树立坚定的社会责任感和团队合作精神，做到人文底蕴深厚、爱岗敬业、为人师表、教书育人；能够阐释马克思主义政治学的基础知识和基本理论，能够运用马克思主义政治学的基本观点和方法解决社会现实中的政治问题；能够描述中学思想政治学科的课程标准，具备良好的中学思想政治课教学技能。完善后的教学目标注重学生综合素质的培养，注重将理论内化为学生的自主行为，将“要你学理论”转变为“我要强素质”，实现学习方法、思想观念、思维方式的创新。

（2）重构课程知识体系

政治学的知识含量丰富、体系复杂，并且随着社会变化及学科发展，教材的知识重点、课程体系也在发生变化，有的偏重界定政治学的基本范畴，有的以古今中外政治家的代表性观点为核心，还有的罗列不同的争议观点，所以要鼓励学生多维度去理解知识。

依据“学生中心、产出导向”的理念，课程调整了知识体系，以中学道德与法治相关知识点为核心，结合学生的学情实际，优化知识结构，形成5大板块：一是以国家本质为中心点，包括国家性质、国家权力、国家结构形式等；二是以政体为中心点，包括政权组织形式、国家机构等；三是以政治团体为中心点，包括政党、民族、宗教等；四是以政治行为为中心点，包括政治民主、政治参与、政治文化、政治发展、社会治理等；五是以国际政治为中心点，包括国际关系、时代主题、对外政策等。5大板块以国家为纽带和桥梁架构起政治学知识体系。课程的架构以马克思主义政治学的历史分析法、经济分析法、阶级分析法为逻辑起点，既照应学生的已学知识，又不囿于已学知识，并以此将知识扩展和延伸，既与国际政治学发展接轨，又以马克思主义为指导，以中国的利益和发展需要作为出发点和归宿。

（3）采用新的课程教学模式

政治课原有的教学模式是教师的理论讲授、课堂灌输。近年来，线上授课蓬勃发展起来，但是理论课仍然以讲授、灌输为主，现代化教学手段并未发挥出其应有的作用。依据学生发展的现实需要，课程组采用了全新的教学模式——“课堂＋网络＋实操”教学模式。一是充分发挥课堂主阵地的作用，通过课堂传授知识，答疑解惑；组织小组讨论，形成小组头脑风暴，凝聚集体智慧。课堂学习可以扎实学生的基础知识，为他们动手操作奠定理论基础。二是充分发挥网络的支持保障作用，依托网络进行课程学习，形成线上、线下混合式教学；通过网络阅读、观看相关学习资料，扩展学习视野；通过在线讨论，交流学习经验体会、疑难重点。网络学习可以开阔学生的眼界，帮助学生丰富知识、了解当前的形势。三是充分发挥实操的检验作用，将学生的实际动手操作作为检测内容，通过在线情景模拟，将政治事件、社会治理案例进行表演，让学生分析问题；组织社会调研，深入实际了解社会；组织试讲，在实践中检验学生对理论的掌握程度。动手实操可以测评学生对知识的掌握、理解程度，检验他们分析问题、解决问题的能力，让他们发现自身的不足。采用新的教学模式之后，学生学习的积极性被调动起来，主体身份得到尊重，学习效果明显提高。

（4）建立课程资源库

政治学学科历史悠久，经典的案例资源十分丰富，对于学生的学习很有帮助。但是随着网络、新媒体、自媒体的发展，学生接触到的信息丰富、即时，传统经典的案例很难满足新时代青少年的胃口和喜好，丰富、充实教学资源成为十分必要的任务。根据新时代、新形势，课程组在教学过程中依托雨课堂教学平台，建立和完善教学资源库。资源库的资源来源于 3 个方面。一是教师收集的资源。教师不间断地收集当前发生的政治事件、社会焦点等资源，将互联网上的新闻、文章、视频等转发到教学平台上，形成资源库。教师可以在课上用来进行案例分析，学生随时可以通过智能手机登录雨课堂教学平台查看，实现了即时将政治现象融入理论教学，有助于提高学生的认识水平。二是雨课堂平台上的课程库。雨课堂平台上有公共课程库，主讲教师都是名校的优秀教师，课程组有选择地采集这些公共课程资源，有针对性地、分门别类地复制到资源库中，充实资源库。三是其他数字资源，如慕课平台等。随着数字社会建设的加快，网络上有很多慕课资源，这些数字资源知识含量丰富、讲解透彻，能够帮助学生更好地理解政治学课程的理论知识。

2. 教学方法不断创新

当前的在校大学生都是“00 后”，他们思维比较活跃，发散性思维比较强，不愿按部就班，原有的课堂灌输方式很难引起他们的兴趣。结合形势变化，课程组研究、实施了新的教学方法。

（1）案例教学法

通过经典案例、事例的分析，学生直观地理解了理论知识，并且能够明了理论知识在真实案例、事例中的应用，提高自己的思考水平和分析问题的能力。在互联网时代，智能化的多媒体技术为案例教学提供了更多的生动元素、技术支持，能更好地激发学生的学习兴趣。

（2）情景教学法

将现实生活中发生的影响力较大、较为典型的事件，通过角色扮演、登台表演的方式进行重现，让学生角色扮演，感受当事人的心路历程，有助于学生理解相关知识。比如在讲解人民代表大会时，可以进行民主选举的角色扮演，按照我国人民代表大会选举的民主程序，学生扮演相关人员，模拟民主投票。通过自己的直观感受、切身体验，学生对我国的民主选举、人大代表等相关知识有了清晰的认识。理论都有其发生发展的背景和环境，将课程内容置于特定的环境中，可以有效地引导学生学习。教学中，利用网络平台的优势，将相关的视频、图片等背景材料上传到雨课堂学习平台，引导学生熟悉情境，激发学生探究的兴趣。

（3）分组讨论法

讨论可以辨别是非、真伪，有助于学生提高认识。对于一些具有相对意义的理论观点，可以组织学生分组讨论。讨论的话题是相对的，否则讨论的意义就不大。讨论前，教师明确任务和要求，指导学生收集资料并进行研究。在充分讨论的基础上，学生在课堂上发表看法和观点，他组学生进行评价和质询，教师适时进行总结。在这个过程中，教师要引导学生将理论知识与国家的政治制度有效关联，这样学生才能真正学到东西。

3. 实践教学开拓创新

理论来源于实践，又在实践中接受检验。学生只学理论而没有实践，就会成为死读书的书呆子，不能说真正学懂了理论。结合习近平新时代中国特色社会主义思想的理论宣传，以及未来教师登台讲课的需要，课程组强化了实践教学环节。一是组织学生登台试讲。登上讲台、面对观众能够侃侃而谈，可能有天赋因素，但更多的是后天的训练，所以要想成为一名合格的老师就要加强平时的训练。依据课程内容，组织学生轮流试讲，其他学生在台下观看，教师进行点评。这一实践方式一方面让学生锻炼了胆量、积累了经验，另一方面检验了学生学得是否扎实、是否能够讲解清楚明白。二是组织学生进行理论宣讲。学院以 2020 级政教本科班为核心和骨干成立了青马先锋宣讲团，宣讲团在学院、学校、社区、中小学进行理论宣讲。这一实践方式不但激发了学生学习理论的兴趣，提高了学生的人际交往能力和宣传讲演能力，还体现了一个思想政治教育专业学生的专业素养。青马先锋宣讲团两年来 3 次入选团中央志愿宣讲团，为邢台学院赢得良好声誉。

4. 考核评价持续改进

课程组结合调整后的课程教学内容和教学方法，对考核评价机制进行了改进，加强了过程性考核。过程性考核主要包括以下几个方面。一是课堂表现，考查学生在教学过程中参与课堂活动的活跃程度，包括发言是否积极踊跃、试讲是否积极主动等，学习委员和任课老师视其表现按照赋分规则计分。二是专题讨论、小组活动中的表现，如是否主动负责、积极组织、积极发言并言之有物等，小组成员互评，学习委员和任课老师按照赋分规则计分。三是书面作业情况，如是否按时提交作业、能否提出自己的主张和建议等，任课老师按照赋分规则计分。四是试讲、宣讲，评分标准包括积极主动参与活动、道理讲解透彻等，学习委员和任课老师按照赋分规则计分。

四、课程建设成效与持续改进方向

（一）课程建设成效

1. 学生考试成绩有所提高

课程改革后，学生的学习成绩，特别是期末考试成绩有了大幅度提高：平均分从 80.62 分提高到 86.44 分，提高了 5.82 分；及格率从 95％提高到 100％，提高了 5％；最高成绩从 96 分提高到 97 分，提高了 1 分；最低成绩从 49 分提高到 68 分，提高了 19 分。

2. 学生理论水平有所提高

（1）获批邢台学院大学生科研项目 4 项

①红色文化课程资源数字化实践研究，项目编号为 XTXYXSYB2022028，

主持人是程晓瑄，指导教师是张兆平，经费 1000 元。

②“三个务必”的时代价值研究，项目编号为 XYXSSK202309，主持人是穆伟先，指导教师是张兆平，经费 1000 元。

③传承邢窑文化，赓续邢襄文脉——探究邢襄文化的传承与发展，项目编号为 XYXSSK202310，主持人是山美琦，指导教师是杨胭茹，经费 1000 元。

④应用型转型背景下邢台学院大学生思想政治素质养成研究，项目编号为 XYXSSK202311，主持人是吕尚平，指导教师是杨东曙，经费 1000 元。

（2）4 篇论文入选学术研讨会

由河北省中共党史学会等主办的“伟大建党精神与抗大精神研究”学术研讨会在抗大陈列馆举办，程晓瑄等 7 名学生到会进行交流发言，他们的 4 篇论文被会议收录，并获得省内外与会专家的称赞。4 篇论文分别为《新时代大学生传承抗大的艰苦奋斗精神》（作者是程晓瑄）、《开展社会主义建设时期女性模范研究——以吕玉兰为例》（作者是黄晓荟、石紫玉）、《浅析李保国精神及其时代价值》（作者是张涵玉、高艺心）、《邢台红色文化的深入挖掘》（作者是郑祎祎、张一帆）。

（3）参加教师科研项目

①河北省人社厅项目“中国共产党百年历史中蕴含的社会治理思想研究”，项目编号为 JRSHZ-2022-02258，主持人是杨胭茹，参加人是张柏。

②河北省人社厅项目“中华苏维埃共和国民生建设研究”，项目编号为 JRSHZ-2022-02259，主持人是张兆平，参加人是程晓瑄。

③邢台学院重点项目“《中国土地法大纲》的晋冀鲁豫实践研究”，项目编号为 XTXYZD2022007，主持人是张兆平，参加人是程晓瑄。

④邢台学院一般项目“党的二十大精神融入课程思政的价值意蕴与实践路径研究”，项目编号为 XTXYYB202304，主持人是张培，参加人是卜紫鹏、黄雪玲。

3. 学生动手能力有所提高

（1）青马先锋宣讲团 3 次入选团中央志愿宣讲团

①2022 年，入选团中央“强国有我‘核’你一起”千支大学生志愿宣

讲团。

②2023 年，入选团中央全国大学生井冈山精神志愿宣讲团。

③2023 年，入选团中央全国大学生“两弹一星”精神志愿宣讲团。

（2）在各种竞赛活动中获奖

①《红色序章——课程改革与 VR 视角梦幻联动》获得 2022 年河北省“挑战杯”大学生创业计划竞赛三等奖，团队成员为穆伟先等。

②《河北省逐步缩小区域、城乡、校际教育资源差距的经验调研》获得 2023 年邢台学院“挑战杯”大学生课外学术科技作品竞赛三等奖，团队成员为张涵玉等。

③《河北省大学生红色课外实践研究》获得 2022—2023 年度共青团河北省委员会组织的河北省大学生“调研河北”社会调查活动三等奖，团队成员为程晓瑄等。

④《以中国式现代化全面推进中华民族伟大复兴》获得中国高校经济理论与思政教改研究会组织的全国大学生“喜庆二十大数字思政影视图文创新作品共享征集”活动二等奖，作者是黄雪玲、谢诗瑶、孙舒涵。

（3）宣讲

青马先锋宣讲团到学校各院系、社区、中小学进行理论宣讲数十场，受到观众好评。因宣讲成果突出，青马先锋宣讲团入选 2023 年“志愿汇”第六届最热公益校园“益动低碳”主题活动高校志愿服务组织名单。

（二）持续改进方向

1. 进一步完善课程知识体系

深入思考基础教育需求与课程专业知识之间的内在联系，以习近平新时代中国特色社会主义思想为指导，完善课程知识体系。

2. 进一步完善资源库建设

在课程组成员自己收集资源的同时，利用现有的资源库，比如雨课堂的公共课、慕课等，引入相关资源，丰富课程案例资源。